跨文化交际视角下高校校园文化建设理论与实践

梁清　等著

Building Cultural Activities on
University Campus from the Perspective of
Intercultural Communication

时事出版社
北京

序

当今世界处于百年未有之大变局，正经历新一轮大发展、大变革、大调整。世界多极化、经济全球化、社会信息化和文化多样化使国际体系和国际秩序面临新挑战。新一轮科技革命和产业变革蓬勃兴起，人才资源成为国家综合国力竞争的核心要素。中国高等教育发展面临新机遇，人才培养与社会需求高度契合，教育国际化成为必然趋势。改革开放以来，教育对外开放、全面贯彻党的教育方针以及党和国家关于改革开放的总体部署，逐步完善了出国留学教育、来华留学教育、中外合作办学、境外办学、汉语国际推广等领域，为提升高素质人才培养质量提供了有力支撑，为推进高等教育国际化进程做出重要贡献。以留学为例，教育部公布的数据显示，出国留学人数从 1978 年的 860 人[①]增长到 2018 年的 66.21 万人。从 1978 年到 2018 年底，累计出国留学人数达 585.71 万人。其中，153.39 万人正在国外进行相关阶段的学习和研究；432.32 万人已完成学业；365.14 万人在完成学业后选择回国发展，占已完成学业群体的 84.46%。[②] 同时，2018 年共有来自 196 个国家和地

① 刘宝存、张继桥："改革开放四十年教育对外开放政策变迁的历史考察"，《高校教育管理》2018 年第 6 期，第 1—12 页。

② "2018 年度我国出国留学人员情况统计"，教育部官网，2019 年 3 月 27 日，http://www.moe.gov.cn/jyb_xwfb/gzdt_gzdt/s5987/201903/t20190327_375704.html，登录时间：2019 年 7 月 19 日。

区的492185名留学生在我国1004所高等院校学习。[①] 教育部2010年出台的《留学中国计划》[②] 中确定的到2020年来华留学生达到50万人的总体目标在2018年已经提前实现。我国已经成为世界第三、亚洲最大的留学目的地国。[③]

随着高校外国留学生数量的持续增加，中外学生融合教育对高等教育国际化具有重要意义。面对“融合难”和“融合浅”的普遍现象，高校需要探索各种有效途径，提升国际化管理水平，增强中外学生的交流与融合，培养学生跨文化交际意识，提升跨文化交际能力，使中国学生成为德智体美劳全面发展的社会主义建设者和接班人，使外国留学生成为知华友华的使者，使中外学生成为人类命运共同体的建设者、文明交流互鉴的推动者和具有全球竞争力的高素质国际化人才。

北京语言大学（简称北语）是中国唯一一所以对来华留学生进行汉语、中华文化教育为主要任务的国际型大学，素有“小联合国”之称。迄今为止，学校已经为世界上183个国家和地区培养了近20万名懂汉语、熟悉中华文化的外国留学毕业生。学校以习近平新时代中国特色社会主义思想为指导，坚持和加强党的全面领导，全面贯彻党的教育方针，落实立德树人根本任务，把学校发展与服务国家需求紧密联系在一起，对接构建人类命运共同体的实践，服务“一带一路”建设，服务北京“四个中心”建设，坚持内涵发展和特色强校，以一流学科建设为引领，加快中国特色世界一流语言大学建设，让北语成为坚定中国文化自信、促进国家社会发展、推动文明交流互鉴的重要而独特的力量。在人才培养模式上，学校实施人才培养质量提升战略，以“四个回

---

① “2018年来华留学统计”，教育部官网，2019年4月12日，http://www.moe.gov.cn/jyb_xwfb/gzdt_gzdt/s5987/201904/t20190412_377692.html，登录时间：2019年7月18日。

② “教育部关于印发《留学中国计划》的通知”，教育部官网，2010年9月21日，http://www.moe.gov.cn/srcsite/A20/moe_850/201009/t20100921_108815.html，登录时间：2019年7月18日。

③ “陈宝生：中国已成为世界第三、亚洲最大的留学目的地国”，新华网，2017年10月22日，http://www.xinhuanet.com//politics/19cpcnc/2017-10/22/c_129724590.htm，登录时间：2019年7月18日。

归”为根本遵循，构建“贯通、培优、特色、协同”的人才培养机制，完善中外学生融合教育，培养专业基础扎实、综合素质优秀、具有国际视野和良好跨文化交际能力的高素质国际化应用人才。

北京语言大学“世说心语”跨文化适应工作室是北京市委教育工委和北京语言大学资助建设的第二批北京高校“辅导员工作室”。该工作室的建设旨在，一方面通过多元文化的交流互鉴，使中外学生获得跨文化交际的意识和能力，培养跨文化交际的准确性、流畅性、得体性和有效使用外语的能力；另一方面，进一步加强辅导员队伍建设，努力打造一批专家型辅导员骨干，有力推进辅导员工作的专业化和品牌化。本书是该工作室的建设成果。参与本书编撰的作者大都来自北京语言大学学生工作团队。他们当中有管理干部、项目负责人和一线专兼职辅导员。他们既是学生思想政治教育与管理服务的组织者、实施者和指导者，又是科研的中坚力量。

在本书即将付梓之际，感谢北京市委教育工委和北京语言大学对“世说心语”跨文化适应工作室建设的大力支持，感谢时事出版社谢琳主任及其团队对本书的悉心审阅和设计建议。同时，还要感谢北京语言大学学工队伍和工作室全体成员对该书编写所付出的辛勤努力。我们衷心希望，本书能够充实国家和地方教育行政部门、高等院校和其他教育机构的资料库，为培养学生跨文化交际能力提供理论支撑和实践指导，整体提升高校学生工作队伍的层次和水平，为进一步提高高校教育国际化水平，培养高素质国际化人才贡献更大的力量！

“世说心语”跨文化适应工作室

2020 年 10 月于北语

目录

contents

第一章　导　论

第四章 竞赛活动

第五章 交流活动

第一章 导论

第一节 选题背景和研究意义

一、选题背景

习近平总书记关于教育的重要论述是习近平新时代中国特色社会主义思想的重要组成部分，为新时代教育工作指明了方向。高校的首要职能是人才培养，需要围绕培养什么人、怎样培养人、为谁培养人这一根本问题，落实立德树人根本任务，培养德智体美劳全面发展的社会主义建设者和接班人。新时代高校校园文化建设要深入贯彻落实习近平总书记关于教育的重要论述，全面提升校园文化建设水平，建设体现时代特征和学校特色的校园文化，打造具有鲜明特色的校园文化品牌，把学校建设成校园环境优美、教育理念先进、育人氛围浓厚的立德树人主阵地。

在教育全球化背景下，教育国际化成为高校的必然选择。改革开放40多年来，教育对外开放不断推进我国高等教育的国际化进程，来华外国留学生数量持续增加，由中外学生融合而成的国际化校园已经非常普遍。不同国家和地区的学生带来了各自的历史、文化、思想和观念，多元思想文化相互交融、交锋和交流，跨文化活动成为多元文化背景下校园文化建设的必然选择。如何在中外学生共同参与的跨文化活动中加强思想引领，使大学生坚定“四个自信”，践行社会主义核心价值观，是高校校园文化建设必须解决的问题。如何通过中外学生的交流互动，使大学生不出国门就能具备国际视野，提高跨文化适应能力，培育家国情怀，将实现中华民族复兴的时代责任和历史使命内化于心、外化于行，也是高校校园文化建设面临的时代课题。

二、研究目的和意义

在中外学生融合的校园，多元思想文化的交流和传播会给大学生的思想道德、价值观念和行为方式带来影响，所以高校要强化校园文化的育人功能，以社会主义核心价值观来引领高校校园文化建设，充分发挥校园文化的熏陶作用，这对大学生的思想政治教育和健康成长至关重要。习近平总书记提出，要更加注重以文化人、以文育人，广泛开展文明校园创建，开展形式多样、健康向上、格调高雅的校园文化活动，广泛开展各类社会实践，① 将显性教育与隐性教育有机结合。高校校园文化建设作为全员全过程全方位育人的有机组成部分，可以通过跨文化活动的平台，使大学生践行社会主义核心价值观，增强“四个自信”，提高大学生思想政治教育的效果，这对培养高素质国际化人才具有十分重要的意义。

北京语言大学是一所以语言文化教育和语言文化研究为特色与优势的多科性国际型大学，是我国中外语言、文化研究的学术重镇和培养各领域优秀人才的摇篮，素有“小联合国”之称。在人才培养模式上，学校以“四个回归”为根本遵循，构建“贯通、培优、特色、协同”的人才培养机制，培养专业基础扎实、综合素质优秀、具有国际视野和

---

① “习近平：把思想政治工作贯穿教育教学全过程　开创我国高等教育事业发展新局面”，人民网，http://cpc.people.com.cn/n1/2016/1209/c64094-28936173.html，登录时间：2020 年 7 月 17 日。

良好跨文化交际能力的高素质国际化应用人才。学校依托中外学生融通教育以及多元文化校园环境的特色与优势，从跨文化交际的视角进行校园文化建设，创建了多个颇具规模和影响力的特色品牌校园文化活动，对于高校的国际化人才培养和校园文化建设具有一定的借鉴和示范作用。

第二节 跨文化交际和高校校园文化相关概念界定

一、文化和高校校园文化

在中国古代，“文”有文学、文字、礼乐、制度与法律等含义；“化”意为教化。在西方，“文化”一词来源于拉丁文 cultura，原指农作物的栽培、养育，后来逐渐扩展为物质文化和精神文化的总和。国内外学者关于文化的定义不尽相同，但多数赞成文化有广义和狭义之分。广义的文化指的是人类在历史发展中所创造的物质财富和精神财富的总和，[①] 是人类在生息繁衍的过程中通过个体和群体的努力而获得的在知识、经验、信念、行动、态度、意义、社会层级、宗教、时间概念、社会角色、空间关系、宇宙概念和生产物等各方面的积淀。[②] 狭义的文化着眼于精神方面，指的是社会的意识形态、风俗习惯、语用规范以及与之相适应的社会制度和社会组织。[③] 英国人类学家泰勒（Tylor）在《原始文化》（*Primitive Culture*）一书中提到，所谓文化和文明乃是包括知识、信仰、艺术、道德、法律和习俗，以及作为社会成员的人所掌握和

---

① 吴为善、严慧仙：《跨文化交际概论》，商务印书馆 2009 年版。

② Samovar, L. A. & R. E. Porter, *Intercultural Communication: A Reader* (7th Ed.), Belmont: Wadsworth Publishing, 1995.

③ 吴为善、严慧仙：《跨文化交际概论》，商务印书馆 2009 年版。

接受的任何其他的才能和习惯的复合体。[①]

关于校园文化的定义可追溯至美国学者沃勒（Waller）的《教育社会学》（*The Sociology of Teaching*）一书，该书把校园文化定义为“学校中形成的特别文化”。[②] 实际上，校园文化可以从两种视角去定义：第一，突出空间，把校园文化视为在学校教育基础上产生的文化现象；[③] 第二，突出功能，校园文化是在长期办学过程中，伴随学校自身发展、外部社会环境等多种因素逐步积淀而成的，渗透在师生学习和生活的各个方面，凝聚成特定的氛围与环境，潜移默化地影响着学校的生存与发展，折射出一所学校特有的个性与品位。[④]

高校校园文化作为在高校中形成的一种特别文化，既是一种无形的环境因素，也是一种巨大的教育力量，体现了高校的集体行为风尚，不仅会影响学生的人生观和价值观，而且会直接影响他们的学习态度和活动。[⑤] 高校校园文化建设要强化育人功能，加强社会主义核心价值观引领，以期陶冶学生的情操，构建学生的健康人格，全面提高学生的素质。

二、交际能力和跨文化交际能力

“交际能力”（communicative competence）一词最早由美国的社会语言学家海姆斯（Hymes）提出。海姆斯将交际能力定义为“在何时何地以何种方式对何人谈何种内容的能力”，其具有四个要素：可能性（possibility）、可行性（feasibility）、适当性（appropriateness）和有效性（performance）。可能性强调语言形式的语法性；可行性强调履行的可行

---

① Tylor, E. B., *Primitive Culture*, New York: John Murray, 1871.

② Waller, W., *The Sociology of Teaching*, Glasgow: Russell & Russell, 1965.

③ 孙庆珠：《高校校园文化概论》，山东大学出版社 2008 年版。

④ 山述兰：“以社会主义核心价值观引领高校校园文化建设的策略研究”，《思想理论教育》2015 年第 1 期，第 106—109 页。

⑤ 胡国晖、于颖：“外国留学生的培养与高校教学环境的优化”，《黑龙江高教研究》2007 年第 10 期，第 79—80 页。

程度；适当性强调上下文的合理、恰当搭配；有效性则强调能够实际完成。[①] 加拿大学者卡纳勒和斯温（Canale & Swain）进一步发展了海姆斯的交际理论，并将交际能力划分为语法能力（grammatical competence）、社会语言能力（sociolinguistic competence）、话语能力（discourse competence）和策略能力（strategic competence）。[②]

跨文化交际能力是一个错综复杂的概念，“跨文化”（intercultural）一词的使用表明外语学习者既要了解自己国家的文化，又要了解目的语国家的文化，还要注意外语交际情景中发生的跨文化交际现象。[③] 跨文化交际能力是一种跨越文化边界进行交流和互动的能力，[④] 是个人与来自不同文化背景的人们进行有效交流和互动的能力，[⑤] 是一种基于跨文化知识、技能和态度，在跨文化语境下进行有效的、适当的沟通的能力。[⑥] 有效性是实现个人期望的结果的能力，[⑦] 而适当性则需要交际双方满足交际情境的期望和需求。[⑧]

---

① Hymes, D., "On communicative competence", in J. Pride and J. Holmes (eds.). *Sociolinguistics*, Harmondsworth: Penguin Books, 1972, pp. 269 - 285.

② Canale, M. and M. Swain, "Theoretical bases of communicative approaches to second language teaching and testing", *Applied Linguistics*, 1980, 1 (1): pp. 1 - 47.

③ Kramsch, C., *Context and Culture in Language Teaching*, Oxford: Oxford University Press, 1993.

④ Byram, M., *Teaching and Assessing Intercultural Communicative Competence*, Clevedon: Multilingual Matters, 1997.

⑤ Paige, R. M., "The intercultural in teaching and learning: A developmental perspective", in J. Crichton, M. Paige, L. Papademetre & A. Scarino (eds.). *Integrated Resources for Intercultural Teaching and Learning in the Context of Internationalisation in Higher Education.* Research Centre for Languages and Culture Education in the School of International Studies at the University of South Australia, 2004, pp. 79 - 90.

⑥ Deardorff, D. K., "Identification and assessment of intercultural competence as a student outcome of internationalization", *Journal of Studies in International Education*, 2006, 10 (3), pp. 241 - 266.

⑦ Wiseman, R., "Intercultural communication competence", in W. Gudykunst and B. Mody (eds.). *Handbook of International and Intercultural Communication*, Thousand Oaks: SAGE, 2002, pp. 207 - 224.

⑧ Hiller, G. G., "Innovative methods for promoting and assessing intercultural competence in higher education", paper presented at the Proceedings of Intercultural Competence Conference, 2010.

从交际能力和跨文化交际能力的概念可以看出，交际能力更多强调言语行为和话语能力，期望交际双方准确无误地传达信息，却忽略了文化因素对语言使用的影响。跨文化交际能力则强调文化对交际行为的影响，除了准确传达信息外，交际双方还需要了解彼此的文化以保证交际的得体性。

三、跨文化交际视角下的高校校园文化

21 世纪以来，随着经济全球化的不断深入，文化多样化、社会信息化持续推进，开放、交流、合作的时代潮流日趋强劲。在这样的背景下，任何一个国家都必须在与外部世界更加密切的互动交流中取得进步。①

高校作为最具包容性的地方，吸引着来自世界各国的人们，多元文化融合已成为高校的发展趋势，直接或间接的跨文化交际日益频繁，而中国应试教育的背景以及有限的课时使得第一课堂的文化输入极其有限。为满足学生跨文化交际的需求，高校校园文化建设逐渐呈现出国际化趋势：一方面，在课堂上，教师通过设计相关的课堂活动，尽可能地呈现目的语国家的文化；另一方面，高校努力为学生创设跨文化交际的情境，举办丰富多彩的校园文化活动，并鼓励学生参与其中，主动学习和了解其他国家的文化，使文化输入和文化输出有机结合，培养学生的跨文化交际意识，提高学生的跨文化交际能力，从而使校园中的跨文化交际行为有效且得体。

---

① 朱善璐、王恩哥：《十年拾忆——北京大学国际文化节十周年纪念文集》，北京大学国际合作部，2013 年，序。

第三节 高校校园文化建设现状和问题

一、校园文化建设现状

校园文化一方面受制于社会文化，一方面又是社会文化中层次较高的文化，具有选择和创造文化的功能。[①] 高校校园文化作为高校第一课堂的延伸、补充和拓展，不仅可以创设良好的氛围，陶冶学生的情操，培养其正确的世界观与人生观，促进学生德智体美劳全面发展，培养学生的创新精神和实践能力，更是积极响应了国家对高素质国际化应用人才的需求，将助力国家素质教育的开展。

首先，校园文化活动类型多样，包括各种竞赛，如知识竞赛、朗诵比赛、演讲比赛、辩论赛等；各种活动小组，如外语角、外语协会等；各种实践活动，如担任会议接待、会议翻译等。各种类型的校园文化活动为学生提供了展示自我的平台，助力学生自身能力的提升。一些院校更是结合本校特色，形成自己的校园品牌活动，如北京语言大学的世界文化节已连续举办十几届，成为深受师生和当地居民欢迎的特色活动。

其次，网络化、信息化的发展为校园文化建设提供了新的机遇，除了传统的线下活动，校园文化建设越来越重视利用各种新媒体网络平台，如微信公众号、QQ 群、微博、各种 App 等，实现文化育人的目标。

最后，随着全球化的不断推进，各国的交流与联系日益密切，中国高校也吸引着越来越多的外国留学生，校园文化建设逐渐呈现出国际化的趋势。留学生群体的国际化背景是高校学生认识世界的有效窗口，也是高校开展国际化教育，引导学生形成全球眼光的重要资源，[②] 将中外

---

① 王邦虎：《校园文化论》，人民教育出版社 2000 年版。

② 裴文英：“高校发展视野中国际化人才培养研究”，《江苏高教》2007 年第 6 期，第 79—80 页。

学生纳入校园文化建设的框架中进行统筹规划，有利于推进国际交流，提升教育国际化程度。

二、校园文化建设中的问题及原因探究

高校作为人才培养基地，其校园文化建设虽在稳步推进，但也存在一些问题，主要表现在以下三个方面。

在学校层面，首先，有的高校在校园文化建设中比较重视具有外在标志的物质文化建设，对隐形的、具有核心内涵的精神文化建设重视不够，有的高校把校园文化建设仅局限在学生管理和思想教育上，① 校园活动的文化品位也不高。其次，校园文化活动虽类型多样，却容易流于形式，缺乏品牌效应，学生的参与热情不高，校园文化建设缺乏特色。最后，校园文化建设虽然越来越重视利用网络平台，但网络文化建设的吸引力还不足，如学校网站设计千篇一律；网络传播内容和方式过于官方化，实效性不强；集官方网站、校园公众号、微信、微博等为一体的网络运行机制之间没有形成联动体系，不能发挥合力效应等。

在活动组织方面，缺乏一支专注于校园文化建设的教师队伍。作为校园文化建设主力军的高校教师，其精力多放在科研等自我提升方面，对校园文化建设的思考不足，致使校园文化建设的创新力不足。

在学生参与方面，学生作为校园文化活动的主要参与者，其功利、实用倾向明显，出现了校园文化活动参与动机的偏差，参与行动过分讲求利益目标。②

校园文化建设中存在的上述问题阻碍了校园文化建设朝着健康的方向推进，也影响了高校高素质人才培养目标的实现。高校校园文化建设

---

① 王德斌："当前高校校园文化建设存在的问题及对策探析"，《思想理论教育导刊》2009 年第 6 期，第 107—109 页。

② 王德斌："当前高校校园文化建设存在的问题及对策探析"，《思想理论教育导刊》2009 年第 6 期，第 107—109 页。

中产生的问题可以从以下两个方面来看：

第一，高校校园文化建设是一项需要各方通力合作、共同发力的工作。但是，实际的校园文化建设却出现了目标不统一、主体缺乏、单方发力或者少部分发力的现象，没有形成环环相扣的发力体系，各学院、各部门教师之间以及师生之间没有形成相互交流、具体分工的模式，影响了校园文化建设的整体效果。

第二，高校校园文化建设的最终目标是培养高素质、全面发展的学生，因此校园文化建设需要坚持“以学生为中心”，切实从学生发展的实际需求出发，多渠道构建校园文化。然而，在现实的校园文化建设中，有些高校更注重形式，忽略了内容，没有结合本校的特色设计校园文化活动，产生了华而不实的负面效应，影响了校园文化建设的最终效果。

第四节 研究设计

一、研究对象

本书界定的参与校园文化活动的主体是高校在校学生，以中外本科生为主体，涵盖硕博研究生。学生是学校人才培养的对象，是校园文化最活跃的群体，也是开展校园文化建设的重要目标人群。

二、研究内容

本书将从跨文化交际与高校校园文化建设的概念和理论入手，总结国内外研究现状，分析存在的问题及原因，提出校园跨文化活动的建设路径，通过案例介绍校园跨文化活动的实施，并对未来进行展望，以期为新时代高校校园文化建设提供借鉴和参考。

三、研究方法

（一）文献研究法

针对跨文化交际和高校校园文化建设，国内外的相关理论和专家学者的研究成果丰硕。通过查阅和分析文献，一方面明确本书所涉及的概念界定、理论基础和观点佐证，为本书的写作提供理论框架；另一方面，全面把握跨文化交际和高校校园文化建设的最新研究成果，为本研究提供有益的借鉴。文献研究是确保研究顺利开展的第一步，其类型包括国内外公开出版发行的学术著作和学术期刊论文、硕士博士论文、学术会议论文、政府部门发布的文件和报告、官方网站资源等。

（二）多学科研究法

跨文化交际是当代人类社会所面临的复杂问题之一。高校校园文化是社会文化在高等教育中的重要体现。本书综合运用思想政治教育学、语言学及应用语言学、教育学、心理学、社会学、传播学等学科理论及其研究成果，体现了多学科综合研究的方法。

（三）问卷调查法

从理论上讲，中外学生共同参加校园文化活动，学生便具备了跨文化交际意识和一定的跨文化交际能力。但是，理论研究需要数据支持和逻辑论证才更具有说服力。为此，研究团队面向参与中华文化多语种传播大赛的学生进行了问卷调查，了解学生跨文化交际能力现状，检验校园文化活动是否能提高学生的跨文化交际能力。通过数据分析，得出的结论为整个研究提供了真实可靠的实证依据。

（四）访谈法

在国际化校园环境下，中外学生结成语伴（tandem partner），对双方跨文化交际能力的提升是有益的。研究团队对参加“最强语伴”比赛的语伴进行了半结构式访谈（semi-structured interview）。通过对每组语伴逐一进行采访询问，从多个方面了解他们结交语伴的动机以及对自身语言和文化学习的影响。数据分析为研究学生跨文化适应提供了第一手资料。

第二章 理论框架

第一节　跨文化交际和校园文化建设基础理论

一、跨文化交际理论

1959 年，美国人类学家霍尔（Hall）在其《无声的语言》（*The Silent Language*）一书中，首次将人类学中的文化和交际结合起来，提出跨文化交际（intercultural communication）的概念，[①] 该书也因此被誉为跨文化交际学的开山之作。随后，众多学者对跨文化交际现象进行研究并提出相关理论，其中使用比较广泛的有以下三种理论。

（一）言语代码理论（Speech Codes Theory）

美国华盛顿大学传播学教授菲利普森（Philipsen）是第一个把民族志传播学真正引入传播学研究的学者，他于 1992 年提出的言语代码理论将言语代码定义为历史上制定的或社会中建构的与交际行为相关的概

① Hall，E. T.，*The Silent Language*. New York：Anchor Books，1959.

念、意义、前提和规则。[①] 该理论认为交际行为在文化层面存在不同的代码，并集中研究人们如何在文化的影响下与他人交际。言语代码理论可概括为以下三个前提假设：

第一，每一种文化都有自己特定的言语代码，在特定的时间被特定的一群人使用，因此在跨文化交际中，交际双方的第一个疑问可能是“他们来自哪里呢?”

第二，言语代码包含一系列体现文化差异的心理学体系、社会学体系及语言风格。某些态度、价值观、心理状态是某些文化所特有的，因此在跨文化交际中，交际双方要尊重彼此的文化特征。

第三，跨文化交际的成功依赖于交际双方理解彼此所使用的言语代码。在实际交际中，言语代码经常显现。例如，来自不同文化的成员打招呼的方式不同、用餐礼仪不同等，人们可以通过观察文化成员的交际活动来研究他们使用的言语代码，进而巧妙地使用言语代码来避免跨文化交际中的不得体行为，提高交际效果。

（二）面子协商理论（Face-Negotiation Theory）

最早系统地探讨面子问题的学者是美国的社会学家戈夫曼（Goffman），他以戏剧作比喻，认为人与人交往时总希望利用一定的手段和技巧给他人留下特定的印象。

近年来，华裔学者丁允珠（Ting-Toomey）于1998年提出的面子协商理论备受关注。该理论认为面子的建构必须是双方协商的过程，成功与否取决于交际双方的努力。在交际过程中，交际双方积极建构自己的面子，同时需要给予对方面子，维持自己的面子与维持对方的面子是相辅相成的。在跨文化交际研究中，所有文化中的人在所有的交际情境中都努力保持和协商面子，来自不同文化背景的成员对他人“面子”的

① Philipsen, G., *Speaking Culturally: Explorations in Social Communication.* Albany: State University of New York Press, 1992.

关心程度会有所不同，这种差异导致他们用不同的方式来处理冲突。[①]因此，在跨文化交际中，交际双方要了解彼此文化中对“面子”的关心程度，以采取恰当的方式进行交际。

（三）跨文化调适理论（Cross-Cultural Adaptation）

跨文化调适理论[②]由美国俄克拉荷马大学传播学系教授金荣渊（Young Yun Kim）于2001年提出。在跨文化调适过程中，没有人天生知道该怎样在这个世界上应付各种各样的事情，而是慢慢学会将社会环境与环境所在的文化联系在一起，因此来自不同文化背景的成员在诸多方面会存在较大的差异。

在跨文化交际中，交际双方不仅要重新认识自己的文化，还要接受各种文化差异。文化差异迫使交际双方去认知和学习新的文化体系中的符号与行为方式，以保证跨文化交际的成功，这也成为文化适应的前提。

每一次调整适应变化的经历都会伴随着个人的心理压力，一方面个体想要保持原有的文化身份，另一方面又需要与新的环境保持和谐状态。不适应的状况和压力感会促使个体克服困境并采用调适的行为来养成新的习惯。在压力和调适逐渐达到平衡后，个体将出现不易察觉的成长。然而，“压力—调适—成长”并不是顺利、平稳、线性发展的，而是按照辩证的、循环的、迂回的方式发展的。只要存在文化差异，“压力—调适—成长”的过程就将继续存在，并整体向更加适应和成熟的方向发展。在适应新文化的初级阶段，还很有可能出现突然的、巨大的变化。在经历了较长时间后，这种压力和适应的波动将逐渐缓和，直到最后与个体内在的状况相融。

跨文化调适是一个过程，在交际活动中产生，交际是必要载体，没有交际也就没有所谓的调适。跨文化交际的成功一方面依赖于交际双方

---

① Ting-Toomey, S., *Communicating Across Cultures*, New York: The Guilford Press, 1998.

② Kim, Y. Y., *Becoming Intercultural*, London: SAGE, 2001.

的跨文化交际能力，另一方面要求交际双方通过观察彼此的言行举止来获得更多的信息。

除了上述三个理论，还有一些理论从不同视角阐释跨文化交际现象。跨文化传播学者科利尔（Collier）于2005年提出文化身份理论（Theorizing Cultural Identification），[①] 认为一个人的文化身份是通过构成特性（由标志、解释和意义组成）和规范特性（由行为指向和行动能力组成）相互融合而成的。在跨文化交际中，交际双方是拥有多元文化身份的个体，每个个体的价值取向和目标需求各不相同。因此，为了实现成功的跨文化交际，必须采取回避的态度，假设“一致性”，承认对方的多元文化身份。

美国得克萨斯大学奥斯汀分校心理学教授斯旺（Swann）于1987年提出“身份协商”（identity negotiation）的概念，强调在社会交际过程中存在两个竞争过程的张力，在这一过程中，信息源和信息接受者都鼓励对方按照自己所期望的方式行事。[②] 身份协商理论（Identity Negotiation Theory）认为跨文化交际能力体现为“在新的交际情节中交际双方之间的有效身份的协商”，即人们越是求同，就越注重内群体与关系界线；越是求异，就越会拉大自己与他人的距离。能否处理好这一辩证关系，会影响到人们在身份协商过程中的应变能力。人们在自我认定中越觉得安全，集体信心越强，在跨文化交际中也就有越强的应变能力。[③]

美国伊利诺伊州立大学传播学教授库帕克和日本西南学院大学传播学研究教授今堀（Cupach & Imahori）的身份管理理论（Identity Management Theory）以人际交往能力为基础，扩展到跨文化交际能力。该

---

① Collier, M. J. , “Theorizing cultural identifications: Critical updates and continuing evolution”, in W. B. Gudykunst (ed.). *Theorizing About Intercultural Communication*, Thousands Oaks, CA: SAGE, 2005, pp. 235 – 256.

② Swann, W. B. , Jr. , “Identity negotiation: Where two roads meet”, *Journal of Personality and Social Psychology*, 1987, 53 (6), pp. 1038 – 1051.

③ Ting-Toomey, S. , “Communication resourcefulness: An identity negotiation perspective”, in R. L. Wiseman and J. Koester (eds.). *Intercultural Communication Competence*, Newbury Park, CA: SAGE, 1993, pp. 72 – 111.

理论以关系理论和人们综合处理文化问题的能力为基础，同时结合了身份协商理论和文化身份理论等相关理论，分析如何运用“面子工作”中的策略在具体交际中积极地挽回或维护交际双方的面子，从而帮助交际双方实现有效且得体的交际。①

这些理论进一步表明文化作为影响交际行为的重要因素，需要得到交际双方更多的关注，如今随着世界各国联系的日益密切，跨文化交际已不可避免。但是，不同的文化个体在诸多方面都存在差异，比如交际双方拥有不同的言语代码、对“面子”有不同的认知，甚至在交际预期上也存在差异。因此，在跨文化交际中，交际双方要正视彼此之间存在的文化差异，在保持自己文化身份的同时，尊重对方的文化身份，通过身份协商，实现跨文化调适，并不断提高自身的跨文化交际能力，最终实现成功的跨文化交际。

二、校园文化建设理论

校园文化伴随校园的产生而产生，并随着学校的发展壮大而不断发展完善。

（一）校园文化的定义

校园文化作为一种在学校中发展起来的文化，其内涵的界定与文化的概念息息相关，但因学者们对文化的定义众说纷纭，因而对校园文化的定义也存在不同见解。美国学者沃勒提出校园文化这一概念，并将其定义为“学校中形成的特别文化”。② 校园文化可以从不同的视角来看：基于文化的范围，校园文化属于一种亚文化，是置身于社会大文化背景

① Cupach, W. R. and T. T. Imahori, “Identity management theory: Communication competence in intercultural episodes and relationships”, in R. L. Wiseman and J. Koester (eds.). *Intercultural Communication Competence*, Newbury Park, CA: SAGE, 1993, pp. 112 – 131.

② Waller, W., *The Sociology of Teaching*, Glasgow: Russell & Russell, 1965.

中的特定文化；基于校园文化的主体结构关系，狭义的校园文化主体仅包括学生，而广义的校园文化主体既包括学生，又包括教师和职工；基于校园文化的具体表现形式，校园文化可以展现在课堂教学上，更可以表现在丰富多彩的校园活动上；基于校园文化的层次结构，校园文化可分为物质文化及其附属载体。

本书中的校园文化指的是社会文化大背景下，在学校中形成的文化，包括其在长期办学进程中创造的一切物质财富与非物质财富的总和。校园文化的主体既包括学生，又包括教职工，其表现形式既包括课堂教学，又体现为丰富多彩的校园文化活动。校园文化建设的目的是通过形成良好的校园氛围，培养德智体美劳全面发展的学生，满足国家对高素质人才培养的需求。

（二）校园文化的构成

校园文化的构成有众多说法，对美国校园文化的研究显示，校园文化可分为有形文化、行为文化、价值观与哲学意念。① 我国学者针对校园文化构成的理论主要有“二分说”“三分说”“四分说”和“多元说”等。基于本课题的研究需求，本书采用“三分法”，将校园文化分为物质文化、精神文化和制度文化。

物质文化是高校在办学过程中积累下来的外在物化形式的总称，是校园文化建设的前提条件。物质文化在形态上大体可分为环境景观文化和基础设施文化。环境景观文化包括校园里的绿化设计、花草植被和亭台建筑等，作为一种校园文化符号，其紧密地融合了自然特征与人文意义，并体现着本校的特色。基础设施文化包括教学楼、图书馆、体育馆、宿舍、商业网点和校园标识等，与学生的学习和生活密切相关，也是传播校园文化的有效途径和重要媒介。

精神文化是在社会文化大背景下，以教师和学生为主体的校园人在

① 赵云梅：“解析美国大学校园文化的多样性——以佛罗里达大学为例”，《长春理工大学学报》2012 年第 10 期，第 22—23 页。

办学进程中共同形成的群体精神总和，包括情感价值观、道德、习惯、传统、人际关系、集体舆论和思想等，是校园文化的核心、灵魂与活力源泉。精神文化首先体现在学校的办学理念和价值引领上，是学校对教育的深刻认知，是培养目标与践行社会使命的有机结合，体现了一所学校的行事风格。其次体现在校风、教风与学风上，是校园文化的各个主体长期营造出的一种文化氛围和心理环境，由校园人的思想道德修养和行为习惯构成，是一所高校最为全面宏观的风貌彰显，也是校园精神文化的直观表达。校园的精神文化以多种形式呈现在学生的学习，如课堂文化或以校园文化节活动、课外学术讲座、校报校刊等为主的课外文化中。校园精神文化作为一种无形的力量，集中反映了一所学校的本质与特色，影响着学习和生活在其中的每一个人。

制度文化是在社会文化大背景下，以教师和学生为主体的校园人在办学进程中需要遵守的规章制度的总和，包括学校的管理办法、组织机构、规章制度等，用来维护丰富的物质文化，促进校园精神文化的传承与创新，以及规范校园主体的行为方式。随着社会的不断发展，高校的管理制度越来越能体现出学校的办学理念，已成为一种中介文化，不仅维系着各项教学活动、校园生活的正常开展，同时营造了良好的校园文化氛围，使身在其中的学子受益无穷。

（三）校园文化的功能

校园文化在促进学校发展、提升教师和学生能力等方面发挥着重要的作用，其功能可归纳为以下三个方面。

德育功能是高校校园文化的基本功能。高校育人的终极含义在于培养什么样的人，这体现在学生不仅要有丰富的知识储备，更要有崇高的道德与坚定的理想追求。校园文化作为一种隐性教育，能够潜移默化地影响学生的价值追求。有针对性和吸引力的思想政治、学术科技和文娱体育等校园文化活动，使学生的精神生活更加充实，人格更加完善，道德境界得到升华。

智育功能是高校校园文化的重要功能。高校的主要目标是通过开设各种课程增强学生在各自专业领域的知识储备，把学生培养成国家所需的高端国际化人才。校园文化中的教风激励着教师努力履行自己的职责，不断创新教学理念，完善课堂教学，提高教学效果。优良的学风为学生创造了良好的学习氛围，使学生能主动学习科学文化知识，加强交流，增强知识储备。校园文化的智育功能还体现在师生之间的学术交流方面，由此营造出的批判性思维与独立思考氛围有助于学生学习独立思考和解决问题的能力，进一步激励彼此在学术研究上的探索。

凝聚功能是校园文化的另一个重要功能。校园文化是校园在发展过程中形成的文化，凝结着无数校园人的智慧，并处在不断发展与完善的过程中。校园文化蕴含着学校师生共创和认同的价值观念，并以文化上的认同为基础，把松散的学生个体凝聚成具有引力内核的群体，在参与校园文化的过程中，大学生群体树立了共同的价值观，师生认识并体验到彼此具有的共同理想追求、价值观念、道德情操和行为规范，使生活于同一所学校的人们彼此之间产生强烈的认同感并进而升华为对学校的一种心理归属感和认同感，由此而产生的向心力和凝聚力不可低估。①

第二节　校园文化建设研究现状及发展趋势

一、校园文化建设研究现状

高校承载着人才培养的责任，近年来，随着国家对高端国际化人才的需求日益增加，针对校园文化建设的研究也随之增多。我国对校园文化的研究兴起于20世纪80年代，起步之后发展迅速，产生了一定的研

① 李悦：“浅析高校校园文化建设”，《佳木斯职业学院学报》2019年第7期，第226—227页。

究成果，但从具体内容上看，主要集中在校园文化建设方面，且零星的经验性研究较多，系统的理论性研究较少。[①]

在理论性研究方面，主要探讨了校园文化的定义和功能。在校园文化的定义方面，一是意识形态说，即校园文化是一种群众意识，是学校根据社会成员的参与及其逐渐形成的认同，培养而成的群体思想文化意识；二是综合说，即校园文化是学校教育体制、教育环境、教风校风等的综合体现；三是氛围说，即校园文化是存在于学校教师与学生之间的氛围等。[②] 在校园文化的功能方面，有的研究从校园物质文化功能、制度文化功能、精神文化功能几个方面进行论述；[③] 有的研究将校园文化的功能分为导向功能、凝聚功能、激励功能、协调功能等。[④]

在经验性研究方面，对校园文化建设的研究可归纳为以下四个特点：第一，以区域研究为特色，如张策等聚焦山西高校校园文化建设现状，并提出相关的改进意见；[⑤] 王伟国等研究新疆高校校园文化建设情况。[⑥] 第二，聚焦体育院校、职业院校、医学院校、独立院校、外语类院校等不同类型院校的校园文化建设状况，如张驰[⑦]、康卉[⑧]、王文婷[⑨]等从不同的院校类型出发，具体问题具体分析，更具针对性。第三，校

---

① 侯长林："高校校园文化的理论研究"，《中国高等教育》2013 年第 23 期，第 23—25 页。

② 张静、路佳、丁泽国："国内外关于校园文化建设的研究综述及评价"，《学校管理》2015 年第 8 期，第 214 页。

③ 贾九斌："高校校园文化的功能与识别"，《黑龙江教育（高教研究与评估）》2009 年第 11 期，第 24—26 页。

④ 凌宏彬、沈昕："论高校校园文化的功能"，《高校理论战线》2003 年第 5 期，第 64 页。

⑤ 张策、王霞娟、冯海伦："山西高校校园文化建设现状调查及改进对策"，《山西大同大学学报（社会科学版）》2019 年第 4 期，第 5—8 页。

⑥ 王伟国、余东、毕存箭："新疆高校和谐校园文化建设现状及问题探究"，《中国电力教育》2013 年第 13 期，第 229—230 页。

⑦ 张驰："体育院校校史教育与学风建设研究——以北京体育大学为例"，北京体育大学硕士学位论文，2017 年。

⑧ 康卉："近十年我国高职院校校园文化研究状况及展望——基于 CNKI（2008—2017 年）数据的统计分析"，《职业教育研究》2018 年第 8 期，第 23—27 页。

⑨ 王文婷："独立学院校园文化建设现状调查与分析——以苏南片区独立学院为例"，《科教文汇（上旬刊）》2019 年第 9 期，第 32—34 页。

园文化活动具有不同的类型，并且随着信息化时代的发展，其传播媒介也日趋先进，基于这一背景，林琳①、曹司琪②等研究者探讨了校园活动类型或传播媒介对校园文化建设的影响。第四，校园文化建设为人才培养服务，学校应与时俱进，将当下社会关注的主流思想融入校园文化建设中，张敏③、龙佳④等学者进行了将社会主义核心价值观或中华优秀传统文化等融入校园文化建设的研究。

与国内经验性研究较多的现状相比，国外的学者们更多地从理论层面探究了大学的目的、使命及功能等。英国学者约翰·亨利·纽曼（John Henry Newman）在《大学的理想》（*The Idea of a University*）中提到，“大学是传授普遍知识的地方。这意味着，一方面，大学的目的是理智的而非道德的；另一方面，它以传播和推广知识而非增扩知识为目的”。⑤ 从使命、目标来看，西班牙学者奥尔特加·加塞特（Ortega Y. Gasset）在《大学的使命》（*Mission of the University*）中提到，“大学文化建设必须建立在尊重学生自主的前提下，合乎传播知识的需要，并且能普及各类学生，满足学生掌握教学内容和自我发展的需要。以学生为中心展开各种教育和服务活动是大学的核心任务”。⑥ 美国学者克拉克·科尔（Clark Kerr）在《大学的功用》（*The Uses of the University*）一书中认为，大学不仅要满足教育的普遍需求，还应满足国家层面的需求，即增加培养的学生数量、满足日益扩大的国家事业的需求、将学校活动与工业相结合、适应新知识潮流并为其开辟新途径。⑦

---

① 林琳：“基于社团文化节的高中学生社团建设研究”，四川师范大学硕士学位论文，2017 年。

② 曹司琪：“高校新媒体平台研究现状及发展优势”，《长春教育学院学报》2018 年第 1 期，第 19—21 页。

③ 张敏：“中华优秀传统文化融入大学生思想政治教育的路径选择”，兰州交通大学硕士学位论文，2017 年。

④ 龙佳：“社会主义核心价值观下的大学校园文化建设现状探究”，《教育教学论坛》2018 年第 37 期，第 241—242 页。

⑤ ［英］约翰·亨利·纽曼著，徐辉等译：《大学的理想》，浙江教育出版社 2001 年版。

⑥ ［西］奥尔特加·加塞特著，徐小洲译：《大学的使命》，浙江教育出版社 2001 年版。

⑦ ［美］克拉克·科尔著，陈学飞等译：《大学的功用》，江西教育出版社 1993 年版。

总之，国外学者普遍认为大学是传授普遍知识的地方，其最重要的职能就是教育教学、传授知识、科学研究和培养人才，而这些职能又使大学形成特有的文化体系、机理、评价与建设方法，反过来又影响着大学的发展。

二、校园文化建设发展趋势

信息化时代的迅速发展为校园文化建设提供了新的机遇，而社会的发展又对人才培养提出新的要求，因此今后的校园文化建设可能会呈现出以下发展趋势：

第一，信息时代的快速发展为校园文化建设提供了新途径。校园文化建设要重视利用新媒体网络交流平台，借助其平等交互模式，凸显信息共享，使参与者在平等的双向交流中各抒己见，充分发挥校园文化建设各方参与者的积极性与主动性。在校园文化活动的宣传方面，新媒体可以形成集图像、声音和视频为一体的立体传递方式，新颖的形式更能引起学生关注，以推动校园文化活动有序进行。大数据时代的迅速发展为校园文化建设提供了机遇，其信息泛化和虚拟性的特征也对校园文化建设的健康有序发展提出挑战，因此高校在利用新媒体平台时要加强监控、正确引导舆论和客观反映现实。

第二，校园文化建设的最终目标是培养德智体美劳全面发展的社会主义建设者和接班人，因此学生的实际需求仍是今后校园文化建设努力的方向。高校校园文化建设要尊重学生的个体特征，正视学生能力素质存在的差异，通过开展校园文化新模式，助力学生不断完善自我。除了校园社团、文体活动等传统模式外，校园文化建设的国际化趋势越来越明显，并注重将文化活动引入学生的日常生活，丰富学校的第二课堂文化建设，弥补第一课堂文化输入不足的问题，力求为大学生适应时代发展需求提供更多、更宽广的展示平台及资源积累。校园文化活动可根据本校的办学理念和学业特色举办，树立品牌意识，以使校园文化建设发挥最大效应。

第三，校园文化中的物质文化、精神文化、制度文化要均衡发展。物质文化具有基础性保障作用，因此必要的经费和设备设施的投入必不可少。精神文化建设凸显了一所学校自身的历史文化传承、办学理念等区别于其他高校的代表性特征，具有不可替代性。新时代的发展对校园精神文化建设提出新的要求。例如，要大力弘扬中华优秀传统文化，增强文化自信和民族自豪感，讲好中国故事，传播好中国声音；将校园文化建设与民族复兴结合起来，营造浓郁的“中国梦”氛围，也是今后校园文化建设的发展趋势。为此，要通过开展各种活动来引导大学生树立社会主义核心价值观，促进思想政治教育与文化知识学习协调发展，这样才有助于提高校园文化建设的质量，以便更好地发挥思想政治教育的积极作用。制度文化发挥着不可替代的“他律”作用，同时也具有管理育人的功能。校风校纪不仅是一所学校的文化彰显，更是校园文化建设的重要组成部分和顺利开展校园文化活动的保障。在制定与校风校纪相关的制度时要体现科学合理性，在落地执行时，相关人员要持谨慎的态度，以确保取得良好效果。

总之，校园文化建设是一项与时俱进的任务，在任何时候都要与社会的发展需求相适应。

第三节　基于跨文化交际的校园文化活动路径和特征

一、校园文化活动的路径

《国家中长期教育改革和发展规划纲要（2010—2020 年）》中明确提出：“提高我国教育国际化水平，培养大批具有国际视野、通晓国际规则、能够参与国际事务和国际竞争的国际化人才。”[1] 多数专家和学者都认同以7个关键词的形式对国际化人才进行概述：宽广的国际化视野和强烈的创新意识；熟悉掌握本专业的国际化知识；熟悉掌握国际惯例；较强的跨文化沟通能力；独立的国际活动能力；较强的运用和处理信息的能力；且必须具备较高的政治思想素质和健康的心理素质，能经受多元文化的冲击，在做国际人的同时不至于丧失本国的人格和国格。[2] 跨文化沟通能力作为其中的一个关键词，具有重要的意义。跨文化活动作为第一课堂的补充、拓展，其目的就是弥补第一课堂文化输入不足的问题，为学生营造一个跨文化交际的平台，使中外学生能进行文化交流，培养学生的跨文化交际意识，提高学生的跨文化交际能力，努力把学生培养成高素质的国际化人才。

为保证校园的跨文化活动顺利开展，实现预期目标，可以从以下四个方面着手：

第一，明确跨文化活动的定位。跨文化活动的目的是让学生走出课堂，拥有一个介绍本国文化、了解他国文化、增进彼此了解的平台。只有在这种真实的文化交流与碰撞中，学生才能感受到跨文化交际的魅力。因此，跨文化活动要紧紧围绕这一定位策划和设计。

第二，内容的设计在一场成功的校园文化活动中显得至关重要。以提高学生跨文化交际能力为宗旨的校园文化活动要坚持“以学生为本”的理念，从学生的实际需求出发，让每一位参与其中的学生都能感受到校园文化活动带来的益处，从而提升全体学生的跨文化交际能力。此外，高校作为传承中华优秀文化的重要载体，在推动社会发展与人类精神进步方面发挥着重要的作用，作为第二课堂的校园文化活动应注重与中华优秀传统文化相结合，学生在努力学习他国文化的同时，更需加深

---

① 参见：《国家中长期教育改革和发展规划纲要（2010—2020年）》，中华人民共和国中央人民政府网，http：//www. gov. cn/jrzg/2010 -07/29/content_1667143. htm，登录时间：2020年7月16日。

② 王根顺、王辉：“研究型大学人才培养国际化的探索与实践”，《国家教育行政学院学报》2009年第4期，第32—37页。

对本国优秀传统文化的学习，增强文化自信。

第三，加强宣传，推广先进的舆论传播机制。跨文化活动应不断创新宣传理念和思路，推广先进的舆论传播机制。要利用大数据的先进技术，充分发挥新媒体的作用，融合“互联网＋”模式，搭建全方位、多样化的宣传平台，例如通过短视频、音频、动图等形式，引发学生关注，推动文化活动二次甚至多次传播，从而吸引更多学生参与其中。

第四，成功的跨文化活动还需要完备的人才保障机制。大学应该着力破除机制体制障碍，为有能力的师生提供设备和资金支持，不断激发师生活力，鼓励师生充分结合本土文化和本校特色，创造出更多形式创新、品位高雅、内容积极向上的跨文化活动，共建优质国际化校园文化活动品牌。

总之，一场优秀的跨文化活动需要在活动定位、内容设计、宣传媒介及人才保障等各方面不断努力，通过创建更多的品牌活动，使之成为学生第一课堂的有益补充，逐步提高学生的跨文化交际能力。

二、校园文化活动的特征

在国际间交流日益频繁的背景下，国家对人才的国际化素质要求越来越高，跨文化活动作为校园文化活动的一种特殊形式，受到越来越多的关注，并为越来越多的院校所采用。跨文化活动通常有以下特点：

第一，从活动宗旨来看，跨文化活动以文化为主题，注重不同文化背景的参与者进行相互交流与学习，旨在通过对各国文化知识的学习，将文化输入与输出有机结合起来，使中外学生能相互了解、开阔眼界、增长见识，减少文化冲突、求同存异，培养学生的跨文化交际意识，提高学生的跨文化交际能力，以保证交际活动的有效性与得体性。

第二，从活动形式和活动规模来看，跨文化活动不受教学计划和教学大纲的限制，形式更为灵活，可表现为英语角、外文短剧、演讲比赛、“一对一”中外语伴见面会等。活动时间可长可短，规模可大可小，既可以是跨校的或全校范围内的大型活动，也可以是以系、专业、年级、班级为单位开展的中小型活动。与其他校园文化活动相比，跨文化活动以互动性活动为主，注重中外学生间的语言交流，旨在为中外学生提供真实的多元文化环境，让参与者切实感受到跨文化交际的魅力，不仅可提高自己的外语能力，也锻炼了自身的跨文化交际能力。

第三，从活动内容来看，文化存在于各国的历史、建筑、文化习俗等方方面面，活动内容要尽量体现出多元文化的异同，以培养学生对文化差异的敏感性，使之能在以后的跨文化交际中注意到这些异同。

第四，从活动参与者来看，跨文化活动受众广，既有中国学生，又有外国留学生。

总之，跨文化活动旨在通过各种方式加强文化输入，培养学生的跨文化交际意识，提高学生的跨文化交际能力。

第三章 庆典活动

校园文化活动是校园文化的重要组成部分，从不同角度可对校园文化活动进行区分和归类。如按照活动举办频次，可分为日常活动和非日常活动；按照活动举办规模，可分为中小型活动和大型活动；按照活动参与人员，可分为校内活动和社会活动等。其中的庆典类活动，兼具非日常、规模较大、面向社会等特点，因此具备较强的参与性、传播性和话题性。通常，高校也倾向于抓住庆典类活动的机会“外塑形象、内铸精神”，在打造校园文化品牌的同时，发挥其凝聚校内师生精神文化共识的重要作用。

第一节　庆典活动概述

从人类学和社会学的“仪式理论”来分析，庆典活动作为广义“仪式”中的一种，是由一系列有意义的符号构成的象征体系，表征着其背后神圣的精神世界。目前社会上非常流行的一种说法“生活要有仪式感”，其实就是对“仪式”背后精神内涵的直观阐释。就高校而言，“仪式”背后便是高校的价值观、大学精神。高校庆典活动通过仪式来展示、传播大学精神，具有独特的基于理念认同的价值引领功能。庆典类活动作为校园文化生活中的重要事件，不是一个简单的程序性的日常工作安排，而是承担着传递价值观念、强化集体认同的功能期待。

事实上，国内外一流高校都非常重视校园庆典活动。包括哈佛大学、耶鲁大学、牛津大学、剑桥大学在内的著名学府，每年都会在节庆日举行隆重的庆典活动，并请著名校友和各界名流出席。有的大学的活动设置还一直保持初创时期的风格，形成独具特色的校园文化传统。目前我国很多高校在坚持扎根中国大地办教育、办好中国特色社会主义大学的前提下，积极参考借鉴国际上先进的理念和做法，加速构建中国特色的高校庆典活动模式。

近年来，高校庆典活动形式愈加多样、内容越发丰富、受关注程度越来越高。在百度搜索“高校文化节”等关键字，会得到上千万条搜索结果。输入“北京语言大学世界文化节”这样比较精确的检索词，也会搜到30多万个相关结果。一般而言，每个高校都有围绕重大节日、重要时间节点举办的庆典活动，如运动会、文化节、学术节等。这些活动一方面极大地丰富了大学校园文化氛围，使高校师生的校园生活更加丰富多彩，另一方面使得高校价值观、大学精神在活动中不断得以凸显。但我们更要看到，庆典活动的“初心”仍然是在活动过程中实现对学生的教育和引导，而不是为了办活动而办活动。高校要通过庆典活动来展示学校发展过程中的标志性象征符号、传递重要价值内核、传达自身的教育理念，实现育人功能，要把主要庆典活动塑造成学生精神文化生活中的一场盛宴。

一、庆典活动基本特征

“庆典”通常指“隆重、喜庆的仪式”，一般承载着较为重要的价值内核，通常在一定范围内产生较大的影响。放眼古今中外，不乏对庆典重要性之描述。中国被称为“礼仪之邦”，早在春秋时期孔子就全面阐释了“礼”的思想，“礼”至今仍是人们日常生活的规范。在五千年的中华文明史中，“礼”作为一整套的文化规范，全面影响了中国社会的各个方面，为各种庆祝、节日、节气和重大事件而设计的“庆典”“典礼”充分起到凝聚人心、汇集人气、传承文化的重要作用。西方文明的历史中也充满关于庆典活动重要性的记录。例如让人耳熟能详的奥运会，其起源就是古希腊人为祭祀神祇宙斯而举行的体育竞技方面的典礼活动。

今天的大学应该从“立德树人”这一崇高使命出发，积极主动发挥庆典活动的重要作用，充分挖掘其中的教育内涵和文化意蕴。庆典活动的“初心”和“使命”应当是服务教育，在庆典活动回归教育功能本位，以“文化活动”的形式来落实育人目标。就高校庆典活动而言，主要有以下两点特征：

第一，从文化形态来看，高校庆典活动不属于观念文化和物质文化，而是一种超越日常行为的“超常”行为文化。庆典活动的“超常”特征首先体现在活动“频率”和“频次”上。众所周知，高校庆典活动不是日常行为，不可能经常发生，只是偶尔（例如满足某一重要历史事件的一定年份）或定期（例如每年的固定日期）发生，否则就失去了其重要的象征意义。“频率”太高的话，客观上会导致活动“仪式感”降低，进而沦为日常性活动。其次体现在活动的“目的”上。高校庆典活动提供的是超越日常需要的满足，表达了对某种精神价值的追求。这种“超越日常需要的满足”，通常不属于高校的日常事务，换言之，这是高校日常教学科研之外的额外“任务”。最后体现在活动的“心态”上。参与者在庆典活动过程中，心态发生了变化。这种变化通常表现为对日常生活状态的超越，进入了更加超验的层面，参与者会因庆典活动所传达的理念而有所触动，进而有所感悟。

第二，从结构要素来看，高校庆典活动是一系列意义符号构成的象征体系。以北京语言大学世界文化节活动为例，通过安排所有参与国家的学生进行巡游表演和舞台展示，体现了学校的国际化特色，传递了学校对于学生成长为具有国际视野和跨文化交际能力人才的期望。通过一系列环节设计和安排，原本活动的理念意义得以具体呈现，活动传递的精神价值对仪式参与者产生了直接影响，使得参与者能够更加直观、全面、真切地感受庆典活动蕴含的深刻内涵。

法国著名社会学家涂尔干（Émile Durkheim）把世界划分为“神圣性”和“凡俗性”两大领域，仪式的存在依据便是它的“神圣性”，使其超常于日常生活行为，这一命题同样适用于把握高校庆典活动的本质。高校庆典作为一种仪式行为，其本质就存在于和现实相对的理想、和物质相对的精神、和“凡俗性”相对的“神圣性”上。高校庆典一方面把精神层面的事物、理念向外传达出来，另一方面也是对精神、价值的确证。高校庆典中由一系列行为、环节构成的程序是活动的表层结构，这些行为符号背后隐藏的是深层的理想或精神结构；后者是前者活动行为不断重复的不竭动力。因此，高校庆典不能仅仅被视为一种形式，甚至被简单粗暴地贬斥为“形式主义”，而应该被看作一种重要的文化形态与值得关注的精神现象。

二、庆典活动重要意义

高校庆典活动的实质是对高校价值观、大学精神的呈现、展示与传播，具有不可替代的重要意义。

（一）形成别具一格的大学文化

这里的大学文化或者说校园文化是指一所大学在长期的办学过程中形成的独具特色的办学传统和精神理念。不同的大学文化会塑造出师生员工不同的精神品格，优秀的大学文化对师生的成长、发展起到至关重要的作用。一所高校的校园文化体现了这所高校的特色与关注点，是全体师生员工共同努力和进取的结果。高校特色校园文化体现的是一所高校最具特色、最为典型的精神，是一种在学校普遍认可、接受、尊崇的习惯和准则。在某种层面，可以说大学文化贯穿于高校机构运行的各个环节。对一所大学而言，大学文化主要体现在五个方面：历史传统、价值观和理念、教学管理风格和特色、师生员工的素质和行为规范、物质设施。此外，学校的办学定位、价值理念、模范人物、文化活动都是大学文化的基本要素。[①] 校级层面的校庆可以在审视回顾办学传统的前提下，重新对学校当今的定位与价值进行考量，确定未来的发展规划与转型方向，这对于构建特色校园文化具有决定性意义。

（二）呈现独特的大学精神，并使之可感知、可体验

每所大学都有其独特的物质外壳和实体结构，这些是构成大学的外在元素。但是真正使大学具有本质上区别、赋予大学“特殊性”的，是大学的精神，或称大学的使命。大学的精神或使命可以概述为人才培养、科学研究、社会服务、文化传承与创新、国际交流合作等内容，但每一所大学对其有自己的理解与阐释。高校庆典的可贵之处，在于使大学精神现实化，使参与者亲身体验活动背后蕴藏的大学精神。比如在北京语言大学的世界文化节活动中，参与者通过扮演“文化交流使者”这一特定角色融入整个活动过程，而活动预设的精神价值便在各国人士互动中体现出来并得到体验、内化和深化。在文化节活动中，参与者在欣赏他人展示的同时也实现了自我展示，体验到的是自己作为共同体一员的存在状态。庆典活动参与者正是通过这些仪式行为体验到作为大学精神共同体成员的存在感，实现了大学精神体验的自我强化。

（三）激发大学精神的创新

唯物史观指出，人民群众是历史的创造者，高校庆典活动正是激发大学精神创新的重要场合，活动的参与者实际上都在推动着大学精神的创新。基于庆典活动的持续性和反复性，高校得以不断将最新的时代精神和价值理念融入活动中，不断重构大学精神的要素。不断更迭的参与

---

① 陈亮、余冲：“高校大型庆典的文化传播研究——以南昌航空大学为例”，《企业导报》2012 年第 4 期，第 227—228 页。

者在仪式中也会对大学精神产生积极反思，提出创造性诠释，成为创新大学精神的源头活水。

（四）增强师生自豪感，提升学校凝聚力

一所大学的内涵、底蕴是随着大学的发展而逐步形成的，并最终成为大学的特色之所在。这些独一无二的内涵和底蕴会对学校教学、科研、管理等各个方面产生深远而持久的影响，进而影响到全体师生员工。高校举办庆典活动的过程，其实也是重现学校重要历程、重温学校思想底蕴的过程。这有助于师生熟悉学校历史，强化对学校传统的认同和理解，进而增强心中的自豪感、自信心，形成强大的校园凝聚力。

第二节　庆典活动策划

一、庆典活动基本原则

高校庆典活动要尽量做到“四个契合”，即活动内容契合高校的价值观、活动规模契合高校资源优势、活动形式契合高校师生习惯、活动目的契合高校事业发展需求。成功的庆典活动一定是“四个契合”的和谐统一，忽视任何一项都会让人感觉活动留有遗憾，若不能满足其中几项，则活动注定是失败的。

（一）庆典活动内容要契合高校价值观

各高校均有其独特的历史传承，在这一过程中也沉淀下不同的价值观，有的高校注重继承传统，有的则开放创新，有的则兼容并包。“橘生淮南则为橘，生于淮北则为枳”，同样的庆典活动，在不同的学校举办，可能效果会完全不同，其主要原因就在于与高校价值观的契合程度

上。这一点是直接决定活动能否成功举办的首要因素。以北京语言大学世界文化节活动为例，北京语言大学作为全国唯一一所以对来华留学生进行汉语教育和中华文化教育的国际型大学，其价值观高度凝聚在“德行言语　敦睦天下”的校训中，体现了北语人致力于向世界传播汉语、弘扬中华文化、构建人类命运共同体的胸怀和追求。与这一全体北语人高度认同的价值观的契合，就是世界文化节系列活动能成功举办近二十年的最大秘诀。北语的教师、学生都认为，世界文化节这种规模和氛围的活动“只能出现在北语”。这并不是说其他高校没有能力举办此类活动，而是表达了广大师生对活动内容的认可，认为此活动与学校的价值观是高度契合的。

（二）庆典活动规模要契合高校资源优势

规模是庆典活动的重要因素，但绝不是首要因素，更不是唯一因素。庆典活动想采取多大规模，必须考虑活动形式、活动场所、安保要求等诸多因素，特别是要与高校资源优势相契合。北京语言大学之所以多年来能够坚持举办世界文化节和“东院文化节”，且基本保持每年有来自世界 100 多个国家的近万名国际学生参与，主要原因之一就是很好地契合了学校在国际学生方面的资源优势，其优势就是北京语言大学丰富的国际学生资源。不难想象，假如不具备如此丰富的国际学生资源，国际文化交流类的活动是很难成功举办的。我们也发现，一些高校的庆典活动在一定程度上存在盲目追求规模的倾向，例如去年的活动有 1 万人参加，那今年就一定要有 2 万人，以表示活动“上台阶”“高大上”，这种思维应该坚决摒弃。再比如，有的高校盲目上马看似光鲜的庆典活动，实则与自身资源优势并不匹配，轻则造成资源浪费，重则导致校内师生价值观的混乱。总之，高校庆典活动应采取多大规模，要本着实事求是的原则，从高校自身资源优势出发，充分考虑诸多因素之后慎重决定。

（三）庆典活动形式要契合高校师生习惯

高校中称得上“庆典”的活动一般具有一定的历史传承，这些活动既是高校师生积极参与校园文化的产物，同时也在塑造着师生的接受习惯、欣赏习惯、行为习惯等。不符合师生习惯的庆典活动，往往反应平平，甚至会产生相反的效果。例如在整体氛围宁静祥和的高校，师生行为习惯也多偏好清净，渴望保持安静的学习与生活状态。如果执意举办一项持续一周、每晚都要在图书馆前吹拉弹唱的活动，肯定会遭到师生的反对。近些年，不少高校深陷“创新陷阱”，急于搞开创性活动，乐于举办“首届”活动，但效果往往并不理想，造成极大的资源浪费。究其原因，很大一部分就在于急于上马的创新活动并不自发产生于校园文化，很可能不符合师生的行为习惯。高校举办庆典活动，要尽量摒弃“求新、求趣、求特”的思维，要把庆典活动视为生长在独特校园文化土壤上的一棵树木。树木要枝繁叶茂，就需要长时间耐心地浇灌、修剪，“十年树木，百年树人”，要真正把庆典活动做成富含教育意义、能够服务于“立德树人”的活动。

（四）庆典活动目的必须符合高校事业发展需求

庆典活动要有明确的目的以及期望实现的意义，否则，就是在浪费资源，挤占校园学习生活空间。但在现实生活中我们不难发现，部分高校庆典活动确实没有明确的目的，似乎只是“为了搞活动而搞活动”。一场成功的庆典活动需要投入相当大的人力物力，甚至需要协调包括地方政府在内的多方资源，从绩效的角度来看，庆典活动必须能切实推动高校事业发展，不然必定是入不敷出的。以北京语言大学 2019 年第十六届世界文化节为例，其吸引到近 100 个国家和地区的留学生参加，其中有 30 多个国家的使馆工作人员出席活动，8 个国家的大使莅临活动现场。因为活动的聚集效应，学校也顺利邀请到北京市、海淀区的多位领导参加。整个活动为各界嘉宾留下深刻印象，为学校带来潜在的发展资源。同时，学校还将世界文化节活动当天设为“校园开放日”，吸引了大批考生和家长来现场感受北语的国际化氛围，提升了招生宣传力度。此活动还兼顾了北语附中、附小的需求，现场邀请部分中小学生和家长来参与，进一步扩大了活动的覆盖面和美誉度。综合来看，我们有充分理由相信这一活动是符合学校发展需求的。那些看上去轰轰烈烈、热热闹闹，但是对学校事业发展没有帮助的庆典活动，不但称不上成功，更应该受到抵制。

二、庆典活动注意事项

（一）坚持有限创新

高校庆典活动需要创新，但必须是“有限创新”，要把握好庆典活动承继和创新的关系，不能偏废。如上文所述，庆典活动中蕴含着丰富的历史传承，承载着高校师生的行为习惯，是“大学精神”的重要体现，是第二课堂教育的生动实现手段。因此，举办庆典活动首先要警惕盲目创新。近些年，高校举办的“首届”活动不时见诸报端，似乎不举办“首届”活动，就不够令人瞩目，就没有轰动效应。这是一种错误的活动观，从某种程度上讲，还体现了活动主办者不健康的政绩观。庆典活动的主要价值与活动的长期性、持续性紧密相连，是活动的核心优势。盲目开创“首届”庆典活动或者创新庆典活动，难保活动“不变味、不变质”，反而会取得相反的效果。其次，还要警惕庆典活动“从不创新”的现象。有的高校庆典活动非常成熟，校内外协调机制也很健全，因此产生了“不想创新”的想法——创新有可能会出现失误，不创新则万事大吉。这也是一种错误的想法。从不创新的庆典活动失去了庆典活动最重要的“仪式性”，实则沦为普通的日常活动。综上，要在坚持传统优势的基础上进行适度的创新，确保参与者感觉每次参与活动“有惊喜、有收获”，但不是“求新、求趣、求特”。从经验来看，一次庆典活动中的创新项目控制在20%—30%为宜，即假如将庆典活动作为一个项目来进行管理，单次活动中的创新行为最好不要超过项目总行为量的30%。若超过30%，第一可能无法很好地平衡传承与创新之间的关系，第二可能使筹备过程压力过大，导致筹备工作存在问题和隐患。

（二）高度关注可行性

论证活动的可行性并不是简简单单考虑一下活动能不能举办，而是要考虑活动能否实现其目的，并将成本控制在一定范围内。没有实现目的的活动和成本大幅超过预算的活动，实际上都是不具有可行性的。所以，举办庆典活动时，一定要认真、严肃、细致考虑活动的可行性。可行性有狭义、广义之分。狭义的可行性是指活动“能否”举办；而广义的可行性要考虑很多因素，主要包括对社会舆论环境、对活动面临的安全压力、对促成活动的各方因素成熟度的把握等。简言之，狭义的可行性关注的是结果，而广义的可行性关注的则是过程。例如活动面临的安全压力，是能否举办活动的首要考量。但很多高校在举办庆典活动的过程中更多地将关注点放在活动形式、流程上，而没有将安全问题视为首要考量。庆典活动通常规模较大、场地较集中、人数较多，安全问题应是重中之重。各地公安机关一般对此类活动的形式、流程有非常详尽的要求，高校作为主办方，要严格遵守相关规定，不能心存侥幸。如果在研判过程中发现安全压力过大，超出学校所能承受的范围，一定要坚决停止活动，避免产生无法承担的严重后果。以北京语言大学世界文化节为例，为了保障现场参与者的安全，活动主办方连续多年主动压缩规模，采取发放分时段门票、设立分会场等形式，将现场人数一再压缩。人数压缩之后，现场看似没有之前热闹，但其实提升了每一个参与者的参与感和舒适度。门票等限流形式客观上也增加了活动的仪式感，让参与者能够更好地体验活动所传达的精神内涵。同时，压缩规模也为当地政府、公安部门减轻了负担，各方能够投入更多精力到活动本身，实际上提升了活动质量。

（三）客观看待绩效评价

从绩效角度来看，庆典活动似乎投入越少、效果越好，就越称得上成功。事实上，实际情况要复杂得多。首先，不能盲目压缩庆典活动的投入，很多投入是不可缺少的。例如上文所述与保障活动安全相关的开支，包括但不限于安检设施的租赁或购买、安保人员的补贴甚至临时聘用安保人员的开支，都应当首先予以充分保障。以北京语言大学世界文化节活动为例，约 1/5 的经费会用于安保事项，绝对不能以追求所谓的绩效为名而盲目节省本不该节省的开支。其次，庆典活动的效果其实很难进行量化评价。纵使可以从参与者数量、媒体曝光率、社会反响程度等角度来评价一个活动，但这仍然是不够充分和全面的。因此，绩效不应当成为高校庆典活动的首要评价标准。对于常年举办的庆典活动来说，开支一般是可预期的，预算较为可控，活动绩效的提升不能聚焦在节省开支上，更应关注活动的整体效果。

第三节　庆典活动实践

本节选取北京语言大学最具特色的两个庆典类活动，分别是北京语言大学世界文化节系列活动、北京语言大学外国语学部东方语言文化学院“东院文化节”活动来举例说明。两个活动各有特色，世界文化节系列活动规模较大、覆盖人数较多，校方各部门各司其职，校方主导作用明显；“东院文化节”活动扎根专业特色，由学院举办，以展示日韩文化为主，形式轻松时尚，深受同学们喜爱。之所以选取这两个案例，就是希望从两个不同的角度展示活动全过程，帮助读者全面、立体地了解高校庆典活动的各个方面。

一、活动案例 1：北京语言大学世界文化节系列活动

北语零时差　步履无国界

——北京语言大学第 16 届世界文化节游园会

（一）基本情况

北京语言大学世界文化节系列活动是全国高校中历史最悠久、影响最广泛、规模最大、层次最高的中外学生文化交流活动，截至 2019 年已成功举办 16 届。系列活动一般会持续整个 5 月，由 2—3 场大型主体活动和若干场中小型活动组成。其中，游园会是世界文化节系列活动中特色最鲜明、最具代表性的活动。2019 年第 16 届世界文化节游园会吸引了来自 90 多个国家与地区的近万名国际学生参与，同学们身着本国传统服饰、手持国旗穿越整个校园，向沿途观众展示世界各国文化。之后，各国学生代表登上操场中心舞台进行国家展示，此环节通过汉语、英语、法语三种语言进行时时播报。展示环节结束后，中心舞台举办游园会开幕式及各国文艺展演，国际学生则返回至各国家展棚，在展棚内外进行本国美食、音乐、服饰、旅游等文化展示，游客可通过参观展棚活动、亲身参与文化体验、与留学生亲密互动等，了解各国文化风情。徜徉其间，参与者会不由得生出“学在北语、游遍世界”之感，因此文化节游园会也享有“迷你世博”的美誉。

（二）历史沿革

北京语言大学世界文化节活动创办于 2003 年，自创办之日起，就把“展示世界各国多元文化，传播中华优秀传统文化”作为活动主要目的，截至 2019 年已成功举办 16 届，是国内高校中历史最悠久的国际文化交流庆典活动。2017 年之前，世界文化节的主体活动是文化节游园会，再辅以数个小型活动。2017 年起，主办方将世界文化节扩展为为期一个月的系列活动，由主体活动文化节游园会和多个中小型活动组成，例如文化

沙龙活动、跨文化论坛、多国艺术展演等，活动基本会持续整个5月。

（三）组织机构

2003年起，世界文化节活动一直由校团委指导校学生会完成，对活动的定位也是非常明确的“学生活动”。随着规模的不断扩大，活动的举办越来越需要校内的各部门通力合作，“学生活动”的定位在某种程度上已无法充分体现活动蕴含的巨大价值。2018年，学校成立北京语言大学世界文化节工作领导小组，明确活动主办方为北京语言大学。领导小组办公室设在校团委，由校团委牵头，指导校学生会、校研究生会、志愿服务总队、红十字会学生分会、中外学生艺术团等学生组织，以及校内学生社团合作完成。以2019年第16届世界文化节系列活动为例，主办方为北京语言大学、海淀区委区政府，承办方为校团委、学生处、校学生会、海淀区委宣传部、学院路街道办事处。其实，除主办方、承办方外，还有许多部门和学生团队参与其中，世界文化节事实上已经成为全体北语人共同的节日。

（四）运营思路

鉴于世界文化节活动规模较大（游园会单日人流量近2万人次）、筹备周期较长（一般需要近3个月的筹备期）、社会关注度较高（活动参与者以其他高校学生和北京市居民为主），近年来主办方开始逐步尝试采用项目管理的方法运营整个活动。按照时间划分，整个项目分为筹备阶段、实施阶段、收尾阶段。筹备阶段为期2—3个月，实施阶段2—3周，收尾阶段1—2个月。在筹备阶段，整个项目架构分为办公室、国际学生组、志愿者组、宣传组、运营组。办公室主要负责制定日程和里程碑事件，督促各组及时完成任务，做好内部资源调配。国际学生组负责联络所有参与活动的国际学生，与各国负责人逐一核定需求、明确活动相关要求。志愿者组负责招募、管理文化节过程中所需的所有志愿者，核定志愿者工作时间，拟定保障激励方案。宣传组负责制定活动宣传方案，在活动举办前宣传造势，联络各大新闻平台及媒体。运营组则主要致力于挖掘各方资源和需求，将其与活动进行对接，服务学校整体发展。随着项目进行到实施阶段，整个项目运营架构调整为办公室、嘉宾接待组、展区组、舞台组、志愿者组、媒体组。项目进入收尾阶段后，整个项目架构再次调整为办公室、志愿者组、媒体资料组、宣传组。从这里可以看出，世界文化节系列活动的运营管理方式是动态的，可以根据不同阶段及时跟进调整内部架构，具有很强的应对变化、满足需求的能力。

（五）基本安排

以“北语零时差　步履无国界”北京语言大学第16届世界文化节游园会为例：

时间：2019年5月19日9：00—16：30

地点：主干道——万国巡游
风雨操场——万国博览
风雨操作中心——舞台及嘉宾区
逸夫报告厅前广场——活动区

流程：7：50　巡游队伍集结
9：00　巡游队伍出发
9：30　巡游队伍进入风雨操场
10：00—10：30　游园会开幕式
10：30—16：30　各国文化展示
16：30—17：30　结束清场

（六）时间推进

由于世界文化节系列活动涉及单位较多，这里仅选取2019年世界文化节中校学生会的时间推进表为例，希望能够帮助各位读者更好地了解整体工作情况。表中的“留联”指的是校学生会留学生联络中心，“总队”指的是校志愿服务总队，其他均为校学生会部门。

表 3—1 2019 年世界文化节校学生会时间推进表

星期一	星期二	星期三	星期四	星期五	星期六	星期日
3 月 25 日	**3 月 26 日**	**3 月 27 日**	**3 月 28 日**	**3 月 29 日** **留联** 最终敲定国家数目 汇总参加国家名单	**3 月 30 日**	**3 月 31 日**
星期一	星期二	星期三	星期四	星期五	星期六	星期日
4 月 1 日	**4 月 2 日**	**4 月 3 日**	**4 月 4 日**	**4 月 5 日**	**4 月 6 日**	**4 月 7 日**
留联 & 总队 志愿者招募 校会各大公共平台宣传	**留联 & 总队** 志愿者招募 校会各大公共平台宣传	**留联 & 总队** 志愿者招募结束，公布志愿者名单 最想要的周边投票 校会各大公共平台宣传继续	**留联** 策划及预算审批 **办公室** 场地申请 **外联部** 外联赞助联系 **名师** 明星祝福联系	**留联** **新闻中心** 第一支亚洲线上预热视频拍摄 **技术中心** 预热视频制作开始		
星期一	星期二	星期三	星期四	星期五	星期六	星期日
4 月 8 日	**4 月 9 日** **留联** **新闻中心** 第二支非洲预热视频拍摄 **技术中心** 第一支预热视频制作完成，第二支预热视频制作开始 留联公众平台宣传	**4 月 10 日** **留联** 提交宣传片剧本，确定角色分配	**4 月 11 日** **留联** 宣传片演员排练开始	**4 月 12 日** **留联** **新闻中心** 第三支欧洲预热视频拍摄	**4 月 13 日**	**4 月 14 日** **留联** 志愿者大会 **技术中心** 第二支预热视频制作完成 第三支预热视频制作开始

续表

星期一	星期二	星期三	星期四	星期五	星期六	星期日
4月15日 **留联** 晚会表演节目招募 留联公众平台宣传	**4月16日** **留联** 晚会表演节目招募 留联公众平台宣传	**4月17日** **留联** **新闻中心** 第四支美洲预热视频拍摄	**4月18日** **留联** **新闻中心** 国家负责人会议 留联公众平台宣传，新闻中心宣传跟进	**4月19日** **办公室** 物资采购 留联 宣传剧本最终敲定	**4月20日** **留联** 宣传视频拍摄开始 **技术中心** 第三支预热视频制作结束 第四支预热视频制作开始 留联公众平台宣传	**4月21日** **留联** 宣传视频拍摄 **技术中心** 宣传视频制作开始
星期一	星期二	星期三	星期四	星期五	星期六	星期日
4月22日	**4月23日** **留联** 新闻中心 第五支大洋洲预热视频拍摄	**4月24日**	**4月25日** **技术中心** 第四支预热视频制作结束 第五支预热视频制作开始 留联公众平台宣传	**4月26日** **留联** **学生会各部门** 学生会大会	**4月27日**	**4月28日**

续表

星期一	星期二	星期三	星期四	星期五	星期六	星期日
4 月 29 日	**4 月 30 日** **技术中心** 第五支预热视频制作结束 留联公众平台宣传	**5 月 1 日** **留联** **文艺部** 招募节目审核 确定晚会表演节目名单，晚会节目排练开始	**5 月 2 日** **留联** **文艺部** 晚会节目排练 **文艺部** 灯光舞美、舞台设计	**5 月 3 日** **留联** **文艺部** 晚会节目排练	**5 月 4 日**	**5 月 5 日** **技术中心** 宣传视频制作结束 校会各大公共平台宣传
星期一	星期二	星期三	星期四	星期五	星期六	星期日
5 月 6 日 **留联** 发布大使讲座及晚会抢票及抢票方法通知 **新闻中心** 跟进留联公众平台发布内容 **留联** **文艺部** 晚会节目排练	**5 月 7 日** **留联** 第一波晚会抢票 **名师** 明星送祝福联系结束 **技术中心** 明星送祝福视频制作 **留联** **文艺部** 晚会节目排练	**5 月 8 日** **留联** 第二波晚会抢票并随后公布获票者名单 **留联** **文艺部** 晚会节目排练	**5 月 9 日** **留联** 发布参与晚会注意事项 **留联** **文艺部** 晚会节目排练	**5 月 10 日** **留联** **学生会工作人员** 大使讲座，晚会表演 **留联** **文艺部** 晚会节目排练	**5 月 11 日** **学生会相关部门** 互联互通大会	**5 月 12 日** **留联** 发布游园会兑票须知

续表

星期一	星期二	星期三	星期四	星期五	星期六	星期日
5 月 13 日 **留联** 倒计时五天：赴文化盛宴 **留联** **文艺部** 灯光秀表演排练	**5 月 14 日** **留联** 倒计时四天：周边购买指南 **留联** **文艺部** 灯光秀表演排练	**5 月 15 日** **留联** 倒计时三天：第一次展览国家名单及游园攻略 **留联** **文艺部** 灯光秀表演排练	**5 月 16 日** **留联** 倒计时两天：明星送祝福视频 **留联** **文艺部** 灯光秀表演排练	**5 月 17 日** **留联** 倒计时一天：游园安全须知 游园指南	**5 月 18 日** **留联** 第一次展棚展览 巡游 灯光秀 巡游与灯光秀观赏指南 **新闻中心** 现场图片视频采集	**5 月 19 日** **留联** 展览回顾 **新闻中心** 转发留联公众平台内容 **技术中心** 世界文化节精彩瞬间视频制作开始
星期一	星期二	星期三	星期四	星期五	星期六	星期日
5 月 20 日 **留联** 优秀展棚结果出炉	**5 月 21 日** **留联** 优秀志愿者名单出炉	**5 月 22 日** **留联** 游园会回顾：亚洲	**5 月 23 日** **留联** 游园会回顾：非洲	**5 月 24 日** **留联** 游园会回顾：欧洲	**5 月 25 日** **留联** 游园会回顾：美洲	**5 月 26 日** **留联** 游园会回顾：大洋洲 **技术中心** 精彩瞬间视频制作结束 校会各大公众平台发布

资料来源：共青团北京语言大学委员会。

图3—1 世界文化节开幕式国家展示

资料来源：共青团北京语言大学委员会。

图3—2 世界文化节万国巡游

资料来源：共青团北京语言大学委员会。

图 3—3　世界文化节万国博览

资料来源：共青团北京语言大学委员会。

图 3—4　世界文化节各国文艺展演

资料来源：共青团北京语言大学委员会。

二、活动案例2：“东院文化节”活动

一言北语，万博东方

——北京语言大学第八届“东院文化节”

（一）项目背景

“东院文化节”是北京语言大学外国语学部东方语言文化学院主办的品牌校园文化活动之一。该项目以“丰富校园生活、锻炼学生团结工作能力、提升学生文化素养”为目的，以班级或学生社团为单位举办，学生可自主决定展示内容和展示形式。自2011年起，该活动已成功举办八届，项目最初名为“日韩学园祭”，2018年正式更名为“东院文化节”。

该项目灵感来源于日本的“学园祭”文化（日文为“がくえんさい”，意为“校园里的节日”），在韩国也有与之类似的校园文化活动。日本的“学园祭”当天有丰富的节目表演及特色文化展台，是学生们展示自己、相互交流的大好机会。东方语言文化学院下设日语系和韩语系，“东院文化节”便在此基础上应运而生。

“东院文化节”活动主要由两部分组成。其中之一是类似于日本“学园祭”的展台，即每个展示单元在活动当天都会有一个专属展示区域，负责人会进行展棚搭建及装饰布置，将所要推广的文化元素进行直观展示。展台是正常活动的“主心骨”，所有展台均由学生自主策划完成，以中国、韩国、日本文化中的精华部分为素材，加以学生们的奇思妙想和精心完善，每年都会吸引众多学生和教师的目光。另一大特色则是舞台表演，不仅有北语的中国学生在舞台上不遗余力地展现自我风采，留学生乃至外校同学的积极参演也给来宾们留下极为深刻的印象。“东院文化节”向本校所有学部院以及其他高校师生开放，在每年的5月如期而至，为前来参观的人们展现中日韩三国文化交融的独特魅力。

东北亚文化和而不同，中外文化在这里碰撞融合，中日韩青年聚集于此相互学习，增进了解，收获友谊。

（二）项目理念

1. 走出传统课堂，深入文化探索

参与文化节的学生们利用课余时间，结合所学的专业知识自主进行展台设计及活动编排。学生借此机会，能够在课堂之外对中日韩文化中的精华进行挖掘。文化来源于人们生活中衣食住行各方面的沉淀，学生们可从饮食、服饰、音乐、娱乐竞技等多角度出发，自主进行传统美食、服饰文化、传统游戏等方面的体验与学习，旨在为文化节当天前来的来宾们带来最富中日韩当地文化特色的板块，展示出中日韩别具一格的文化魅力，同时增进东院学生自身的文化底蕴与专业素养，提高其跨文化交际能力，使之在了解文化的基础上进行更加系统的语言学习，以提高学习兴趣与效率。

2. 中日韩文化碰撞，促进交流发展

北京语言大学是留学生来华学习汉语和中华文化的首选学校，每年有来自世界各地的 1 万多名留学生来此学习生活，素有“小联合国”的美誉。其中，来自日本、韩国的学生人数已达 3000 余人。本项目希望通过日韩校园中喜闻乐见的“学园祭”类活动，吸引日、韩留学生共同参与，通过文化节的形式把中日韩的文化直观地表现出来，实现不同文化的相互碰撞，促进不同国家文化的交流互鉴。

活动当天，所有的文化展台及表演舞台均设在北京语言大学篮球场的露天场地，面向所有师生开放，每年都会吸引校园中的各国学生、教师、教职工家属甚至外校同学前来体验特色展台并观看节目表演，不同国家的学生驻足文化展台，聆听各展台负责人对相应文化主题进行讲解，并亲自体验展台中介绍的传统项目，如折纸、捞金鱼、茶道等，近距离感受东方文化的魅力，对中日韩三国文化能够起到良好的宣传作用。

3. 培养当代大学生自主创新能力

校园文化是社会主义精神文明在校园中的体现，校园文化节是高校教育中不可或缺的一部分，本项目积极响应“三全育人”中“全方位育人”要求，在校园文化建设中要求学生自己动手动脑进行展台及节目的规划与实施。环节包括但不限于背景资料收集、组内讨论、与留学生沟通合作、联系商家采买或租赁活动所需材料（食材、展台道具、手工艺品原材料、服装等）、节目设计与编排，在筹备及实践的过程中培养学生独立自主、团队协作及创新的能力。

4. 展示学子风采，推进素质教育

就如同建筑作品中的一砖一瓦尽显设计者的匠心，“东院文化节”中的文化展台及节目演出也能展现出北语学子的创造才华与文化艺术素养。文化节为学生提供展示自我风采的平台，使学生得以施展才华，以艺载德，以艺促智。同时，本项目与大学生的学习和生活紧密结合，力图锻炼学生的综合能力，有利于学校发掘人才、培养人才，从而推进学校素质教育工作的深入实施。

（三）项目方案

“东院文化节”在北京语言大学外国语学部和校团委的关怀和指导下，由外国语学部东方语言文化学院主办，东方语言文化学院学生会承办，于每年5月中旬在北京语言大学篮球场盛大开幕。具体实施过程如下：

1. 策划与召集

项目筹备工作于每年3月启动，在院系负责人及辅导员的指导下确定主题及规模，并由学生会进行活动方案的制定，群策群力，对活动的准备流程进行梳理与完善。同时，面向全校本科生进行活动宣传及工作部署，主要参与者为东院大一新生，要求各班全员参与，建立展台制作及节目表演工作组，并建立团队负责人机制，便于统筹沟通。同时，鼓励全校各年级专业的学生自由组队，并面向各中外学生组织及社团进行主持人、节目表演团队、展台团队的召集。

“东院文化节”以承载中日韩三国特色文化的展台为主体，并在不同时段开启舞台演出环节，演出节目包括但不限于东方文化特色的歌舞、武术、走秀等形式，鼓励学生积极创新，使来宾在各色展台体验中日韩传统文化的同时，也能够享受到来自这三个东方国家的青年学生精心呈现的视听盛宴。在八年的承办史中，主办团队不断总结经验，如今已有完善的活动制作流程。对于场地申请、宣发材料制作及推广、节目及展台审核、活动彩排等各环节，均有成熟的时间线制定与分工。整个项目的筹备团队从学院辅导员到学生会成员再到各班学生，全员参与，形成完备的人员体系。

2. 院内院外宣传

通过学院微信公众号、任课教师、各院系辅导员等多渠道进行活动宣传推广及预热。

（1）通过在公众号科普日韩文化节历史背景，推送往届“东院文化节”精彩瞬间、优秀展台介绍等内容，加深学生们对文化节的理解，提高他们的兴趣，鼓励他们为展台策划者提供灵感，同时也借此吸引有才艺的同学报名舞台节目表演，一展风采。

（2）通过各院系公众号联动，协助号召全校学生参与支持。此外，主办方积极联系各学生组织，如主持队、韩语协会、动漫社、舞蹈社等，向筹备组推荐优秀人才，使“东院文化节”的内容更加丰富多元。

（3）通过各院教师及学生的推广，也能够吸引到许多外校学生报名参加节目表演。

（4）在筹备工作的中后期，对活动进行多方位宣传，制作好宣传视频、海报、传单、易拉宝、“游园”攻略及“游园”地图等，吸引广大师生前来体验。

3. 主持人、展台、节目审核选拔

主办方根据报名情况对项目的各组成部分进行严格审核。参与人员中，东方语言文化学院新生班级要求全员参加；此外，学生会、校内学生社团及东院高年级（大二、大三、大四）学生自愿参与。

（1）选拔出中日韩三国优秀青年（每语种1—2名）担任主持。

（2）展台的初审及复审。初审中围绕各展台的设计理念、文化元素、具体内容、可行性等进行评估，并对存在的问题进行研究讨论，提出中肯建议。复审着重考察改良程度、实操性及成熟度，如展台宣传板是否绘制完成、所需道具是否配齐到位等。

（3）舞台部分的节目审核及彩排。对表演人员的舞台表现力、伴奏、服装、节目效果等给出相关改进建议。关于节目顺序的安排及调整，力争做到中日韩三国的节目相互穿插，以丰富节目的多样性，增强观赏性。其中还包括主持人的彩排，以确保主持人第一时间掌握舞台节目的细节更新。

4. 正式开幕

历时2个多月的筹备，“东院文化节”于每年5月中旬正式举行。活动当天，展台与舞台同步开启，届时将邀请日韩大使馆的贵宾、媒体及学校领导作为嘉宾出席，共同欣赏节目，并在表演中场休息时到各个展台进行文化体验。

来宾在活动入口处将获得一份“游园”地图，地图上除了舞台表演时间、各展台位置指示之外，右下角还设有可撕的“人气展台”投票签，每个展台设有独立投票箱供来宾投票，活动最后将统计各展台所获票数，得票最高者即当选该届文化节的最佳展台。

（四）主要成效

“东院文化节”自2011年举办至今，经过多年的经验积累与打磨，已成为北京语言大学的品牌特色活动之一，是展示东方优秀文化的一大平台，对中日韩文化的交流与传播起到推进作用。“东院文化节”的举办不仅增进了校园内各国同学对中日韩三国文化的了解，还使得三国青年之间的交流更加深入、关系更加紧密。项目主要成效如下：

1. 学生综合素质显著提高

“东院文化节”由大一新生班级作为主力，每个班级提供1—2个展台，以班级为单位进行展台概念设计、文化背景查询搜集以及所需材料的采买或制作。各班同学在筹备过程中加深了对彼此的了解，同时各班和社团选择展示的都是中日韩有代表性的特色文化项目，大家积极参与项目设计、排练、表演的过程就是一场深入的文化探索。同时，在此过程中，全班同学通力合作，互相学习，从而使整个班级的凝聚力有了显著提升，也有利于班级其他活动的开展。

此外，所有的展台制作、节目编排均由学生自主完成，如道具展板制作、手工品制作、食品制作、表演服装租赁、音乐剪辑等，其中与留学生合作的展台及节目也全部依靠学生之间的沟通协作。从筹备策划到活动实施，都由学生自己动手、全程参与。在此过程中，学生在遇到问题时不是被动依靠他人帮助，而是主动思考，寻求有效解决方法。项目的筹备周期通常历时2个多月，围绕一个项目从创意到落地，项目组成员都认真讨论交流，并向文化所属国的留学生请教甚至邀请留学生加入。在此过程中，参与的学生都能够锻炼沟通能力、语言表达能力、团队合作能力以及独立思考解决问题的能力，他们不仅是参与者，更是组织策划者。

项目通过丰富多彩的文化展现形式，以生动活泼和喜闻乐见的校园文化节为载体，激发学生对艺术、学术及生活的热爱，也为创造多元、和谐、蓬勃向上的校园文化贡献了力量。

2. 为中日韩三国青年搭建了跨文化交流的平台

每年，许多日韩留学生也参与到“东院文化节”的展台创作与舞台节目中，整个活动中参与布置的中国、韩国、日本三国学生达百余名。在活动筹备与最终展示的过程中，中日韩三国青年也通过多种渠道进行了文化及文化节方面的交流。

渠道一：语伴交流。北京语言大学有独特的语伴文化，尤其是外语专业的学生，他们会与以本专业为母语的留学生成为语伴，相互交流、相互学习，以提高自己的专业水平与沟通能力。在“东院文化节”的筹备过程中，许多东院的日语及韩语专业学生都会向自己的语伴请教，从本国人的视角了解对应国家的文化元素，并获得灵感。

渠道二：留学生采访。北京语言大学拥有数量庞大的留学生，其中以日韩留学生居多，负责设计日韩展台的中国学生会在确定展台主题后进行校园范围内的调研，通过采访学校里的日韩留学生，了解自己的展台展示元素在本国人眼中是否能够体现出该国家的文化特色、是否吸引人，以及有哪些需改进的部分。在采访过程中，学生们不仅对自己的展台有了更系统客观的认识，也极大地锻炼了自己的外语沟通能力。

渠道三：展台“合伙人”间的沟通。每年的“东院文化节”都会有个别合作展台，即同一展台的负责人由中国学生与日本（或韩国）留学生共同担任，一般的组合形式为：日语专业学生与日本留学生合作筹划日本文化展台，韩语专业学生与韩国留学生共同设计韩国文化元素展台。通过此种合作方式，展台能够更大程度地体现日本或韩国原汁原味的文化特色。此外，与同语伴交流获取参考性建议不同，合作展台能使日韩留学生全程参与到筹备过程中，学生之间的交流也更加充分，同时增进了同学间的友谊。

渠道四：不同展台负责人之间的交流。在项目实施过程中，主办方都会对展台进行多次审核评估。而在审核现场，通过聆听其他展台的特色及实施方法，观摩不同展台的进度及成果，来自不同国家的展台负责人能够相互借鉴，不断改进自己的展台。

渠道五：合作舞台排练。舞台节目中不乏中外合作的表演形式，中日韩三国的同学或同唱一首歌，或同跳一支舞，或共同进行服装走秀等。在节目排练的过程中，彼此的交流也是必不可少的，而在 2 个多月的筹备时间里，中外学生既培养了默契，也加深了了解。

这些跨文化交际的机会，不仅使“东院文化节”的内容更加精彩，对同学们来说也是一堂堂生动的语言实践课。不同国家的同学彼此交流，建立了默契，收获了友谊，语言能力也得到锻炼。

（五）项目特色

1. 多方位、多角度进行文化展示

“东院文化节”以文化展台和舞台表演两种模式开展，以歌舞、武术、动漫、传统游戏、传统服饰和特色美食等项目为载体，参与项目设计的同学会尽可能地使文化表现形式多样化，令来访者能够从多方面直观感受到东方文化的魅力。以日本文化的展示为例，在“东院文化节”中，来宾不仅能欣赏到日本歌曲及舞蹈表演，还能够体验日式元素面具、文化衫的绘制，与来自动漫社团的同学一起进行动漫人物模仿，体验日本传统捞金鱼游戏、“剑玉”游戏，参与日本文化知识有奖问答，观看日式茶道表演，品尝日式特色美食等。

2. 持续举办，各方面均趋于成熟

项目自 2011 年举办以来，从组织筹备到表现形式，均经历了不断总结和完善，从最初的探索尝试到成为校园里每年 5 月必不可少的文化盛宴；表现形式则既有传统项目的传承，也会根据同学们的创造力不断推陈出新。

随着“东院文化节”的持续举办，近几年其他在京高校的师生也前来游玩体验，其中还不乏专程前来参加的外地朋友及学生家长。除外来访客外，在 2019 年的第八届“东院文化节”中，不仅有东院学子活跃的身影，北京语言大学其他学部院、北京地质大学的学生也积极报名展台设计与节目演出，极大地丰富了文化节的展示元素。

（六）项目建议

“东院文化节”会继续积极探索、推陈出新，加强形式多样性，具体计划如下：

第一，利用教师资源，加强专业引导。在展台设计初期，日韩语专业课教师提供更多帮助与指导，从专业视角出发，带领学生探索日韩文化之精华，给学生以启发，使之找到更具文化特色又兼具可操作性的展示元素。

第二，勇于发展创新，丰富展示内容。对往届文化节的内容进行分析反思，不断完善、深入，积极融入诗词、书画、歌舞及其他有民间传统特色的项目，并辅以历史文化背景介绍，使来宾能够了解到展示元素背后的深刻文化内涵。同时，鼓励学生对相关文化背景知识进行自主深入学习，在设计展台时突出文化多样性。

第三，加强对外合作，进一步提升影响力。与其他高校、在京日韩企业联动，扩大知名度，为文化节提供更多的展示元素，同时争取为学生提供更多的专业交流机会及实习、就业资源。

图 3—5 “东院文化节”中国舞蹈展演

资料来源：北京语言大学外国语学部东方语言文化学院学生会新闻中心。

图 3—6 “东院文化节”日本传统游戏体验

摄影：毛星月。

图 3—7 “东院文化节”韩国美食品尝

摄影：毛星月。

第四章 竞赛活动

习近平总书记在纪念五四运动100周年大会上，针对新时代中国青年的使命进行了论述，提出“新时代中国青年要练就过硬本领”的要求。这一要求是在分析人类社会的前进方向、科技文化的发展状况，以及现如今的国际国内形势的基础上提出的。习近平总书记指出：“当今时代，知识更新不断加快，社会分工日益细化，新技术新模式新业态层出不穷。这既为青年施展才华、竞展风采提供了广阔舞台，也对青年能力素质提出了新的更高要求。”①

在校大学生是当代青年的重要组成部分，走出校园后更是承担建设国家重任的生力军。如何在高等教育阶段，克服以前只重视知识理论学习，而轻视创新实践能力培养的老问题，让大学生在拥有扎实理论知识的基础上，获得应有的实践能力，练就真正的“硬本领”，可以说是一项极为重要的工作。为了实现这一目标，在对传统的授课方式进行改革探索的同时，也应该结合当今时代的特点，针对包括学生竞赛活动在内的校园文化建设工作进行改革与创新。

---

① “习近平：在纪念五四运动100周年大会上的讲话”，新华网，http：//www. xinhuanet. com/politics/leaders/2019 －04/30/c_1124436427. htm，登录时间：2020年7月24日。

第一节　竞赛活动概述

教育部下发的《国家教育事业发展第十二个五年规划》提出，要提高人才培养质量，加强人才的创新意识和能力的培养，把激发学生的学习兴趣、保护学生的好奇心作为教学改革重要标准，努力营造鼓励独立思考、自由探索、勇于创新的良好环境。开展多种形式的竞赛是一种结合课上课下、提高学生学习兴趣、锻炼学生实践能力的有效形式，也是校园文化建设的重要一环。在由教育部高等教育教学评估中心实施的针对本科院校的教学基本状态数据采集工作中，院（系）教学效果一项就包含了本科生在学科竞赛、创新活动、技能竞赛、文艺体育竞赛中的获奖情况。

一、竞赛活动分类

纵观我国现阶段针对学生竞赛活动的研究可以发现，前人研究主要集中在以下三个方面：一是体育竞赛，其中包括学生专业体育竞赛和校园体育竞赛活动；二是科技竞赛，这类竞赛多涉及数学、物理、化学、电子、机械等科学领域，例如全国大学生电子设计竞赛、全国大学生数学建模竞赛、全国大学生机械创新设计大赛等；三是职业教育技能竞赛，是指依据国家职业技能标准，结合生产和经营实际开展的活动，如全国技工学校职能竞赛、“星光计划”职业院校技能大赛等。[①]

我国现阶段针对文科类高等院校，特别是与外语语言相关的竞赛活动的研究还较为少见。陈卓[②]的研究通过梳理大学生科技竞赛活动在中

---

① 史文生：《职业教育技能竞赛研究》，河南大学出版社 2010 年版，第 5—6 页。

② 陈卓：“中国大学生科技竞赛活动的发展历程及其人才培养作用分析”，中国科学技术大学博士学位论文，2014 年。

国的发展历史及现状，将科技竞赛活动分为知识考试类、职业技能类、科技探索类、产品开发类四大类。其中，知识考试类竞赛活动采取与课程教学的纸笔考试或实验考试相似的形式，题目内容与相应的学科教学的内容也有较大的关联；职业技能类竞赛活动的形式与知识考试类相似，但考试内容为职业教育方向的实践技能；科技探索类竞赛活动的题目是有探究性学习倾向的开放性问题，其答案具有多解性和模糊性，会允许参赛者提交多种假设或思路，且作品的形成需要花费相对较长的时间，参赛方式也一般为限期提交作品的形式；产品开发类竞赛活动的形式与科技探索类相似，但其内容更强调实用性，通常会采用不经简化的实际问题作为题目。

二、竞赛活动特点

在对中国大学生科技竞赛发展历程进行分时期的统计和分析后，陈卓将其发展的总体特征概括为以下两点：一是赛事数量始终保持增长，但增长速度在不同年份有较大变化；二是在四种类型的竞赛活动之间，发展的趋势有较大的差异。其中，创办时间最早、相应发展时间最长的知识考试类竞赛活动数量增长最慢，科技探索类竞赛、产品设计类竞赛、职业技能类竞赛虽然开办得相对较晚，但发展速度快，并且在赛事数量上也超越了最传统的知识考试类竞赛活动。

从陈卓的研究中可以看出，竞赛类活动在数量上不断增多的同时，在类型上也在实现一个从传统的知识型到探索型、实践型的转变。可以说，竞赛活动数量的不断增多，反映出当代教育形势对于丰富多样、学生参与度高的教学活动、课下活动的要求的增长，而具体的活动类型的转变则体现出当今社会发展阶段对人才要求从知识理论到实践创新的升级。结合外语语言类专业发展的趋势来看，近些年来，语言教学的教学范式（paradigm）实现了从只重视语言结构知识，到重视语言交际能力的转换，[①] 并最终要实现真正提高学习者跨文化交际能力的目标。探索型、实践型的竞赛活动摒弃了对知识理论体系的过于单一的考察，更加注重现实环境或模拟现实环境中综合能力的运用，同时目的性、灵活性、多样性更强，因此也更加符合跨文化交际视角下对学生能力的要求。

第二节　竞赛活动策划

要想策划好竞赛活动，最重要的是要充分发挥竞赛活动的优势。

一、竞赛活动基本原则

庄瑜[②]对高等师范院校课外活动的理论基础进行了梳理和归纳，竞赛活动所共有的理论包括发现学习理论、情境学习理论和非正式学习理论。由此，竞赛活动在策划阶段应该遵守以下原则：

（一）尊重学生自主性，发掘学生的内在动机

根据庄瑜的总结，发现学习是指学生不再被动地接受教师单方向的知识灌输，而是发挥自主探求的精神，通过一定的发展步骤，完成学习进程，并借此培养起探究性思维能力。探究性学习既是具体知识的学习（学习结果），更是一般性的学习和研究方法的培养（学习过程），对专业知识的理解和专业能力的提高十分有利。创立了发现学习模型和理论的美国教育学家、心理学家布鲁纳（Jerome S. Bruner）[③] 认为，学生的内在动机是促进学生学习生活的关键因素，他极为重视内在动机对学

---

① 崔小青：“中国跨文化外语教学的重要性分析”，《中国教育学刊》2016 年第 4 期，第 126 页。

② 庄瑜：“我国高等师范院校课外活动研究”，华东师范大学博士学位论文，2013 年。

③ ［美］布鲁纳著，邵瑞珍译：《教育过程》，文化教育出版社 1982 年版，第 45—46 页。

生学习心理状态的影响作用。竞赛活动因其竞争性质的赛制、丰富多样的活动形式，最能激发学生的参与热情。因此，在保障活动顺利进行的前提下，最大程度发挥学生的自主性，从活动的立意、形式、内容、成果等多方面充分调动学生的积极性，可以说是十分重要的。如果真正提升了学生的内在动机，竞赛类活动带来的学习效果也是十分值得期待的。

（二）重视规则程序，提倡团队协作精神

庄瑜的研究指出，情境学习理论认为，学习的实质是个体参与实践，与他人、环境等相互作用的过程，也就是形成参与实践活动能力，提高社会化水平的过程。在情景学习理论中，就学习者个体而言，学习的根本标志是越来越容易地、有效地参与到团体的实践活动中。个体在与环境的长期而真实的互动过程中，既能够掌握社会实践所需要的知识和技能，也能够接受团体的价值信念和规范，成为团体的一员，最终实现个体的社会化进程。具体到竞赛活动，如果说通过比赛、竞争的形式体现参与者的差异是竞赛活动最重要的特点，那么制定周密的规则、最大程度保障活动的公平性则可以说是其最根本的基础。没有合理的规则制定和严格的执行，竞赛活动的效果将受到极大影响。应该努力让参与的学生全面、正确地了解规则，认真、自觉地执行规则，甚至让学生参与到规则的制定中来。这样，不但能够保障活动顺利、高效地进行，而且将极大地提高参与者的实践能力，有利于参与者的社会化进程。另外，即使是竞赛类活动，也不应只突出竞争，还应通过比赛形式的设计，采取小组参与、小组间合作等方式，对参与者进行协作精神的培养。

（三）丰富比赛形式，切实提升学生的整体实践能力

根据庄瑜的总结，非正式学习的定义较为宽泛，涵盖了不在正规教室及没有老师出现的情况下，个人所从事的一切活动。包括竞赛活动在内的非正式学习，形式多样而灵活，极大地丰富了学习的形式，学生能

够在多种多样的情境中获取知识，实现了学习的无处不在。此外，非正式学习的发生大多基于具体情境，学生需要在情境中将所学的知识直接应用于问题的解决，这一构成使得学生能够更好地构建知识体系，并对技能的提升有很大的帮助。

二、影响竞赛活动的因素

包括竞赛活动在内的所有活动能否成功举办，在很大程度上取决于学生的参与热情。紧跟时代潮流，不断创新竞赛形式，是提升学生学习参与度的一个极为重要的手段。竞赛活动由于采取竞争机制，在活动中必然会凸显参与者的差异。这一性质决定了竞赛活动会吸引一部分敢于竞争、乐于竞争的学生参与，但也会让一些自信心不足或能力相对较弱的学生产生畏惧心理。如何尽可能多地将学生吸引到活动中来，以提升学生的整体素质和实践能力，是一个重要的课题。要努力丰富活动形式，合理设置比赛规则，以达到提升学生参与兴趣，扩大竞赛活动覆盖面的目的。

比赛形式的设计还应立足现实，避免脱离实际生活，外语语言类竞赛活动更是如此。语言的实践能力是真实生活场景中的语言运用能力。如果能在竞赛活动中尽可能地加入影响语言使用的社会、文化等各类因素，让竞赛活动中的场景趋于真实，不但有利于竞赛参与者语言实践能力的提升，而且将正确引导学生认识语言能力，正面影响学生课上课下的学习目标，在更大范围产生好的影响。

在策划竞赛活动时遵循这些基本原则非常关键，否则会带来相应的问题。例如，如果忽视了竞赛活动中学生的自主性，将会使该项活动变为近似于教师主导的课堂活动，从而降低学生的参与热情，同时也会影响活动带来的学习效果。另外，如果不能公平合理设计和严格执行竞赛活动规则，也将影响学生的参与热情和活动效果。再如，如果过度强调竞争，轻视协力合作，将不利于参赛学生的心理发展，进而对学生的社会化进程产生不利影响。又如，如果外语语言类竞赛活动的内容设置远离现实生活，将会让学生对语言能力的认识产生偏差，从根本上影响外语语言的学习和效果。另外，有研究对竞赛活动中存在的问题做过梳理。李宁①的研究分析了科技竞赛在培养大学生创新能力方面的问题。其中，与外语语言类竞赛活动相关的问题有以下两点。

第一，缺乏教师的有效指导。李宁的研究指出，在科技竞赛中，凡是获得较好成绩的队伍，除了学生的自我素质和创新能力比较强以外，还离不开有经验的教师的指导。这就需要教师有较高的专业素质和较强的指导能力，如果缺乏教师的有效引导，那么学生的兴趣也就无法激发出来。如果教师采取了错误的引导方式，那么学生的创新思维就会被埋没。教师的正确引导与学生自主性的发挥并不是相互矛盾的，而是相辅相成的。只有教师能够正确认识到学生自主性在竞赛活动中的重要意义，掌握引导学生进行自主探索的方法，学生的自主性才能有效发挥，从而实现竞赛活动的意义。特别是在有中低年级学生参与的竞赛活动中，学生的专业知识相对薄弱，自主探索能力有限，指导教师一定要起到引导、启发学生的作用，切忌采取灌输式的方法。

第二，李宁通过分析指出，科技竞赛存在人文方向与理工科学方向的差异。人文学科的竞赛活动，除了在赛事数量上少于理工学科外，作品也多以论文的形式展示，不同于理工学科的作品多以实物形式展示，因此容易缺乏亮点。此外，人文科学竞赛活动的成果，也较难实现社会化的运用。如今，自然科学技术的急速发展和广泛运用，使得理工学科类别受到更多重视，加之自然科学类与理工科类的学科领域划分得更加明确，在很多情况下正确答案具有唯一性，因而在评价上容易达成共识，方便竞赛活动的开展。与之相对，包括外语语言类学科在内的社会科学学科，虽然涵盖范围广泛，但在很多情况下正确答案具有开放性，

---

① 李宁："科技竞赛培养大学生创新能力研究"，湖南科技大学硕士学位论文，2013 年。

因而针对其成果的评价标准较难达成共识。

针对上述开展外语语言类竞赛活动的不利条件，应该制定相应的对策。首先，要邀请专家制定严格的评价标准，并通过公开评价标准等方式与参与者达成共识；同时，利用社会学学科贴近生活、易于入门的特点，通过广泛的宣传，提高竞赛活动的传播度。此外，还要利用外语语言类竞赛的答案具有开放性的特点，鼓励学生发挥主观能动性，生成创造性成果。最后，还要充分利用外语语言有利于促进文化交流这一功能，充分结合国内外政策形势，积极为中外交流做贡献。

第三节　竞赛活动实践

一、活动案例3：中华文化多语种传播大赛

言语通五洲　文化联世界

——北京语言大学第二届中华文化多语种传播大赛

（一）项目背景

中华文化是中华民族的精神命脉，是涵养社会主义核心价值观的重要源泉，也是中华民族屹立于世界文化之林的根基。随着我国综合实力的不断增强以及国际地位的日益提升，民族文化自信得到彰显。在中华文化影响力大幅提升的形势下，我们迫切需要加强中外人文交流，推进国际传播能力建设，讲好中国故事，展现真实、立体、全面的中国。此外，随着跨文化交流的日益增多与深入，中国文化和世界文化在交融碰撞中赋予着彼此前所未有的生机和蓬勃发展的动力。习近平总书记在纪念孔子诞辰2565周年国际学术研讨会暨国际儒学联合会第五届会员大会开幕式上指出，要“从延续民族文化血脉中开拓前进，推进各种文明

交流交融互学互鉴”。[①] 高校作为中华文化传承与传播的重要载体，在传承中华优秀传统文化、加强中外人文交流、推进国际传播能力建设方面有着诸多优势，因此高校要有意并有信心利用好这些优势，举办有关中华文化学习传播的活动，让更多大学生了解中华文化，讲好中国故事，传承文化精神，增强文化自信。

在中国共产党第十九次全国代表大会中华文化“国际传播能力建设”精神的鼓舞下，北京语言大学结合多语种教学环境及学科特色，有效利用“小联合国”的特色校园环境，举办以“语言、文化、世界”为主题的中华文化多语种传播大赛。该活动旨在进一步宣传和弘扬社会主义核心价值观，在大学生中培育具有道路自信、理论自信、制度自信、文化自信的优秀青年，引导中外学生积极了解并主动传播中华优秀传统文化，不断发掘中华传统文化中优秀的思想和丰富的内涵，使大学生可以更好地认识世界、认识社会、认识自己。在传播中华文化的过程中，大学生应不断吸纳其中的有益成分，加深对中华文化的理解，使中华优秀传统文化与当代文化相适应、与现代社会相协调，使超越国家民族、富有永恒魅力、具有当代价值的优秀中华文化精神得以弘扬和传播。

（二）项目理念

本活动旨在传播和弘扬中华优秀传统及现代文化，力求在创新中激发中华优秀传统文化的生命活力，积极寻找传统文化与现代文化的共同点和相通点，引导广大学生群体树立正确的价值导向，厚积人文底蕴，激发民族精神。在活动过程中，大力培育和践行中华传统美德，引导中外学生体悟中华文化中的真善美，认真贯彻落实习近平总书记关于文明交流互鉴的重要论述，坚定文化自信，发挥学科优势，搭建传播平台，推动文化交流，多措并举推进中华文化“走出去”战略，为中华文化

---

① “习近平：在纪念孔子诞辰 2565 周年国际学术研讨会上的讲话”，新华网，http://www.xinhuanet.com/politics/2014-09/24/c_1112612018.htm，登录时间：2020 年 7 月 24 日。

国际传播贡献力量。此外，活动还旨在加强中华文化与外国文明对话，寻找到不同文化之间紧密的连接点，并寻求各族文化中超越国家民族的共同精神与人类追求。

同时，为推动校园文化建设，丰富校园文化活动，本项目以在校中国学生与留学生为活动主体，组织集体讨论、知识竞赛、实景体验、社会调研、汇报展演等多种形式的实践活动，进一步加强和促进中外学生的相互交流、关心与理解，营造校园内中外学生“良好交流、互相学习、共同进步”的氛围。此外，本项目还有利于扩大在校大学生的视野广度和思想宽度，培养在校大学生以国际眼光看待中华优秀传统文化，实现“把优秀的中华文化传播到五湖四海”的最终目标。

（三）项目运作

中华文化多语种传播大赛作为北京语言大学的特色赛事，由校团委主办，学部（院）承办，具体执行过程如下：

1. 制定活动方案，确定大赛主题

每年上半学期启动本学年的中华文化多语种传播大赛，在校团委和承办单位的学工团队指导下确定本学年活动主题并制定详细的活动方案。由相关学院辅导员带领团总支、学生会完成活动的前期准备和相关宣传工作，设计并制作大赛的推送、海报等前期宣传用品，做好比赛前期预热工作。同时，面向全校除大四年级外的全体本科学生做好宣传和布置工作。大赛要求参赛的相关活动集专业性、思想性、实践性于一体，每个参赛班级需邀请一位专业教师进行线上、线下指导。在活动期间，学院辅导员、班主任会全程指导学生，共同参与到活动的策划和实践中，确保指导工作全覆盖。此外，每个参赛班级的活动需保证有至少一名留学生参加到每次集体活动中，中国学生需要和外国留学生进行充分且有效的互动交流，充分达到专业语言的实际运用和情景学习的目的。中华文化多语种传播大赛具有完整的赛事流程、评分标准和奖项设置，决赛奖项分别设有一等奖、二等奖、三等奖和优秀奖，奖项数量根据决赛入选队伍数量具体决定，其中活动形式新颖、与专业结合紧密、展示生动有趣等方面在评分中占很大比重，以充分鼓励参赛队伍发挥主观能动性、创造力、表现力，真正做到学以致用，在比赛中有所感悟、有所收获、有所进步。

2. 进行活动宣传，开展初赛选拔

在全校范围内开展全面宣传活动，采取线上推送、线下路宣、使用海报和易拉宝等宣传用品营造氛围，设置线上线下答题，赠送礼品等环节，广泛吸引学生注意力，鼓励更多学生参与到比赛中。

在初赛中，要求参赛队伍以班级为单位，并保证2/3以上班级成员参与其中，分工合作，围绕本专业特点，就中华文化的某一具体方面进行展示、传播与学习交流，具体形式不限（包括但不限于文艺展演、集体讨论、知识竞赛、社会调研等多种形式）。比赛内容可以围绕中国古代、现代、当代文化，联系并结合各专业的学科特点，传播内容包括但不限于古今现当代的价值观、人文思想（孔孟之道、儒家之学等）、文化精华（汉字、对联、寓言、名著、图腾、礼仪等）、艺术（书法、国画、戏曲、舞蹈、音乐等）、民俗风情（节日、节气、民间艺术、姓氏、生肖等）、衣食住行（服饰、饮食、器物、交通工具等）、建筑（宫殿、园林、住宅等）。若选择某项具体的文化项目（如汉字、茶文化、汉服、故宫等）作为活动主要内容，需要挖掘出文化现象或事物中深层次的内涵和意义；若选择某一类别文化项目（如文化精华、饮食文化、服饰文化、古典建筑等）作为内容，需保证活动中传播文化内容的完整性与连贯性。此外，活动需重点突出方式方法，解决“如何有效进行中华文化的交流与传播”这一关键问题。

初赛分为英语组和小语种组，英语专业之外的外语专业学生使用所学的专业语种作为参赛语言（如西班牙语、阿拉伯语、日语等），学校的其他专业学生（含英语专业）使用英语作为参赛语言。初赛将由各学部（院）自行组织现场答辩评选，对各个参赛班级展示的活动进行评分并给出相应改进、完善的具体意见，选拔出一定比例的优秀案例在一定期限内报送至大赛组委会。

3. 紧扣比赛主题，举行汇报展演

大赛组委会从优秀案例中，根据实际情况等额或差额选拔出晋级决赛的班级团队，进入决赛的各学部（院）的参赛队伍将通过自选形式展示各自的活动成果。评委老师则从内容完整度、内涵深刻度、资源使用度、成果有效性、形式新颖性等方面对各支队伍的决赛表现进行综合评判。决赛规模相较于初赛有很大的变化和升级，参赛队伍需在规定时间内完成活动成果展示，并回答现场评委的随机提问。现场评委由从事国际交流与合作的管理者和传播学、跨文化研究等资深教授担任，同时邀请学校、各学部（院）领导作为嘉宾出席。在参赛队伍展示过程中，还穿插着各学院与中华文化传播相关的歌舞类节目表演，使现场气氛活跃而热烈。除此之外，决赛的入选队伍会在赛前、赛后及时完成问卷调查的填写工作，大赛组委会能够广泛收集同学意见，及时改进调整，使整个比赛流程更加合理有序。

（四）主要成效

中华文化多语种传播大赛创办时间不长，到目前为止举办过三届比赛，但活动效果均十分显著，学生教师群体反响良好，中外学生参与度高，已成为北京语言大学校园文化建设和班级建设的主要载体、中外学生相互学习交流的重要平台、学校优质的品牌校园活动。其主要成效有以下三点：

1. 强化班团建设，落实“三全育人”

大赛主要参与者为本科大一、大二各班级学生，鼓励各班举行班会集思广益，讨论确定本班的活动内容和展示形式，由班委带领班级成员分成不同的工作小组，再对各个工作小组进行分工，以确保每位同学都有具体的任务，协同合作。各工作小组相互配合完成资料整合、物资采买、道具制作、后期优化、展示表演等任务，落实责任，各司其职，发挥所长。鼓励参赛班级全面运用新媒体等形式进行创新创作，增强展示的吸引度和传播的有效性。除此之外，班委还需协调时间和场地，联系并邀请指导老师与外国留学生一起参与活动。在活动中，衔接流程、营造气氛、与留学生合作等都可以很好锻炼学生的跨文化交际能力和专业语言运用能力。此活动既是各班传播中华文化的成果展示，也是同学之间的一场交流，交流过程可让同学们更加真切地感受到中华传统文化的魅力与勃勃生机，一起思考传播中华文化的意义，一起探索未来弘扬中华优秀传统文化方式的创新与变通。每个展示作品的背后都凝聚了班级全体同学的灵感与才华，增强了班级凝聚力，提升了同学们的集体意识与集体荣誉感。

该活动构建了新形势下全员、全过程、全方位的育人机制，把教学育人、实践育人和服务育人有机地结合起来，并渗透到比赛的各个环节。承办活动的学部（院）学工队伍带领团总支、学生会共同策划活动方案，确保整个活动的连贯性和组织纪律性，使活动能够顺利进行下去。专业课老师结合课堂教学，给予活动专业性指导：如语言专业加强口语对话及语音语调练习；信息科学专业加强信息手段支持，增强创新创造力；人文社科专业加强培养文学文化素养，深入挖掘文化精神。班主任和辅导员侧重活动流程、准备过程、展示形式等方面的指导，确保活动在顺利完成的基础上发挥优势、突出亮点、形成特色。师生共同参与活动，在培养学生团结协作能力和文化底蕴素养的同时，也增进了师生间的知识传递和灵感交流——不仅是课堂上的知识输出，也是课后在知识运用和结合实际上更切实的指导与帮助。

2. 利用多语种特色，搭建交流平台

中华文化多语种传播大赛发挥中国本科生多语种专业优势，利用校园良好的语言环境，为中外学生搭建起交流平台，让中外学生有机会一起交流对中华文化的认识与理解，鼓励学生多角度看待中华文化，拓宽学生的眼界高度与思想深度；加深学生对专业的认知，使之在了解中华文化的同时进行有效传播；提高学生专业技能，培养策划能力，使其勇于与外国留学生进行口语交流，做到真正的学有所用、学有所获。此外，传播中华文化意味着要讲好中国故事，向世界展示一个美丽、开放、活力、包容的中国。用当代大学生的视角，向外国留学生展示自己眼中的中华文化，在加深文化认同感、增强文化自信的同时，也能让更多人感受到中华文化的深厚底蕴和独特魅力。此外，让外国留学生在实践活动中更好地了解博大精深的中华文化，在深层剖析中知晓文化背后蕴藏的人文精神和优秀品质，在思考讨论后理解中国推动构建人类命运共同体的信念所具有的重要意义。

3. 塑造北语形象，打造品牌活动

北京语言大学具有特殊的校园环境优势，而这一优势又赋予北语学子特殊的使命：承担起将中华传统文化传播至五洲四海的使命。高校是中华文化对外输出的良好平台，大学生群体则是文化输出的优质媒介，中华文化多语种传播大赛利用校园优势，搭建传播平台，对外塑造有担当、有使命的北语形象，展现北语人始终践行的“德行言语，敦睦天下”的校训。北语多年来为世界各国输送的有能力、有情怀、会汉语、懂中国的汉语人才，正是通过一次次的文化活动，亲身体验并切身感受到中华文化的魅力。中华文化多语种传播大赛树立了传播中华文化的优秀榜样，集中呈现了北语中外学子对中华优秀传统文化的无限热爱，集中体现了海内外北语学子传播和弘扬中华优秀传统文化的使命与担当。全校师生积极投入到活动中，共同致力于探索出真正可持续使用且效果显著的传播文化的途径，将中华文化多语种传播大赛打造为校园品牌活动，同时也体现了北语人在新时代立志将中华优秀文化带到世界各地，为中华文化的传播尽绵薄之力的责任和担当。

（五）项目特色

中华文化多语种传播大赛具有极强的实践意义和实用价值，本活动积极组织中国本科生与外国留学生进行交流、共同协作，实现完整的文化传播流程，找到普遍适用且高效的传播方式。北语许多留学生都能以饱满的热情、好学的态度、求知的精神积极参与到中华文化多语种传播大赛中，他们在与中国学生交流和讨论的过程中，对中华文化有了更多了解和认识，并在亲身感受过纯粹又地道的中华文化后，有了更多体会和更深入的思考。中外学生在活动中一起奋斗、共同努力，形成长期而稳定的语伴文化。本项目不仅促使中外学生增进了友谊，在未来的学习生活中互相帮助、共同进步，还为中国学生提供了全新的视角和思路去不断探索和认识中华文化。

中华文化多语种传播大赛还具有加强在校大学生思想政治教育工作的特点。本项目以寓教于乐的方式引导学生准确把握所传播的中华文化的深意，培养学生的爱国主义精神，增强其文化自信。教师在活动中与学生进行深入交流，了解把握每个学生的特点，将思想政治教育工作深入平时，有针对性地落实到每位同学。以更加多样化、生动化的思想引导工作，丰富了日常思政教育工作的渠道与方式，并充分利用优质的专业教师资源，让学生积极参与到思想政治教育工作中来，取得较为显著的效果。

（六）项目建议

中华文化多语种传播大赛这个品牌活动还要不断适应新环境和新形势，增强吸引力，突出活动效果，建议如下：

第一，发挥专业指导作用。为提高实践育人效果，增强中外学生参与活动的主观能动性，需加强专业对口的资深教师对学生参赛的指导工作，突出活动主题的引导性，提高活动实施的有效性，让更多学生在活动中产生兴趣、明确目标、找到方法、得出结论，为中华文化的传播与传承贡献自己的一份力量。

第二，强调形式内容创新。为更好挖掘学生潜力，应强调并重视活动过程中在选取展示形式方面的创新，鼓励参赛学生从新颖独特的角度展示中华传统文化。具体措施如下：在奖项设置中增加“最佳创意奖”，设立参赛学生鼓励机制；在现场增加创意展示环节，由外国留学生投票评选。重视文化传播方式的创新，使比赛不断适应当下环境，始终保持活力，推陈出新。

第三，积极谋求对外合作。对外联系相关文化协会，针对中华文化多语种传播大赛开展合作，保留那些在活动结束后仍可继续投入实践的传播方式，进行更广泛的推广和传播。制作大赛文化产品周边和优秀活动集锦，将活动成果记录成册进行纸质版资料保留，增强参赛获奖班级的集体荣誉感和活动的仪式感，并为举办下一届活动提供学习借鉴。

第四，深入开展社会调查。组织学生在活动前后开展社会调查研究，广泛收集并整理解决问题的意见和建议，形成调研成果。辅导员、班主任应加强对学生社会调查选题、途径、过程的管理和引导。活动在策划阶段时，要多听取意见，多完善改进，使中华文化多语种传播大赛更加吸引大众，符合时代要求。

图 4—1 中华文化多语种传播大赛参赛选手展示中国民乐

资料来源：共青团北京语言大学委员会。

图4—2　中华文化多语种传播大赛参赛选手展示中国民俗

资料来源：共青团北京语言大学委员会。

图4—3　中华文化多语种传播大赛学生会工作人员合影

资料来源：共青团北京语言大学委员会。

二、活动案例4:“最强语伴”比赛

缘结北语　友遍天下

——北京语言大学“最强语伴”比赛

（一）项目背景

中外学生共同学习的国际化校园有着得天独厚的语言学习氛围和环境，也孕育了独特的语伴文化，“最强语伴”比赛就是结合学校的“小联合国”特色以及外国语学部的外语专业特点开展起来的。该项目是外国语学部西方语言文化学院创办的中外学生活动，至今共举办了四届。

活动旨在增强中外学生联系，加深中外学生间的互动和友谊，形成中外互助学习的优良风气。中外学生在北京语言大学国际大家庭中共同学习、相互砥砺，增强跨文化交际意识，提高跨文化交际能力。对于外国留学生，这一活动可帮助他们更好地融入校园、了解中国文化。对于中国学生而言，这一活动不仅可以丰富他们的课余生活，开拓他们的国际视野，更可以帮助他们对所学语言、所学语言的使用国家及地区有更深入的了解。

（二）项目理念

1. 鼓励互帮互助，提高语言能力

“最强语伴”比赛充分利用了国际化校园环境，在具体实施中有效地加强了中外学生融合教育，推动了多元化发展，鼓励中外学生互帮互助，在共同提高口语表达能力的同时，促进对对方国家文化的再了解。此外，在丰富学生课余生活的同时，也为学生提供了多种语言的自由学习环境，学生们可以自由结交不同国籍的小伙伴。

2. 促进文化交融，提升国际视野

通过这一比赛，来自世界各国的留学生可以认识不同肤色的朋友，发展不同国家、不同民族之间的友谊。中外学生结伴交流活动，旨在促进中外学生间的相互了解与学习交流，帮助国际学生更好地融入中国语境，也鼓励中国学生拓展国际视野。学生们通过交流来取长补短、增进友谊，带动中国文化走出去，让世界文化走进来。学生们利用活动的机会充分展示自己的才华，表现自己的个性，发出自己的声音，并在多元共生的校园文化中找到适合自己的位置。

以学生组织活动为载体搭建中外学生融合交流平台，通过学校、学部（院）的管理来推动中外学生建立常态化的联系，促进多元文化校园环境的形成。

（三）项目运作

“最强语伴”比赛在每年3月至4月举行，历时1个月的时间，由外国语学部西方语言文化学院学生会承办。具体执行过程如下：

1. 制定活动方案

活动于每年3月启动，在辅导员的带领下制定切实可行的活动方案，面向学校全体中外本科学生举办，以“1中+1外”的形式报名参加，语伴不分学院、不分语种，可自由组合。除活动方案外，学生工作组还需要制定紧急预案、活动安全保障措施等。

2. 校内积极宣传

活动采用线上线下的宣传方式，于每年3月初由西方语言文化学院学生会公众号发布消息，北京语言大学各学院微信平台帮助线上转发推广。此外，校园主干路粘贴活动宣传海报，校园主干路发放活动宣传单页，学校食堂播放历届活动片段，学生宿舍楼下喊楼宣传等。

另外，学生会的同学会对每一组报名参加的语伴进行一段采访，并通过学院微信公众平台发布，以便更好地了解不同国家语伴之间相识、跨文化交际中的趣事，以及在异国他乡面对困难时相互帮助的感人事迹等，进一步做好赛事宣传推广。

3. 组织开展活动

“最强语伴”比赛由户外竞技、线上投票和“巅峰之夜”颁奖晚会三部分组成。户外竞技是以多个室外游戏接力的活动形式，从体育耐力、交流水平、记忆能力、逻辑能力、双方默契度等方面进行最强语伴的角逐。线上开放大众评审，使更多同学参与到评审活动中来，为喜欢的语伴投出宝贵的一票。“巅峰之夜”颁奖晚会面向全校学生征集节目，在舞台上呈现语伴风采，全程以互动性的活动为主，把语言交流摆在首位，注重思想方面的交流，加强国情文化知识方面的交流，利用才艺展示等方式，将文化上的输入与输出有效地结合起来。最终，根据三部分的成绩评选出最优秀的语伴选手。

（四）项目特色及成效

“最强语伴”比赛从初创至今已经成功举办四届，成为学校跨文化特色活动之一，是值得继续推广和进一步挖掘的活动典范。参与活动的语伴逐年递增，举办活动的学生也热情高涨，可以说在很多方面极具吸引力，总结归纳如下：

第一，有利于校园中外文化的融合。“缘结北语，友遍天下”是活动的口号，学生们面对不熟悉的国家、不熟悉的人，难免会有距离感，容易出现文化休克。希望通过这个活动，打破语言和文化的差异，促进中外文化的交流，让中外学生抛却羞涩，在最应该充满热血的年岁里，大胆地迈出一步，彼此学习，互相提高，获得最深厚的友谊，收获最幸福的感动，提高跨文化交际能力。

第二，有利于提高学生的外语表达能力，让学生走出课堂，了解在课堂上学不到的东西，这也是第一课堂学习的补充。无论是对于外国留学生而言还是中国学生，无论是对于参加活动的学生还是举办活动的学生而言，提高外语表达能力，增强对外认知都是有益的。学生们可以通过语伴学习课外的语言表达，了解到书本上学不到的语言文化习惯，这样的方式让语言学习更加贴近生活、更加注重应用。

第三，项目以学生为主体，紧紧围绕当代学生的兴趣展开。全程由学生设计，学生完成，每年会设计不同的户外竞技项目，使同学们在繁忙的学习中劳逸结合，发展所长。

（五）项目建议

如今，越来越多的大学注重国际理解教育，加强国际交往，增进不同国家的学生对其他国家文化的认识与理解，培养学生包容多元文化的胸怀和跨文化学习研究的能力。为使“最强语伴”这一特色活动推陈出新，不断适应新时代学生成长的需求，未来将进一步利用学校“小联合国”得天独厚的校园文化优势，加强中外学生的融通，使中外学生相互学习、共同生活，构建和谐的校园文化。该项目加强和改进的计划如下：

第一，建立学生寻找语伴的平台，使中外学生通过学校官方的渠道寻找到适合自己的语伴。给希望结交外国朋友，但又没有很好的机会或是不知该如何与外国学生相处的同学提供结交的平台。

第二，在活动中增强中国文化元素。很多外国学生来到中国学习语言，但却对中国的文化、历史了解得很局限、很片面，通过活动，他们可以很直观地了解中国的优秀传统文化。多元的校园文化环境可以让留学生深入地了解中国，在异国他乡建立自己独特的朋友圈，中国语伴也可以帮助他们缓解文化差异带来的心理压力。希望活动能带给留学生归属感，让他们在学习的同时很好地融入这里的文化生活。

第三，提高中外学生的共同参与度，提高中国学生的语言推广兴趣，提高留学生的归属感。通过活动统计可明显看出，大一新生的参与度最高，如何增加学生的参与度需要进一步思考。让学生由被动参加到主动投入，其活动设计要充分考虑学生的需求，在广泛征求学生建议的基础上做出合理安排，希望对国际化校园文化建设起到积极的促进作用。

国际化的校园文化环境是培养具有开阔国际视野的高素质人才的基

础性要素之一。“最强语伴”比赛是中外文明交流互鉴的平台，不仅强化了中外学生对于本土文化的珍惜和自信，也增强了他们对不同文化的理解，以及理解之上的包容。参加者通过丰富多彩的活动，展现了本国、本民族的文化，展示了自己鲜明的个性，增加了对不同文化的理解与认同，同时也感受到他人的魅力，体会到校园多元文化的气息。

附：“最强语伴”比赛策划书

一、活动简介

（一）活动名称

“最强语伴”。

（二）活动目的

西方语言文化学院学生会立足学校“小联合国”的特色以及学院小语种学生的特点，开展“最强语伴”活动，旨在增强中外学生联系，加深中外学生间的互动和友谊，形成中外互助学习的优良风气。对于外国留学生而言，该活动能够帮助他们更好地融入校园、了解中国文化；对于中国学生而言，该活动不仅可以丰富课余生活，开拓国际视野，帮助他们对于所学语言及其使用国家及地区有更加深入的了解。

（三）活动对象

北京语言大学全体中外本科学生。

（四）活动规模

参赛选手共10—12组（20—24人）；巅峰之夜暨“最强语伴”颁奖典礼面向全校，参演人员60—70人。

（五）活动形式

户外竞技、线上投票及晚会颁奖结合；线上开放大众评审，晚会面向全校。

（六）活动时长

从活动启动到颁奖晚会共历时2个月。

（七）活动要求

北京语言大学全体中外本科学生，以“1中+1外”形式报名参加。在“最强语伴”户外竞技及晚会活动中，参与人员需听从主办方要求，遵守学校各级规章制度，不得扰乱活动秩序，确保个人人身和财产安全。如遇到突发情况或其他问题，需立即告知学院辅导员或工作人员，启动活动预案。

二、活动实施方案

（一）准备工作

根据总体策划要求确定预算，联系并确定外联；购买物资，设计宣传用品；申请室内外活动所需场地、校内宣传场地、多媒体设备等；撰写并翻译活动规则；制定公众号推送时间表；完成后续工作学生会内部分工等。

（二）活动流程

线上报名——户外竞技活动——线上人气投票——巅峰之夜暨“最强语伴”颁奖典礼。

（三）紧急预案

户外竞技阶段全程安排后备人员，保证及时处理选手受伤及其他意外情况；选择平整的场地，尽量在学校监控可视范围内；准备简单的药品、包扎用品；禁止使用尖锐物品；监督选手提前热身；各负责人、选手时刻保持通信畅通。

晚会阶段提前检查消防通道是否畅通、用电设备是否安全正常运行，熟悉灭火器所在位置和使用方法；现场安排机动人员，如有危险及时有序疏散在场观众和参演人员；准备简单的药品、包扎用品；各负责人、选手时刻保持通信畅通，并知晓电教老师及安保人员联系方式，如有问题及时沟通。

（四）后续工作

组织学生会工作人员对本次活动的组织和实施进行总结与反思，并及时向学院领导及辅导员汇报成果；在学院公众号平台发送活动总结推送，以图片、视频等多种方式展示活动成果；学生会多媒体部门、技术部门汇总整合活动图文资源，以便日后活动的开展。

（五）宣传方式

网络宣传，即北京语言大学各学院微信平台线上推广；校园宣传，包括校园主干路粘贴海报、发放宣传单，学生宿舍楼下喊楼宣传等。

（六）工作人员需求

学校相关部门协助进行活动宣传、场地使用等流程的审批工作；学校安保部门知悉活动全程，并在活动各阶段适时安排人员跟踪检查室内外活动，确保活动安全有序进行；与学院内相关领导老师保持联系，寻求活动指导。

三、活动特色及效果

（一）活动复杂度

活动主要分为户外竞技及室内晚会两个部分，具体活动内容会根据学生需求和当下流行趋势适当调整；活动人员固定，主要是参与比赛的10—12组选手及西院学生会全体成员。

（二）参与活动的学生感言

在与语伴的互动中，我觉得最大的帮助是让我了解了中文的特点、文化的差异，以及与我们在生活中不一样的习惯和风俗。

——索菲亚　白俄罗斯

我的语伴给了我两个方面的帮助，一个是我们可以互相了解对方国家的文化，我来自中国，她来自欧洲，所以我觉得中西文化对比的差异是很大的。还有就是语言方面的帮助，学语言不能光写，还应该要多听多说，所以有一个语伴可以增加我们沟通交流的机会。

——张海洋　中国

参加“最强语伴”是因为我很喜欢参加活动，而且我想跟我的语伴一起玩。

——Giulia Nicoletti　意大利

对于“最强语伴”，刚开始看到推送就觉得这些游戏挺有意思的，同时也想促进一下我和语伴之间的关系。

——刘佳卉　中国

我们没有觉得非要拿名次啊之类的，就是从比赛中获得快乐吧！在这过程中获得快乐，特别是和语伴在一起非常愉快、非常有趣。

——周望翀　中国

（三）工作人员感言

大家在一起练“巅峰之夜”开场舞时互相学习和帮忙，气氛特融洽。

——2018 级葡萄牙语　袁豆豆

活动过程中，我们部门的 3 位部员都做了很多的海报及宣传品，水准一直很高，有几样则更加突出，比如“巅峰之夜”的主海报和邀请函，好几位老师看到都觉得很惊艳。感觉大家技术力都有了肉眼可见的提升，这也是让我最高兴的一点。

——2017 级意大利语　项天宇

不仅自己写文案文稿的能力得到提高，而且尝试了很多新的、以前没有做过的工作。包括第一次写主持稿，第一次写策划案……有很多个第一次。仍记得写主持稿的我们，从 7：00 开始，一直写到 11：30，才初步完成。之前我想过，一份主持稿，每个人的工作任务只有小小的 2 个节目串词，2 个小时肯定就完成了。但是，当我写了 2 个小时，才憋出一个节目串词的时候，我才发现这个任务很艰巨。4 个多小时，200 多个字，这其中需要倾注非常多的精力和耐心，不断斟酌，不断打磨，但最终得到的美好结果，是让人感到幸福的。

——2018 级法语　周思雨

四、活动总结

“最强语伴”与“巅峰之夜”系列活动是外国语学部西方语言文化学院最主要的招牌活动，也是最具西院小语种特色的学生活动。活动的每一次举办，都能使选手和工作人员在参与过程中享受活动带来的快乐、工作带来的充实感和各项事务圆满完成的成就感，同时也实现了自我价值。

如何举办更高质量的活动则需要组织者不断反思与改进。未来可以尝试与校内兄弟组织联办活动，共享留学生资源，扩大活动规模。在前期策划过程中，应充分考虑小语种专业同学春季语言考试的时间，避开学习任务的高峰，让同学能够在办好活动的同时，集中精力准备语言等级考试。未来工作的重点是在原有基础上丰富活动内容，开创新形式、新方案，如在室内外环节中不断尝试创新，增添语伴结交通道等。在晚会举办方面，可继续提升节目质量。开展活动前可以通过线上线下方式，对同学们的意愿和设想进行意见征集，为后续策划提供指导方向。活动后及时开总结会，找出问题，以便在日后弥补不足。

图4—4 “最强语伴”活动赛前准备

资料来源：北京语言大学外国语学部西方语言文化学院学生会。

图 4—5 “最强语伴”比赛户外竞技环节

资料来源：北京语言大学外国语学部西方语言文化学院学生会。

图 4—6 巅峰之夜暨“最强语伴”颁奖典礼现场

资料来源：北京语言大学外国语学部西方语言文化学院学生会。

第四节 竞赛活动研究

一、中华文化多语种传播大赛调查研究

（一）引言

随着全球化进程的加快和现代社会的飞速发展，跨文化交际的重要性日益凸显。文化多样性是当今世界发展的趋势，在“一带一路”倡议的推动下，文化传播战略应运而生，已成为众多学者研究的重要领域。不同国家、不同民族的人在交流中会涉及文化的交流与碰撞。文化可以分为知识文化和交际文化，其中交际文化隐含在语言系统中，反映一个民族的心理状态、价值观念、生活方式、道德标准、风俗习惯、审美情趣等。① 不同语种的中华文化传播不仅增强了中华文化的生命力、竞争力和影响力，也在一定程度上反映了文化传播者的跨文化交际能力。

近年来，有关大学生跨文化交际能力的调查和研究逐年增多。从1999年到2002年，在中国学术期刊上发表的有关跨文化交际的实证研究仅占很小的一部分，在文史哲、教育和社科项下共查到涉及跨文化交际的文章1066篇，其中基于数据统计的文章只有6篇。② 本研究对2003—2018年中国期刊全文数据库进行了检索，共检索到有关跨文化交际的文章16214篇，其中涉及跨文化交际能力实证研究的文章共73篇，从2003年的1篇到2018年的8篇，③ 尽管对跨文化交际能力的实

---

① 张占一：“试议交际文化和知识文化”，《外语教学与研究》1990年第3期，第16页。

② 胡文仲：“论跨文化交际的实证研究”，《外语教学研究》2005年第5期，第323—327页。

③ 中国期刊全文数据库，https://www.cnki.net/index.htm，登录时间：2019年9月4日。

证研究越来越多，但与其他研究相比，总数并不大。通过检索发现，研究多集中在跨文化交际能力与英语教学、语言能力的关系方面，尚未出现基于数据统计分析本科生跨文化交际能力以及跨文化活动对跨文化交际能力影响的研究。

北京语言大学是以语言文化教育和语言文化研究为特色与优势的综合类国际型大学，拥有众多外国留学生这一得天独厚的优势。在中外融通教育的模式下，中国学生不仅学习专业和外语，还通过校园的跨文化活动向外国同学传播中国优秀文化，讲好中国故事，增强文化自信。本研究主要基于人类学家阿尔维诺·范蒂尼（Alvino E. Fantini）的跨文化交际相关理论，采用定量与定性相结合的研究方法，开展跨文化交际能力的问卷调查，旨在探讨本科生跨文化交际能力的现状，外语专业和非外语专业本科生跨文化交际能力是否存在明显差异，以及一次跨文化活动是否能明显提高学生的跨文化交际能力。

（二）文献综述

国内外学者对跨文化交际能力及其培养做了大量的研究，本部分从跨文化交际能力的含义和国内外研究现状进行描述和总结。

1. 跨文化交际能力的含义

第一个提出“跨文化交际”（intercultural communication）的是美国人类学家爱德华·霍尔（Edward Hall），其将跨文化交际定义为“不同文化之间的人的交流”。① 跨文化交际是不同文化背景的人们之间的交流，是一种旨在分享不同文化和社会群体信息的沟通方式，使得人们能够在不同宗教、社会、种族和教育背景的群体中进行广泛的交流。② 跨文化交际能力也存在不同的定义。一般来说，能力包括情感、认知和行为。跨文化交际能力应包含知识、态度和行为，其中情境中行为的得体

① Hall, E. T., *The Silent Language*. New York: Anchor Books, 2006, pp. 3 - 4.

② Jakob, L., “Intercultural Organizational Communication: The Social Organizing of Interaction in International Encounters.” *Journal of Business and Communication*, 2011, pp. 48 - 55.

性是其观点的核心。[①] 跨文化交际能力包含四个方面：知识、态度、意识和技能。[②] 从这几种定义可以将跨文化交际能力理解为：掌握一定的文化和交际知识，并能将这些交际知识应用到实际的跨文化交际环境中，与其他文化成员进行得体、有效交际所具备的能力。

2. 国外研究现状

有关跨文化交际能力的研究始于20世纪60年代。对于跨文化交际能力的培养，许多学者通过实证研究提出不同的模型和尺度。几种最常用的、发展得比较成熟的跨文化交际能力的测试模型如下：

美国圣地亚哥州立大学传播学教授布莱恩·施皮茨贝格（Brian H. Spitzberg）[③] 提出的建立在认知基础上的跨文化交际模型，此模型强调理解、态度和知识的重要性，且将理解其他文化、普通文化知识以及积极态度的特定信息作为其主要构成概念。在该模型中，跨文化交际能力被分为三个维度：认知、情感、行为。认知是指人们关注什么样的行为与情境最匹配，包括对他人的信息、交际规则、背景认识；情感是那些与跨文化交际过程相关的情感、意愿、需要和动力；行为则指的是在特定情境下表现出得体且有效行为的能力。

美国人类学家米尔顿·贝内特（Milton J. Bennett）[④] 细化了施皮茨贝格的“情感—认知—行为”模型，在每个维度下增加了次维度。情感角度包括四个次维度：自我概念、开放思维、非判断性态度、社交放松。认知角度则由自我意识和文化意识两个维度组成。对于本土文化和目标文化的了解会让个体认识到两者在社会价值观、信仰、社会规范和

---

① Byram, M. & Morgan, C., *Teaching-and-Learning Language-and-Culture*. Clevedon, Multilingual Matters, 1994, pp. 70 – 73.

② Fantini, A. E., “A central concern: Developing Intercultural Competence,” http://www.sit.edu/publications/doc/competence.pdf., 2000, 登录时间：2019年5月11日。

③ Spitzberg, B. H. & Cupach, W., *Interpersonal Communication Competence*, Beverly Hills: Saga, 1984.

④ Bennett, M. J., “Towards ethnorelativism: A developmental model of intercultural sensitivity”, in R. M. Paige (Ed.), *Education for Intercultural Experience*. (2nd) (pp. 21 – 72). Yarmouth, ME: Intercultural Press, 1993.

体制上的异同，并在交际中理解不同文化行为的意义，增加跨文化交际的和谐性。行为角度包括：传递信息的技巧、适当的自我揭示、行为的灵活性、互动管理和社交技巧。

英国杜伦大学教授迈克·拜拉姆（Michael Byram）[①] 从语言教学的角度构建了一个完整的跨文化交际能力模型，此模型除了包括知识、态度和行为，还包括语言能力、社会语言能力、语篇能力和批判性的文化意识。其中，知识是指自身文化和交际对象所在文化的社会群体、社会实践和其他社会产物；跨文化态度包括求知欲、开放与分享的能力、不怀疑或否定其他文化、不过度信任自身文化。

在拜拉姆跨文化交际能力模型的基础上，范蒂尼[②]通过对旅居者、留学生以及校友的调查形成自己的跨文化交际理论模型。跨文化交际能力有五个要素：一系列特点或特征（包括灵活、幽默、耐心、开放、移情、对模糊和不确定因素的包容以及忍受及不做好坏优劣的判断等）；三个方面（包括与人建立和保持关系的能力、交际中尽可能减少缺失和曲解的能力、为了共同利益和需要进行合作的能力）；四个层面（知识、态度、技能和意识）。[③] 范蒂尼的跨文化交际能力理论模型是这一研究领域内最有影响力的模型之一。

3. 国内研究现状

20 世纪 80 年代，跨文化交际概念被引入中国。早期的研究尽管数量不多，但对后来的跨文化交际研究有着重要影响。纵观国内学者最近 20 多年的跨文化交际能力研究，主要侧重以下三个方面：第一，跨文化交际能力与外语教育的关系；第二，对中国学生跨文化交际能力进行测评和比较的研究；第三，影响跨文化交际能力培养的因素与构成模

---

① Byram, M., *Teaching and Assessing Intercultural Communicative Competence*, Clevedon, UK: Multilingual, 1997.

② Fantini, A. E., "A central concern: Developing Intercultural Competence," http://www.sit.edu/publications/doc/competence.pdf., 2000，登录时间：2019 年 5 月 11 日。

③ 刘涵、胡金蝉："跨文化交际能力概念及理论模型文献综述"，《文化研究》2013 年第 8 期，第 169—171 页。

式。研究者从培养文化移情能力和情感特质、认识不同价值观、提高认知能力等方面深入研究了影响跨文化交际能力培养的因素和构成模式。[①] 其主要模式有以下几种：

跨文化交际能力应该包括基本交际能力系统、情感与关系能力系统、情节能力系统和策略能力系统。[②] 在他人研究基础上，北京外国语大学教授文秋芳提出的跨文化交际模型包括三个层面：敏感性、容忍度和对文化差异的灵活性。要提高跨文化交际能力，首先要提高交际者对文化差异的意识，然后改正对文化差异的态度来尊重他文化，最后训练相关的交际技巧来应对文化差异。文秋芳的模型也是从三个层面来理解跨文化交际，即情感、认知和行为。[③]

综上所述，尽管国内外研究者对跨文化交际能力理论模型的研究不同，但是知识、态度、意识和技能是大多数模型中的核心要素，也是跨文化交际能力培养中的关键因素。本研究运用范蒂尼的跨文化交际能力自评量表，从知识、态度、技能和意识四个维度测试本科生的跨文化交际能力以及跨文化活动对本科生跨文化交际能力的影响。

（三）理论基础

每个人都会形成其母语和文化系统的交际能力，这些人在进入其他语言文化系统之后，可能会发展出第二个交际能力。但是一个人在青春期形成最初的交际能力后，就越来越难以其他方式看待事物，跨文化为看待事物提供了新的观点。为了获得跨越母语系统的文化交际能力，人们就需要发展跨文化交际能力，跨文化交际能力是指和来自不同语言和文化的人进行有效、适当的交流时所需的综合能力。范蒂尼的跨文化交际模式包括知识、态度、技能和意识，在这四个维度

---

① 许力生："跨文化的交际能力问题探讨"，《外语与外语教学》2000 年第 7 期，第 17—20 页。

② 贾玉新：《跨文化研究》，北京高等教育出版社 2009 年版，第 23 页。

③ 文秋芳：《英语口语测试与教学》，上海外语教育出版社 1999 年版，第 51 页。

中，意识是核心，对跨文化交际的发展尤为关键，并通过反射和内省得到增强。意识与知识的不同之处在于，它始终是关于世界上所有其他事物（其他人、其他思想等）的“自我”，并最终有助于阐述对一个人来说最深刻的事物。①

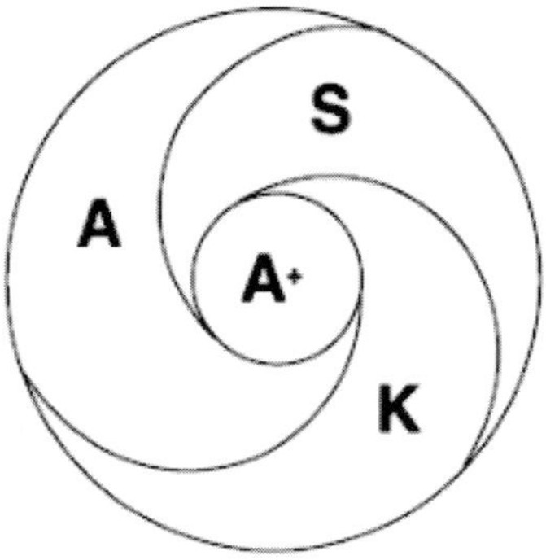

图 4—7　范蒂尼的跨文化交际能力模型

资料来源：Fantini，A. E.，“Developing Intercultural Competencies：An Educational Imperative for the 21st Century”，*Studies in Language and Ditercature*，2009，28（2），p. 199.

从图 4—7 中可以看出，跨文化交际能力模型由 A + ASK 组成，其中 A + 代表意识，是核心；A 代表态度；S 代表技能；K 代表知识。从图 4—7 中可以看出，意识居于中间的位置，与知识、态度和技能紧密相连，意识通过知识、积极的态度和技能得到增强，同时又促进知识、态度和技能的发展。②

（四）研究设计

本研究以北京语言大学“第二届中华文化多语种传播大赛”为范

---

① Fantini，A. E.，*Exploring and Assessing Intercultural Competence*，http：//www. sit. edu/SITOccasional Papers/feil research report pdf.，2006，登录时间：2019 年 5 月 12 日。

② Fantini，A. E.，“Developing Intercultural Competencies：An Educational Imperative for the 21st Century”，*Studies in Language and Literature*，2009，28（2），pp. 198 – 201.

本，采用定量与定性相结合的研究方法，通过问卷调查参赛者的跨文化交际能力，并分析活动总结。

1. 研究问题

（1）本科生跨文化交际能力的现状如何？

（2）外语专业本科生和非外语专业本科生跨文化交际能力有哪些差异？

（3）跨文化活动对本科生跨文化交际能力的提高有哪些帮助？

2. 研究对象

本研究的研究对象是参加“第二届中华文化多语种传播大赛”的本科生。活动前有757名学生通过问卷星填写了问卷，其中外语专业本科生214人，非外语专业本科生543人；活动后有750名学生填写了问卷，其中外语专业本科生213人，非外语专业本科生537人。

3. 研究工具

（1）调查问卷

根据范蒂尼的《跨文化交际能力自评量表》，本研究的调查问卷共56题，采用标准李克特量表。问题的回答有五个选项，分别是“1—5”，“1”代表“完全不同意”，“2”代表“不同意”，“3”代表“不确定”，“4”代表“同意”，“5”代表“完全同意”。

（2）活动总结

活动结束后，参赛团队以班级为单位撰写活动总结，包括活动主题、活动形式和感受等。

（五）结果与讨论

活动开始前，共收回有效问卷757份。首先对问卷进行了信度测试，活动前问卷信度为0.981，活动后问卷信度是0.932，两次问卷的可靠性好。

1. 本科生跨文化交际能力现状

表4—1　本科生的跨文化交际能力总体水平和四个维度的均值

	均值	
	活动前	活动后
知识	3.22	3.53
态度	3.72	4.18
技能	3.51	3.89
意识	3.75	4.23
跨文化交际能力	3.61	4.01

资料来源：修蕾自制。

从表4—1中可以看出，活动前本科生跨文化交际能力总体水平的均值是3.61，活动后总体均值是4.01。经过此次活动，本科生的跨文化交际能力总体水平是中等的。从活动后的四个维度来看，跨文化交际的知识、态度、技能和意识的均值分别是3.53、4.18、3.89和4.23，其中态度和意识都在中等偏上的水平。分析原因，主要有以下几点：(1) 参赛者大部分是大学一、二年级的学生，在此阶段还没有选修跨文化交际的相关课程；(2) 学校外国留学生众多，为中外学生的交流提供了更好的校园环境和氛围；(3) 为了提高外语水平，中国学生积极寻找留学生做语伴来练习口语。

本科生在活动后的跨文化交际能力总体处于中等水平，尤其是跨文化交际意识趋近于中等偏上水平，将有利于他们积极主动地传播中华文化。

2. 外语专业本科生与非外语专业本科生跨文化交际能力的比较

外语专业本科生和非外语专业本科生的问卷被分为两组，利用社会科学统计软件包SPSS23.0中的两独立样本t检验，对两组数据进行检测，以判断外语专业本科生和非外语专业本科生的跨文化交际能力是否存在显著性差异。在对两组数据进行两独立样本t检验之前，首先对两组数据做了正态分布的检测，数据符合正态分布。

表4—2 外语专业和非外语专业本科生跨文化交际能力的独立样本t检验

		莱文方差等同性检驶		平均值等同性t检验						
		F	Sig.	t	自由度	Sig.（双尾）	平均值差值	标准误差差值	差值95%置信区间	
									下限	上限
知识	假定等方差	5.406	0.020	-0.051	766	0.959	-0.038	0.756	-1.522	1.445
	不假定等方差			-0.054	439.601	0.957	-0.038	0.717	-1.448	1.371
态度	假定等方差	0.329	0.567	-0.028	766	0.978	-0.025	0.917	-1.826	1.775
	不假定等方差			-0.028	400.928	0.978	-0.025	0.908	-1.810	1.760
技能	假定等方差	0.629	0.428	-0.138	766	0.890	-0.106	0.766	-1.610	1.398
	不假定等方差			-0.141	413.743	0.888	-0.106	0.747	-1.575	1.363
意识	假定等方差	0.032	0.858	-0.317	766	0.751	-0.376	1.187	-2.707	1.954
	不假定等方差			-0.319	397.112	0.750	-0.376	1.181	-2.698	1.945
总体	假定等方差	2.720	0.100	-0.135	766	0.893	0.048	0.355	-0.648	0.744
	不假定等方差			-0.140	422.820	0.889	0.048	0.342	-0.625	0.721

资料来源：修蕾自制。

在表4—2中，跨文化交际能力的总分p值为0.744，大于0.05；知识、态度、技能、意识四个维度的p值均大于0.05。这说明外语专业本科生和非外语专业本科生的跨文化交际能力无论是在总体还是四个维度方面都不存在显著性差异。这与学校的人才培养目标和得天独厚的语言环境密切相关。

“学校以培养外语水平突出、专业基础扎实、综合素质优秀的复合型人才为目标”是北语的人才培养目标之一，学校高度重视全校本科生的外语教学和外语水平。以商学院金融学专业的教学计划为例，学院以“培养和锻造既有金融经济理论知识和能力，又精通外语的国际型、复合型人才为宗旨，以实施金融专业与外语专业‘合二为一’的教学模式，走开放式发展的办学道路，为中外各类金融和非金融机构（如银行、投资公司、证券公司、期货贸易、保险行业以及各类外企公司）培养出能用英语进行业务交流的实用型、复合型的金融专门人才。”学院在对本科生的培养规格中提到“精通外语，能熟练运用英语进行各项金融业务操作、管理，对外进行各项业务交流等”；培养外语水平突出的复合型人才是人才培养的重点，学生不仅要专业课学得好，外语水平也要过关。

通过查阅金融专业本科生的课程比例结构可以看出，金融学专业学生的外语必修课是604学时，占比24.3%；专业必修课是776学时，占比31.2%。[①] 外语必修课和专业必修课学时相差不多；另外，商学院部分专业课使用英文教材，部分课程采用中英双语授课。金融专业有16门专业必修课，其中9门专业课是双语授课，为410学时，占比达52.8%，这充分体现了“实施金融专业与外语专业‘合二为一’的教学模式”这一培养目标。商学院的本科学生还要参加英语专业四级和八级考试，这与外语专业学生的培养目标是一致的。因此，学校对非外语专业学生的“外语+专业”的培养模式对于学生跨文化交际能力的培养是有帮助的。

3. 跨文化活动前后本科生的跨文化交际能力的对比

本研究通过配对样本t检验检测了本科生的跨文化交际能力在跨文化活动前后是否有显著性变化，并通过活动总结分析探讨原因。

表4—3 活动前后跨文化交际能力的配对样本t检验

活动前—活动后	配对差值					t	自由度	显著性（双尾）
	平均值	标准差	标准误差平均值	差值95%置信区间				
				下限	上限			
知识	-3.045	11.707	0.426	-3.881	-2.209	-7.152	755	0.000
态度	-3.720	13.897	0.505	-4.712	-2.727	-7.360	755	0.000
意识	-3.622	19.322	0.703	-5.001	-2.242	-5.154	755	0.000

① “北京语言大学中国本科生培养方案”，http：//renwensheke.blcu.edu.cn/col/col8414/index.html，登录时间：2019年9月12日。

续表

活动前—活动后	配对差值					t	自由度	显著性（双尾）
	平均值	标准差	标准误差平均值	差值95%置信区间				
				下限	上限			
技能	-3.048	11.660	0.424	-3.880	-2.215	-7.187	755	0.000
总体	-20.003	45.918	1.757	-23.453	-16.553	-11.385	682	0.000

资料来源：修蕾自制。

从表4—3中可以看出，活动前后配对差值的平均值是-20.003，标准差是45.918，t值是-11.385，与之对应的p值是0.00，小于0.05，这表明活动前后本科生认为自己的跨文化交际能力是有显著变化的，跨文化活动对于自身跨文化交际能力的提高是有明显帮助的。另外，知识、态度、意识和技能四个维度的p值均小于0.05，这说明本科生的跨文化交际能力在四个维度也是有明显提高的。

此次比赛的形式是就中国文化的某一方面进行展示与传播，学生自选题目。不同的班级选择了剪纸、中国结、茶艺、戏曲等不同主题的中国文化进行展示，并帮助留学生了解其文化内涵。在活动总结中，第一，很多学生提到“通过此次活动，不仅本班同学加深了对中国文化的了解，感受到其独特的文化魅力和背后深厚的文化底蕴，留学生也拥有了体验中国传统文化的机会，加深了他们对中国的了解，促进中华文化的对外传播”。由此可以看出，本次文化活动丰富了学生有关跨文化交际的知识储备。第二，有学生提到“班级里有些同学在活动前都没有和留学生交流过，但是在活动中他们积极主动地教留学生剪剪纸，并且与留学生成为好朋友，也学习到许多的法国礼节”。这说明本次文化活动也带来了学生跨文化交际态度的转变，他们更加愿意和留学生交流，更加积极主动地传播中国文化。第三，学生在比赛中不仅学习到更多关于中国文化的知识，还掌握了许多传播中国文化的新技能，比如2017级翻译专业的学生除了线下的活动，还结合本地化专业的知识，做了宣传中国传统文化的网页，并分享给外国友人，让他们能通过网站多了解相关知识。第四，学生的跨文化交际意识在活动后也有了明显的提高，有学生写道："在本次活动中，同学们参与度很高，大多数同学都表示希望以后能办更多类似的活动，有更多的机会向外国朋友传递中国文化"；"这次活动使我增进了对法国美食和中国饮食文化的了解，增长了不少见识，希望以后这样的活动可以更多一些"。从这些活动感想可以看出，学生希望有更多这样的跨文化活动，通过文化的交流互鉴，增长见识，提高国际视野。因此，本次活动促进了本科生跨文化交际能力的总体提高。

（六）结论

通过本研究可以看出：第一，本科生初步具备跨文化交际能力，跨文化交际意识略高于知识、技能和态度，在与外国留学生交流时，能意识到文化的多样性，以及目标文化与本国文化的差异性；第二，外语专业学生和非外语专业学生的跨文化交际能力没有差别，北语"培养国际型复合人才"的培养模式是成功的；第三，跨文化活动有助于提高学生的跨文化交际能力。

本研究为今后跨文化交际能力的研究提供了一定数据支撑，为本科生跨文化交际能力的培养提供了新的研究方向。由于男女生比例存在差异（男生 130 人，女生 627 人），本研究并没有涉及男生和女生的跨文化交际能力的对比，这可以成为未来新的研究方向。

二、大学生语伴活动调查研究

（一）引言

自 20 世纪末以来，语伴作为语言学习方式，已经在欧洲流行起来，尤其是互联网等信息技术的迅速发展，为语伴学习提供了便利条件。语伴最初是由都柏林圣三一大学教授赫尔穆特·布拉默茨（Helmut Brammerts）正式提出的。[①] 对语伴的研究主要分为两类：一类是语伴之间以网络为媒介进行交流，[②] 另一类是语伴之间进行面对面交流。研究证明，面对面交流的形式有利于语言学习者对语言和文化的学习。然而，在我国，从语伴角度来探讨外语学习与文化交际方面的研究并不多。我国的研究主要集中在对外汉语教学领域，较多涉及对留学生来华学习汉语的研究。[③] 所以，对语伴的研究还有很大的空间。

随着我国经济和文化的发展，中国迅速融入世界，越来越多的国人意识到外语的重要性，学外语的人逐渐增多，与此同时，越来越多留学生也来到中国学习汉语，所以语伴成为当今很多大学里语言学习的练习途径之一。在交流中，双方不仅能促进彼此的外语学习，还能提高彼此的跨文化交际能力。北京语言大学是一所国际化程度很高的高校，中外学生日常互相交流便利，为语伴学习提供了良好的环境，也为相关研究提供了一个独特的平台。"最强语伴"比赛是中外学生融合教育的特色活动之一，为更多的中国学生与留学生提供了展示语伴交流和默契合作的平台，本研究便对此次比赛进行了调查。此次调查是在跨文化交际的背景下，基于语伴学习和学习动机相关理论，以"最强语伴"比赛为载体，采用定量与定性相结合的研究方法，通过 Excel 汇总、整理参赛

---

① Kennedy, F. & Furlong, A., "Face-to-Face Tandem Language Learning: Evidence of Intercultural Learning in a Zone of Proximal Development for Intercultural Competence", in Geraghty, B. and Conacher, J. E., *Intercultural Contact, Language Learning and Migration*, London: Bloomsbury, 2014, p. 131.

② Little, D., & H. Brammerts (eds), "A guide to language learning in tandem via the Internet", *CLCS Occasional Paper*, 1996, No. 46, p. 12; Appel, M. C., "Tandem language learning by e-mail: some basic principles and a case study", *CLCS Occasional Paper*, 1999, No. 54, p. 2; Little, D., Ushioda E., Appel, M. C., Moran J., O'Rourke, B. & Schwienhorst, K., "Evaluating Tandem Language Learning by e-mail: Report on a Bilateral Project", *CLCS Occasional Paper*, 1999, No. 55, p. 1; O'Dowd, R., "Understanding the 'Other Side': Intercultural Learning in a Spanish-English E-mail Exchange", *Language Learning & Technology*, 2003, 7 (2), pp. 118 – 144.

③ 邱萍："国际化背景下'语伴交流'及意义"，《现代交际》2012 年第 9 期，第 37—39 页；任贺军："留学生与中国学生对语伴活动的需求调查研究"，上海外国语大学硕士学位论文，2017 年；黄婉梅、陈大顺："'国际语伴'教学实践的初步调查与追踪"，《汉字文化》2019 年第 5 期，第 88—91 页。

选手的访谈内容等，探究目前中外学生做为语伴的现状和特点，为以后的相关研究提供数据借鉴。

（二）基本定义与分类

1. 跨文化交际（intercultural communication）

跨文化交际研究最初起源于美国人类学家爱德华·霍尔（Edward Hall）的经典之作《无声的语言》（*The Silent Language*），此书首次使用了跨文化交际这一概念。随着研究的进一步发展，跨文化学习（intercultural learning）被视为学习目标，也是学习过程，更是一种交际的特殊形式。[①] 而且，文化也是跨文化交际中一个最重要、最基本的要素，[②] 由此可看出文化在跨文化交际中的重要性。但是，由于文化的不同，不同国家的人进行交际时可能会产生一些误解甚至是跨文化冲突（intercultural conflict）。

2. 语伴学习（tandem language learning）

语伴学习本质上体现的是两位学习者之间存在的一种关系，而这两位学习者的母语分别是对方所学的目标语（target language）。[③] 语伴学习分为两种形式：一种是以网络为媒介的学习方式；另一种是实地交流，即双方在同一时间和同一地点进行面对面的互动。[④] 两种形式的不同主要体现在以下三个方面：第一，前者不受时空形式的限制，学习者通过互动，主要提高语言阅读水平和写作技能，而后者要求学习者双方

---

① Kennedy, F. & Furlong, A., "Face-to-Face Tandem Language Learning: Evidence of Intercultural Learning in a Zone of Proximal Development for Intercultural Competence", in Geraghty, B. and Conacher, J. E., *Intercultural Contact, Language Learning and Migration*, London: Bloomsbury, 2014, pp. 132 – 133.

② Dodd, C. H., *Dynamics of Intercultural Communication*, Shanghai: Shanghai Foreign Language Education Press, 2006, p. 34.

③ Little, D. & Ushioda, E., "Designing, Implementing and Evaluating a Project in Tandem Language Learning Via E-mail", *ReCALL*, 1998, 10 (1), p. 96.

④ Little, D., & H. Brammerts (eds), "A guide to language learning in tandem via the Internet", *CLCS Occasional Paper*, 1996, No. 46, p. 15.

在约定的时间和地点进行互动，但较多是口语交流。第二，前者主要以书面语进行交流，双方并不能看见对方的非言语表达，可能会引发误会而最终导致交际失败，但是在后者的互动中，学习者双方可以看见对方的神态、表情和手势等非语言表达，可协助语伴完成交际或者避免一些语言表达失误导致的交际失败。第三，由于前者的学习形式超越了时空的限制，学习者在其国家就可以进行交际，这是一种优势，但同时也是一种劣势，因为双方并不能切身体会目标语国家的文化，而后者则可以实现这一点。

另外，有效的语伴学习要遵循两个原则：一是互惠性（reciprocity），二是自主性（autonomy）。[①] 互惠性是指语伴双方平等相待，双方都能在对方帮助下获益；自主性要求语伴学习者不仅对自己的学习负责，还要对对方的学习负责，也就是说语伴在学习过程中要有计划、及时记录和做出评价。[②] 自主性是学习者自身选择学习方式、做出决策、进行批判性反思和独立行动的一种能力。具体来讲，自主性包含双方谈论的话题、见面时间和地点等信息，要求学习者不仅要有决策能力，还要有目标及实现目标的能力。

语伴学习有助于学习者对自己的母语和目标语产生新的认识。而这些认识不仅有助于语言学习，还有助于语言运用。如，中国学生通过比较汉语和日语的句法结构，找出两种语言句法结构的不同，从而在学习和运用日语的过程中更加注意日语语序。

---

① Little, D. & Ushioda, E. , "Designing, Implementing and Evaluating a Project in Tandem Language Learning Via E-mail", *ReCALL*, 1998, 10 (1), p. 96; Little, D. , Ushioda E. , Appel, M. C. , Moran J. , O'Rourke, B. & Schwienhorst, K. , "Evaluating Tandem Language Learning by e-mail: Report on a Bilateral Project", *CLCS Occasional Paper*, 1999, No. 55, pp. 1 – 2.

② Kennedy, F. & Furlong, A. , "Face-to-Face Tandem Language Learning: Evidence of Intercultural Learning in a Zone of Proximal Development for Intercultural Competence", in Geraghty, B. and Conacher, J. E. , *Intercultural Contact*, *Language Learning and Migration*, London: Bloomsbury, 2014, p. 132.

3. 动机（motivation）

学习动机是影响语言学习的重要因素之一，[①] 而语伴学习也涵盖语言的学习。对于动机的定义和分类，学者们见解各异。本研究采用心理学家罗伯特·加德纳（Robert C. Gardner）和华莱士·兰伯特（Wallace Lambert）提出的动机分类，即动机分为工具型动机（instrumental motivation）和融合型动机（integrative motivation）。工具型动机是指学习者学习外语是功利性的，是为了某种语用的目的，如个人前途、通过考试等；融合型动机是指学习者对活动本身、目标语或者文化本身感兴趣，没有目的。[②]

从自主性和动机的定义与分类不难看出，动机与自主性有一定的关系，这种关系也通过研究得以证实。[③] 如果没有动机，就没有自主性。[④] 学习者对自身学习的约束力越强，就会达到其预期结果，进而增强学习动机。反之，如果没有达到预期结果，学习态度就会消极，进而在自主学习中丧失兴趣。[⑤] 更有学者认为，在影响学习者学习外语的众多因素中，自主性是尤其特殊的一个因素，研究发现动机与自主性呈现较高的正相关。

（三）研究设计

本研究对“最强语伴”比赛的选手进行了调查。赛前没有告知选

---

① Gardner, R. C., & Lambert, W. E., “Motivational variables in second-language acquisition”, *Canadian Journal of Psychology*, 1959, 13 (4), pp. 266 – 272；罗嘉文、简晓明、王月芳：“学习动机、外语学习策略与学习成绩之间的关系研究”，《教学研究》2004 年第 2 期，第 146—151 页；曾志宏：“融入型学习动机和内在学习动机与英语学习策略的关系研究”，《学术界》2013 年第 S1 期，第 161—165 页。

② Gardner, R. C., & Lambert, W. E., “Motivational variables in second-language acquisition”, *Canadian Journal of Psychology*, 1959, 13 (4), p. 267.

③ Dörnyei, Z., & Ushioda, E., *Teaching and Researching: Motivation*, Routledge, 2013; Liu, H., “Learner Autonomy: The Role of Motivation in Foreign Language Learning”, *Journal of Language Teaching and Research*, 2015, 6 (6), pp. 1165 – 1174.

④ Ushioda, E., *Learner Autonomy 5: The Role of Motivation*, Dublin: Authentik, 1996, p. 40.

⑤ Bravo J. C. et al., “Motivation and Autonomy in Learning English as Foreign Language: A Case Study of Ecuadorian College Students”, *English Language Teaching*, 2017, 10 (2), pp. 100 – 111.

手在赛后还要进行访谈，以避免影响比赛结果。在访谈时，每组两名成员在同一时间、同一地点进行，以确保访谈结果的一致性。调查拟解决以下两个问题：一是参赛选手的动机、对双方语言学习的影响和跨文化交际能力是什么？二是在比赛中，成绩高分组与成绩低分组存在差异的原因是什么？

1. 调查对象

本研究以 2019 年 4 月举办的“最强语伴”比赛为基础，比赛面向全校学生，不限专业，中外学生各一名自愿组成一组参赛，共有 12 组选手参赛，接受采访的有 11 组选手。

参赛语伴有四个特点：一是女生较多，男生相对较少；二是同性组合较多，异性组合较少；三是语伴类型多样（中俄语伴、中意语伴、中法语伴、中日语伴、中西语伴、中英语伴）；四是中国学生专业多样化。

根据语伴的定义，有三组不是严格意义上的语伴，但是对留学生来讲，中国学生是他们的语伴，姑且称之为单向的语伴关系。在这三组中，一组为了参加比赛，临时找了中国学生作为语伴，且目标语不同，对留学生来讲，中国学生是她的语伴，所以是单向语伴关系；一组中国学生参加了本校的志愿活动，即课下帮助留学生学习汉语，是单向语伴关系；一组双方是同班同学，联系较多，留学生的母语是韩语，在北语学习汉语和西班牙语，而韩语不是中国学生的目标语，但两位同学仍会一起练习西班牙语。

2. 访谈问题设置

问题围绕动机、语伴学习的原则和跨文化交际三个方面的内容进行设置，共有九道题。这道九题包括中外学生语伴交流的原因、参赛的原因、赛后收获、交流频率、交流方式、交流话题、交流时使用的语言、语伴互动在语言学习以及在目标语文化和出国学习方面的作用。

3. 调查实施过程

首先，全程观察比赛，比赛结束后，在两周内对参赛选手进行访谈，全程录音。在访谈之前，告知选手访谈过程中会录音。由于选手具有主观能动性，回答的内容会涉及访谈中的相关问题，所以采取半结构性访谈的形式，适时地对采访问题的顺序进行调整。其次，采访结束后，遵照“忠实性”原则,① 对音频进行转写。最后，根据每一个问题归类整理参赛选手的访谈内容，用 Excel 汇总。

（四）结果与讨论

调查结果紧紧围绕访谈中的九个问题探讨目前语伴互动的现状。在调查对象中，在参赛前是语伴的选手占 86.36%；为了参赛，临时组成语伴的选手占 13.64%。在双方是语伴的选手中，大一学生占 87.5%，非大一学生占 12.5%。从以上两组数据可以看出，大一学生找语伴的需求更为强烈。

1. 语伴交流的原因

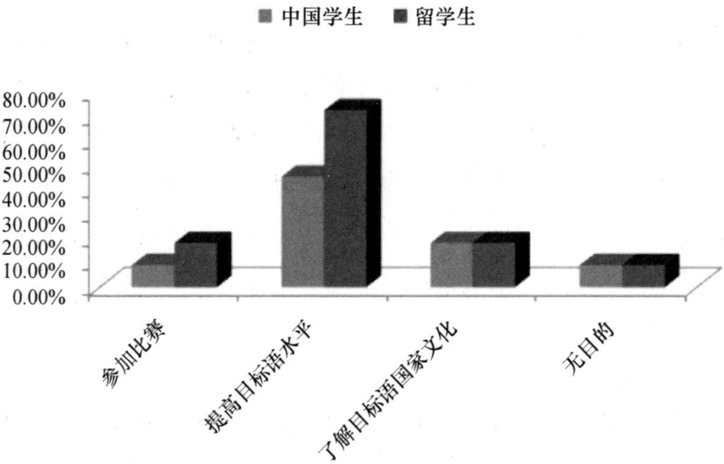

图 4—8　语伴交流的原因

资料来源：赵志娟自制。

① 文秋芳：《应用语言学研究方法与论文写作》，外语教学与研究出版社 2004 年版，第 199 页。

从图 4—8 中可以看出，中外学生进行语伴交流的原因主要是提高目标语水平，所占比例各为 45.45% 和 72.73%；在为了参赛这方面，留学生所占比例高于中国学生，分别为 18.18% 和 9.09%；而在“无目的”方面，所占比例相同，各占 9.09%；但在了解目标语国家文化方面所占比例相同，各为 18.18%。从中可以看出，与中国学生相比，留学生更加侧重语言学习，如：

第 2 组（留学生）：“……你可以聊天，讨论所有的问题，可以提高汉语水平和了解中国的文化。”

第 3 组（留学生）：“因为我要提高我的汉语水平……还有我的语法。”

第 9 组（留学生）：“我想练习普通话……”

第 10 组（留学生）：“我也想提高我的汉语水平，也想了解中国的文化和历史，想在北京找到工作。”

第 11 组（留学生）：“因为我想提高（我的汉语）水平。”

2. 参赛的原因

从图 4—9 中可以看出，对比赛感兴趣和增进语伴交流是选手参赛的主要原因，中国学生出于兴趣参赛的占 81.82%，留学生占 63.64%；中国学生为了增进语伴交流参赛的占 36.36%，留学生占 18.18%；为提高口语参赛的，中外学生各占 9.09%；在同学推荐、综测加分、了解其他语伴交流方式和交更多朋友方面，中外学生尤其不同，体现出不同学习者有不同的需求。在访谈中，选手用“挺吸引我”“很有趣”和“新颖”这样的词来表达参赛原因，如：

第 5 组（中国学生）：“……平常和他（留学生）都是通过志愿项目辅导的方式来接触的，很少有娱乐项目，所以有一个这样的娱乐项目就想参加一下，想增进一下彼此的关系。同时，也想更清

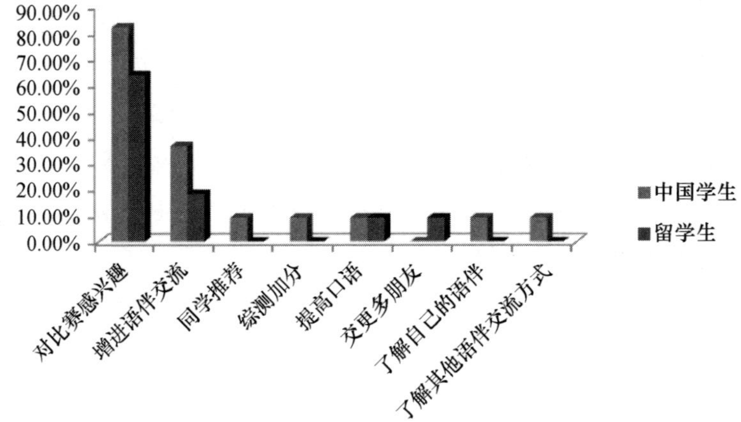

图4—9　选手参赛的原因

资料来源：赵志娟自制。

楚了解他对其他事情的看法……"

第8组（中国学生）："……自己学院办的比赛，宣传很多，上届学姐学长有参加，都推荐去，我们俩就想了解一下这个比赛……"

95.45%选手参赛的动机是融合型动机，这一点与语伴交流的动机几乎是一致的，学习者的动机越强，课外自主性学习实践就越多，① 这在图4—9中得到证实，即中外学生对比赛感兴趣所占比例最高，但还是有4.55%的中国学生出于功利目的参赛，即为了本科阶段的综合测评更好而去参赛。

3. 赛后收获

从图4—10中可以看出，留学生的收获主要体现在和语伴的关系、了解文化、口语进步和认识更多朋友这四个方面；而中国学生则不仅局限于这四个方面，还包括更加了解语伴、收获快乐、增加默契和增强合

① Liu, H., "Learner Autonomy: The Role of Motivation in Foreign Language Learning", *Journal of Language Teaching and Research*, 2015, 6 (6), pp. 1166 - 1167.

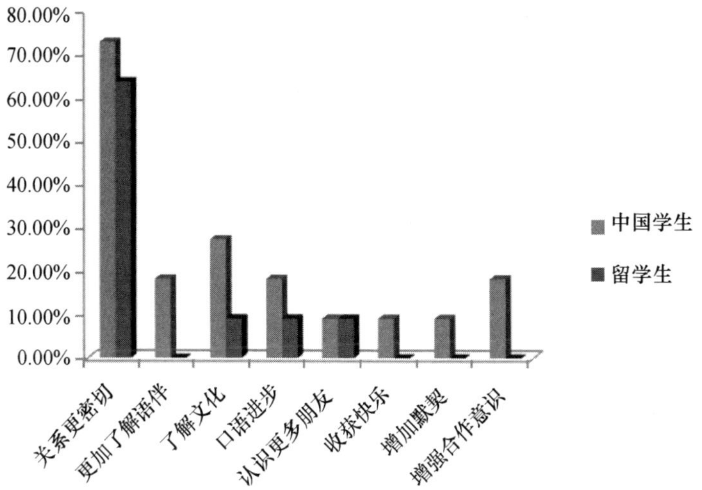

图 4—10 选手参赛后的收获

资料来源：赵志娟自制。

作意识这四个方面。选手们认为，通过比赛，收获最多的是语伴之间的关系会更加密切，中外学生所占比例分别为 72.73% 和 63.64%。在赛后，选手们见面的频率与原来相比增加了很多，个别组甚至可以高达一周 4 次。在了解文化、口语进步方面，中国学生各占 27.27% 和 18.18%，而留学生各占 9.09%。在认识更多朋友方面，中外选手的比例皆为 9.09%。在更加了解语伴、收获快乐、默契和增强合作意识方面，中国学生分别占 18.18%、9.09%、9.09% 和 18.18%，而留学生均没有提到这方面的收获。由此可见，与留学生相比，中国学生通过比赛获益更多。中国学生和留学生的关注点也不同，中国学生不仅关注语伴之间的关系，而且注重其他方面，而留学生则较关注前者，如：

第 1 组（中国学生）："从这次比赛中，收获的就是快乐。而且学到很多，如保持平常心，不要追求什么名次，享受过程，结果就不会很差。"

第 5 组（中国学生）："收获蛮多的，可增进彼此的关系，他（留学生）表现出来比较可爱的一面，并且在唱歌方面也不错。"

第 8 组（中国学生）："我们相互更加了解、更亲近，在比赛中增加了默契。"

第 10 组（中国学生）："……合作能力，包括每个活动之前都要沟通、翻译，很锻炼口语水平。还要协调时间等，我觉得不光对语言方面，对人际交往方面也是一种提高……"

第 11 组（中国学生）："我觉得收获就是你永远对未来要有一个很好的期待……就是没有到最后的时刻，不要对自己失去信心……对彼此了解也更深了……"

第 1 组（留学生）："我们的关系更密切了。"

第 5 组（留学生）："口语水平提高了，在活动中，可以经常和他（中国学生）说话，交流多了一些。"

第 8 组（留学生）："对相互交流很有益，我们关系更好了。"

从图 4—9 和图 4—10 的数据统计可以看出，中外学生参赛的目的在赛后几乎达到了，如想增进与语伴的交流，赛后双方关系更加密切；想提高口语水平，赛后口语都有所进步等。除此之外，中外学生在其他方面还有所收获，如增强合作意识、了解目标语国家的文化等，这一定程度上体现了举办这次比赛的意义。

4. 交流频率

从图 4—11 中可以看出，语伴之间见面的频率并不太高，36. 36% 的语伴可以一周见 1—2 次，还没有过半；18. 18% 的语伴可以一周见 3 次，甚至有 9. 09% 的选手在赛前从未见过面。"没有固定时间"即语伴可以半个月见 1 次或者一个月见 1 次，这在一定程度上说明语伴之间互动不足。

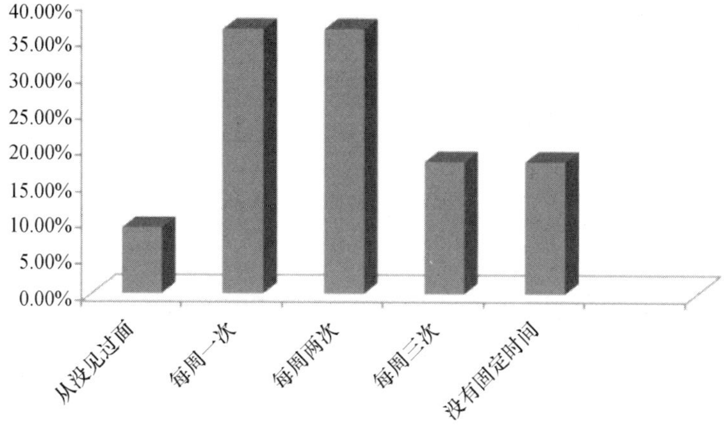

图 4—11　选手多长时间见面交流

资料来源：赵志娟自制。

5. 交流方式

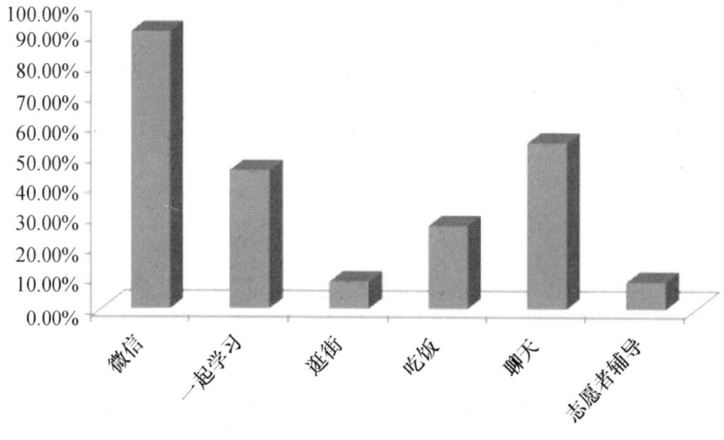

图 4—12　语伴间的交流方式

资料来源：赵志娟自制。

图 4—12 显示，语伴之间通过微信联系得比较频繁，高达 90.9%；线下交流方式呈现多样化，其中聊天和一起学习占较大比重，各占

54.55%和45.45%；一起吃饭占27.27%；而逛街和志愿者辅导所占比例最少，均为9.09%。

实验证明，在语境中学习语言的速度是惊人的。学习语言需要依赖一定的语境，不管大脑的记忆力有多好，没有语境，语言就失去了存在的根基，而语伴正是营造语境的关键元素。语伴之间的互动能形成一种语境，使语伴在互动过程中达到学习和运用语言的目的。[①] 参赛选手之间以不同方式进行交流，正是为语言学习和语言运用营造了一种真实的语境，有助于双方语言学习成效的提高。

6. 交流话题

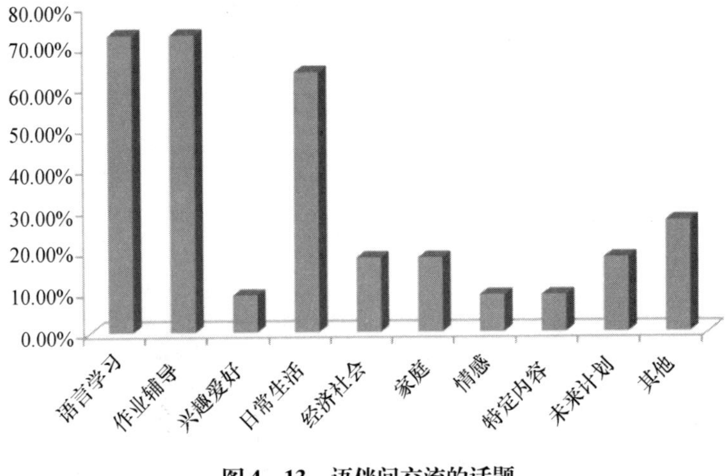

图4—13 语伴间交流的话题

资料来源：赵志娟自制。

从图4—13中可以看出，"语言学习""作业辅导"和"日常生活"这三方面所占比例较高，各占72.73%、72.73%和63.64%；"经济社会""家庭"和"未来计划"这三方面所占比例较为均衡，均为

① 马梦真："汉语国际教育语伴合作模式创新及意义研究"，《现代语文（学术综合版）》2017年第9期，第138页。

18.18%；“兴趣爱好”“情感”和“特定内容”三方面，交流较少，均为9.09%，在“其他”方面，语伴日常交流话题会有多种选择，如体育赛事、气候、旅游、书籍、文化等。因此，语伴之间交流的话题涉猎广泛、内容多样化，并不局限于简单的兴趣爱好，但仍以“语言学习”“作业辅导”和“日常生活”为主。

7. 交流时使用的语言

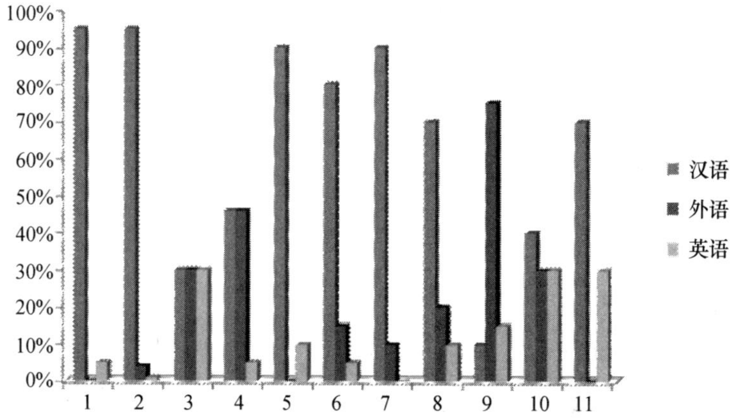

图4—14　语伴间交流时所用语种比例

注：“外语”即中国学生所学的目标语。

资料来源：赵志娟自制。

从图4—14中可以看出，整体上语伴间使用汉语的比例较高，有七组（1、2、5、6、7、8和11）比例达70%以上，其中四组（1、2、5和7）高达90%以上，而使用外语和英语的比例相对较低。仅有三组（3、4和10）汉语和外语使用的比例较为均衡，各为30%、47%和30%左右。第9组语伴使用外语的比例达75%，使用汉语的比例仅为10%。第10组语伴使用三种语言相对均衡，汉语较高，占40%，外语和英语各为30%，总体上差异较小。在第11组中，中外学生是中英语伴，所以没有使用外语交流，使用汉语占70%，使用英语占30%，汉英比例差距较大。

作为语伴原则之一的互惠性要求语伴双方使用目标语的时间要对等,[①] 通过图 4—14 可以看出，语伴使用语言的比例并不均衡，所以使用目标语的时间也不对等，这一点与语伴原则中的互惠性是不一致的。互惠性是依存于严格意义上的语伴关系的，但是参加此次比赛的选手并不是严格意义上的语伴关系，所以互惠性在一定程度上并不能完全得到体现。

通过对访谈内容的整理发现，与互惠性不一致的原因有以下四点：一是中国学生学习目标语时间较短，约 8 个月，自身的语言运用能力有限，需要用英语和汉语来补偿沟通障碍，如第 2 组留学生提到“中国学生刚刚开始学俄语，对俄语的运用能力不是很强，所以在互动过程中，更多是她说汉语，让中国学生进行造句练习”；而第 4 组的中国学生已经学习目标语 3 年，能较好地使用目标语，所以目标语和汉语的比例较为均衡。二是留学生自身在学习汉语的过程中问题较多，如第 11 组留学生提到“如果她有问题，中国学生会一直帮她”，那么在这个过程中就会较多地使用汉语。三是语伴个人的性格原因，如第 9 组使用外语的比例明显高于其他语伴，这是因为该留学生比较内向、缺乏自信，不太愿意说汉语。四是志愿服务工作需要，第 5 组中国学生的主要任务是辅导留学生学习汉语，所以使用汉语频率较高。

8. 语伴与语言学习

从整体上来讲，中国学生普遍认为目标语比较难，而其判断难易程度的标准则是和英语进行比较。至于目标语具体是哪一方面难或者相对容易一些，则取决于受访者所学的语种。受访者用了“都难”“没有容易的方面”“最难”“比较难”“挺难”“特别难”“比较容易”和“相对容易”这样的词汇来表示目标语的难易程度。54.55% 的选手认为目标语（意大利语、日语、西班牙语和英语）的语法最难，拼读发音较简单，如第 6 组和第 7 组学习日语的中国学生认为发音和识记单词比较

---

① Little, D. & Ushioda, E. , “Designing, Implementing and Evaluating a Project in Tandem Language Learning Via E-mail”, *ReCALL*, 1998, 10 (1), p. 96.

容易，这是因为母语汉语和日语有很多相似的汉字；9.09%的选手认为目标语本身的语言特点是其学习目标语的过程中遇到的难题，如第2组中国学生认为俄语各个方面都很难，单词很长、主语的自由度较大等；18.18%的选手认为目标语的听力最难，但是其他方面（如写作、口语）相对较简单，如第4组的中国学生认为写作会给其反应的时间，自身反应较慢，所以认为听力最难。

留学生普遍认为汉语的声调导致其在听力和发音上存在严重问题，感觉比较难，12.5%的留学生认为写汉字较难，而63.64%的留学生认为汉语的语法较简单。9.09%的留学生认为汉语学起来整体不太难，英语较难，课程压力较大。

语伴学习有助于学习者对自己的母语和目标语有新的认识。在访谈中，中国学生表明比较了汉语和日语之间句子结构的差异，虽然汉语和日语的语序不同，影响其口语表达，但在学习的过程中他们会尤其注意这部分的学习。留学生将自己的母语和汉语进行了比较，注意到汉语的声调不一样，所传达的含义就会有相应的变化，所以在学习中会侧重这部分的学习。

另外，面对面的语伴语言学习虽然会涉及阅读与写作部分，但语伴之间仍是口语交流所占比例较大。[①] 访谈结果显示，语伴交流与学习会促进他们口语交流和听力的提高，与此同时也会提高阅读和写作水平。受访留学生认为通过与中国学生的交流，可以练习口语，而且其口语确实有所提高。而受访的中国学生则认为，语伴交流可以涵盖口语、听力、翻译、阅读和写作各方面，如：

> 第2组（中国学生）："刚刚开始学习俄语，所以她（留学生）会用汉语说，让我造句来练习俄语语法……"
>
> 第3组（中国学生）："和她（留学生）说话的时候，想着组

---

① Little，D. & Ushioda，E.，"Designing，Implementing and Evaluating a Project in Tandem Language Learning Via E-mail"，*ReCALL*，1998，10（1），p. 97.

织语言，运用一下最近所学的语法……”

第4组（中国学生）：“我觉得最大的帮助就是敢说……虽然有很多错误……听力也有很大提高……比赛的时候，规则都是汉语，需要翻译成法语，我的翻译水平也有所提高。”

第6组（中国学生）：“最多是口语上的帮助……前两天还让她（留学生）帮我改作文……还有句型的表达方式……”

第7组（中国学生）：“……比如有一些词不知道怎么用可以问她（留学生），她可以帮我修改作文，但大部分交流对提高口语水平帮助比较大……”

第9组（中国学生）：“……听力……语言组织变得好一点点了……有时候用微信聊，所以会组织句子，对写和读方面也会有影响。”

第10组（中国学生）：“主要是对口语帮助比较大……可以学到很多新词和常用语。”

9. 语伴与目标语国家文化

在目标语文化这方面，中外学生整体上差异较大。在结识语伴之前，27.27%的中国学生对目标语国家文化的了解仅限于课堂上教师传授的知识，包括日常生活、城市、目标语所在国家的历史；27.27%的中国学生通过目标语所在国家的电视节目进行浅层次的文化了解，如日常生活、传统服饰、经济产业、行事风格；而45.45%的中国学生对目标语所在国家的文化并没有什么了解。相对而言，留学生对中国的了解范围更广，包括中国历史、历史故事、经济、茶文化、传统服饰、节日、宗教、诗歌、有名的城市、名胜古迹、中国电影、中国演员、京剧、传统习俗和音乐。

有了语伴之后，双方对目标语国家文化认识的不同主要体现在人们的日常行为、教育、生活习惯、礼节、传统节日和传统服饰这六个方面。

中外学生常常会固化地认为目标语国家的人不是很友好，但却在语伴互动后打破了原有的刻板印象，如：

第4组（留学生）：“在接触之后发现中国人非常热情友好，而且中国人喜欢一起做事、努力工作且喜欢在户外活动。而欧洲人很懒惰、自私，不喜欢在户外活动。”

第6组（中国学生）：“原先感觉日本人不会那么亲切友好……”

第8组（留学生）：“韩国人不太喜欢中国，对中国的认识不太好，认为中国是很大的国家，但是不太发展，来了以后发现发展得也很快；一开始觉得中国文化和韩国文化在很多方面都一样，觉得没啥差别，来了之后发现还是有点差别，中国人特别多，春节时间不一样……”

在教育教学上，主要体现在班容量、成绩评定、每周学时、教师对学生评价和教学方式等方面，参赛选手们比较了中外教育的不同，如：

第2组（留学生）：“在中国期末考试只有一个成绩单，学生得不到老师的评价，通过成绩单不能给学生指导学习的方向，在我们那不是这样的。”

第4组（中国学生）：“外教更喜欢把话语权交给学生，而中国老师更注重言传身教……”

第8组（留学生）：“……大学生活不一样，在韩国，一个班的同学经常一起喝酒、一起旅游，在中国不这样……中国的班级有点小……中国的考试只有通过和不通过，给人的感觉很舒服……中国每周课时有30个小时左右……”

在生活习惯方面，主要体现在饮食和日常生活上，如：

第4组（中国学生）：“欧洲人的晚饭时间较晚，以面食、咖啡为主；而中国人晚饭时间较早，主食多样；欧洲人喜欢晒太阳，他们觉得我们中国人夏天打伞很奇怪。”

第4组（留学生）：“在欧洲，星期天全民都休息，包括商店，但是在比利时，商店每天都营业。”

在礼节方面，具体体现在问候方式和时间观念上。在问候方式上，中国学生在和留学生交往的过程中，会遇到行贴面礼和拥抱的情况，这与我国的问候方式是不同的；在时间观念上，中国人倾向于提前到以示礼貌，而欧洲人一般会迟到15分钟甚至更长时间以示礼貌。

在跨文化交际背景下，语伴交流可以影响学生对谈论话题的选择，并引导他们在讨论自己和对方文化背景时进行更深入的反思。① 在交际中，语伴可以根据不同场合选择谈论的话题，如一位中国学生遇到她的语伴朋友，对方行了贴面礼，中国学生却不太适应。事后，中国学生进行了反思，如：

第9组（中国学生）：“……感觉表现得不是很好，我觉得我应该做和他（留学生）一样的，但是我当时有点懵，没反应过来，下次应该就会适应了……”

在传统节日和传统服饰上，不同国家有不同的侧重点，如日本较注重春节，服饰为和服；而意大利较注重复活节，节日多与宗教有关，没有传统服饰。这一方面与我国也是不同的。

① Kennedy, F. & Furlong, A., “Face-to-Face Tandem Language Learning: Evidence of Intercultural Learning in a Zone of Proximal Development for Intercultural Competence”, in Geraghty, B and Conacher, J. E. *Intercultural Contact, Language Learning and Migration*, London: Bloomsbury, 2014, p. 132.

10. 语伴与文化冲突

在交往过程中，63.64%的受访者认为没有文化冲突，27.27%的受访者认为双方存在的是差异，而不是冲突。以下是交流过程中双方出现的差异，体现在日常饮食习惯和教育方式方面，如：

第4组（中国学生）："……她们（留学生）认为中国吃晚饭的时间太早了，他们一般晚上8点吃。"

第6组（中国学生）："……老师对我们说吃饭剩一点代表吃得比较饱，而在日本剩下饭代表不喜欢，我们有一次一起吃饭就遇到这个问题，她（留学生）问我是不是不喜欢吃。"

第9组（中国学生）："……我发现他们（留学生）不喜欢说汉语，是因为他们的老师经常跟他们说，你说得不好，总是打消他的积极性，然后我就跟他解释……你的老师是想让你更加努力地学习……但是外国人就不能理解这个思路。"

学习者以学习目标语，了解对方个人、文化等信息为共同目标。在交际的过程中，学习者带着一定的目的去交流，会引发跨文化学习，他们有能力去和他人交流，接受他人的观点和观念，去协调他们价值观的不同，而且能够意识到他们对同一事物的不同评价。[①] 所以，对于以上存在的文化差异，有的中国学生选择接受留学生的生活方式，但同时也去协调他们之间的差异；有的中国学生能够意识到教师对学生表现进行的不同评价，主动去和留学生解释并协调价值观不同造成的差异，而协调差异的过程也是一种跨文化的学习。

而9.09%在日常生活中出现了文化冲突，如：

---

① Kennedy, F. & Furlong, A., "Face-to-Face Tandem Language Learning: Evidence of Intercultural Learning in a Zone of Proximal Development for Intercultural Competence", in Geraghty, B. and Conacher, J. E., *Intercultural Contact, Language Learning and Migration*, London: Bloomsbury, 2014, p. 133.

第8组（中国学生）："有其他同学问他（留学生）你妈还在吗？他（留学生）要起诉这位问话的中国学生。"

这是跨文化冲突事件，而不是差异。这一冲突出现的原因在于双方对"你妈还在吗?"这句话的理解存在不同。中国学生的同学与留学生见面后进行了简单的寒暄，本身想表达的含义是留学生的妈妈是否还住在中国，而留学生依据其本国文化，认为这是辱骂，所以要起诉这位同学。双方所依据的文化不同，理解也不同，从而引起冲突。但是在冲突出现之后，中国学生向留学生解释了她同学所要表达的含义，去协调这一差异，最终化解了冲突。

11. 语伴与出国学习

在出国学习方面，主要是面向中国学生做了调查。调查后发现，中国学生全都认为语伴互动对其未来出国学习是有一定帮助的。主要体现在以下几方面：择校、目标语国家人的性格、日常生活、风俗习惯、语言学习和自身心态。这主要是因为双方在日常交流中，会涉及相关话题的交流，可提前让中国学生增加对目标语国家的了解，如：

第9组（中国学生）："……通过我们之间的交流，我现在和外国人说话不会紧张。"

第10组（中国学生）："……能提前和意大利人接触，防止到大三的时候，把自己放到全是意大利人的环境中会不适应……"

第11组（中国学生）："……存在的差异会让我对国外的一些情况有个预判，不会像现在这样，什么都不知道。"

而在"其他"组中，由于留学生所属国家与中国学生目标语国家的不对等性和交流内容的局限性，中国学生觉得对他们的出国学习帮助不大。

12. 高分组与低分组的对比

在比赛中，高分组与低分组成绩相差较大，本研究将从目前语伴互动过程的现状进行分析。

与成绩低分组比，成绩高分组结为语伴和参加比赛的目的更加明确具体，而目的越明确，实施过程越详细，实现目标的可能性就越大。高分组对比赛每个环节都进行了沟通，而低分组没有。

成绩高分组（中国学生）："通过这次比赛发现，合作能力很重要，每个环节都需要沟通、翻译，很锻炼口语，还要协调时间等，不仅对语言能力，对人际交往方面也是一种提高。"

两组在学习方式上没有什么不同，但是每周见面的频率和讨论的话题不同。高分组见面次数相对多一些，见面频率为每周 1—3 次不等，对双方更为了解，所以高分组的合作意识和默契程度更高。而低分组见面频率较低，为每周一次。高分组的话题较为广泛，如日常生活、未来计划、作业，还会一起学习、逛街；而低分组较为随意，一般为日常生活，偶尔会讨论学习。

高分组目标语时间分配比例较为均衡，汉语、外语和英语各为 1/3 左右；而低分组失衡严重，中国学生说目标语的机会所占比例不到 5%，留学生在目标语方面存在的问题是相同的。比赛两个环节中的任务不涉及中国学生所学的目标语，但比赛规则是汉语解说，所以需要中国学生与留学生沟通。根据高分组和低分组的目标语分配比例可知，高分组会更清楚比赛规则。所以在一定程度上，中国学生目标语的运用熟练程度会影响到比赛结果。

第一环节的比赛内容包括参赛选手在操场上合作完成比赛项目并完成中西方知识问答（中英文题目），整体以中国文化为主，主要涉及中国的历史、传统节日、城市、名著等以及世界景点、历史等。高分组在这部分得到较高的分数，这与留学生对中国文化了解程度有关，如：

高分组（留学生）："我了解中国文化，我们在大学学习中国的文化，所以我知道中国的传统节日、中国历史，我们也学习北京最有名的地方，如长城、颐和园、故宫，还有其他有名的城市，如大同、上海、西安、张家界等。”

低分组（留学生）：“我对中国文化不知所措……我和我的朋友讨论中国的歌、歌手、节日风俗，我有书法课，而且学习太极拳……”

将高分组和低分组的采访内容对比后可发现，高分组的留学生了解的内容和比赛的内容契合度更高，所以得分较高，而低分组则相反。

第二环节的比赛内容为才艺展示（选手中文交流）和听音猜名（留学生听中英文音乐，中国学生猜）。在这一环节中，两组均没有才艺展示，所以忽略不计。在这一环节，中文歌为主，所以对留学生的汉语水平要求比较高。针对这一环节，我们对留学生进行了调查，如：

高分组（留学生）：“听懂歌词是比较难，因为我不会唱歌。我唱得不太好，所以我比较着急，但我可以听懂一些歌词。”

低分组（留学生）：“一些句子，我可以听懂，如果所有的汉字我都知道的话。但是有时候我觉得唱歌的时候没有那么标准的声调，所以我也不太清楚是什么。”

通过对访谈内容比较后可以看出，高分组留学生汉语水平较高一些，虽然不能让人听得清歌词，但是可以通过声调让语伴猜歌名。我们也发现高分组留学生学汉语 5 年了，而低分组留学生学习汉语 3 年，所以可以认为留学生的汉语水平也是影响成绩的因素之一。

（五）结论

本研究以北京语言大学“最强语伴”比赛为例，通过对中外学生语伴交流的原因、参赛的原因、赛后收获、交流频率、交流方式、交流话题、交流时使用的语言、语伴互动在语言学习以及目标语文化和出国学习方面的作用进行分析，呈现了中外学生结为语伴的特点：第一，中外学生进行语伴交流的动机主要是提高双方的目标语水平和了解目标语国家的文化，其中首要目的是学习语言；第二，比赛的形式较为新颖，为增进语伴间的互动提供了平台；第三，语伴间互动频率较低，由于比赛的需要，语伴间使用目标语互动较为频繁，在一定程度上是一种可以短时间内提高目标语水平的途径；第四，语伴间交流方式多样化，不受时空形式的限制；第五，语伴间使用目标语比例较为失衡，只有少部分较为均衡，这与语伴双方使用目标语的能力、工作需要和双方性格有关；第六，语伴互动对提高双方的目标语水平有很大的帮助，尤其是在口语交流方面，同时也有利于提高阅读和翻译的能力；第七，语伴互动可以增进双方对目标语国家文化的认识，这体现在多个方面，如日常生活、饮食习惯、传统节日、教育、问候方式、时间观念等；第八，语伴间交际存在一定的差异，但没有出现文化冲突；第九，语伴互动有助于中国学生出国学习，中国学生普遍认为对其帮助最大的是文化方面，语言学习居其次。

同时，对参赛高分组与低分组进行了对比，并对造成差异的原因进行了探讨，认为与选手进行语伴交流和参赛的动机是否更明确具体、选手日常交流频率和日常话题的选择、中外学生对目标语运用的熟练程度和留学生对中国文化的了解广度等因素有关。也就是说，选手进行语伴交流和参赛的动机越明确、越具体，成绩越高；选手日常交流频率越高、日常话题选择越多样，那么对双方的了解程度越高，则合作和默契程度越高，成绩越高；中外学生对目标语运用得越熟练，沟通越准确，比赛越顺利，成绩越高；留学生对中国文化的了解程度越广，答题正确率越高，成绩越高。反之亦然。

整体而言，此次调查呈现了北京语言大学中外学生结为语伴的现状，为今后其他相关研究提供了一定的数据借鉴。此次调查也存在一定的局限性，如中外学生对中西方文化了解有限，所以在一定程度上会影响参赛选手的成绩。

第五章 交流活动

第一节 交流活动概述

中外文化的相互交融和发展推动了我国教育国际化进程，也吸引了越来越多的外国留学生到中国来学习和生活，在中外交流不断深化的大背景与多元文化的校园环境下，当代大学生的思想观念和行为模式越来越国际化。与此同时，高校教育者所面对的中外学生交流工作也迎来了更大的机遇与挑战。开展中外学生交流活动是提升中国大学生国际素养和综合素质的重要途径，能够提升学生关注世界、与世界沟通的能力，使他们以更宽的视野去观察世界。另外，交流活动能够向外国留学生有效传播中国文化特征，摆脱符号化的刻板印象，用真实交流与碰撞传递真实的中国文化与价值观念，实现国家软实力的增强。习近平总书记在中国共产党第十九次全国代表大会上的报告中指出，“文化是一个国家、一个民族的灵魂”。要“加强中外人文交流，以我为主、兼收并蓄。推进国际传播能力建设，讲好中国故事，展现真实、立体、全面的中国，提高国家文化软实力”。[①]

我国大多数高校已经打造符合自身特色的国际交流合作项目，形成

---

① 习近平：“决胜全面建成小康社会　夺取新时代中国特色社会主义伟大胜利——在中国共产党第十九次全国代表大会上的报告”，新华网，2017 年 10 月 27 日，http：//www. xinhuanet. com//politics/19cpcnc/2017 – 10/27/c_1121867529. htm，登录时间：2019 年 10 月 5 日。

浓郁的多元文化环境，并伴随着交流活动的不断成熟出现了一些问题需要去调研和解决。已趋于成熟的交流活动需要系统升级，新建的交流活动需要系统测试，而高校文化交流系统本身则需要打造和加强，弥补漏洞，更新功能，创造更舒适的用户体验。在这个背景下，开展高校文化交流活动研究势在必行。

一、交流活动基本特征

（一）以本地特色文化资源和多元文化环境为基础开展有实力的交流活动

大学交流活动最主要的特色是立足大学本地文化资源与各高校本身的多元文化环境，是本地文化建设的组成部分。

首先，高校校园都是知识诞生与滋长的社区，每所高校在历史长河中孕育出的独特的精神文化与知识内核是开展交流活动的最大特色。高校在这个探索过程中锻造了属于自身的校园灵魂因素，无论是办学理念还是学生与教工的价值追求，无论是校园里的一草一木还是课程设置所传达的长远规划，这一切均构成高校的本地文化资源。

其次，大学的最初形成与大学的创立是基于人类对知识的探索与文化传播的渴求，根据百家争鸣的基本特征，大学具有多元文化交汇和融合的传统。作为知识主体的人类在大学学术环境下是去隔膜化的，通过碰撞和交流才能进行知识与文明的交互发展与传播，这使得大学具有多元文化环境这一得天独厚的优势。

基于以上两点分析，大学独立精神的交流具有深厚的历史背景，高校的国际化课程、国际会议、学生参与国际事务、各国学生在一起学习生活等众多因素共同创造了各高校独一无二的人文环境，使高校校园里充满自由、平等、开放、包容的氛围，并由此促进了中外学生交流分享的实现。

众所周知，人才培养、科学研究、服务社会和文化传承创新是高等学校的四大功能。高校作为科研单位，是文明的载体和发展的动力，高校的国际交流合作对于提升我国的文化软实力具有重要的意义，因此对以高校为基地的文化交流活动的认识应该上升到承担国家文化传播任务的高度，同时又应该落到本土，以本地文化建设为基础开展有实力的交流。

（二）以和谐共生、共同成长为目标，增强文化自信与认同

在大学校园里，成功的文化交流需要“接地气”。留学生来自不同的国家，拥有不同的文化背景、风俗习惯、宗教信仰等，是真实的社会人，带来的是真实的原生文化。同样，中国学生来自千千万万真实的中国家庭，全家人是整个社会阶层与社会生活的真实参与者，拥有中国的过去、现在和未来。中外学生的校园生活不是展览，不是刻意为之的表演，而是实实在在的人生。中外学生交融在一起，形成一个“有序大爆炸”的社交群落。在这个群落里，文化交流活动拥有真实的语言输入和输出环境，拥有中外传统与现代文化体验，有真实的交流矛盾，也一定有解决不了的沟通障碍。

既然是“有序大爆炸”的社交，就要以和谐共生和共同成长为目标。对中国学生来说，其目标是零距离感受外语和外国文化，学习异乡风俗，打开眼界，提高外语能力和跨文化交际能力。对外国留学生来说，目标是学习汉语和专业知识，感受文明古国的文化积淀，了解当代中国和认知中国社会。文化交流活动可以通过“随风潜入夜，润物细无声”的方式转变外国人对中国的刻板印象，使之成为中外友好交流的使者。有和谐才有发展的可能，才有沟通的意义，才有交流的基础。和谐是交流活动成功的根本保障。

充分培育大学生文化自信是交流活动的另一个特色。文化交流是建立在大学生对本民族传统文化优质性的认同感之上的，也是在认知过程中大学生自觉不自觉形成的一种丰富而又稳定的归属状态，大学生对本民族优秀传统文化的认同感与归属感愈强，其自发形成的文化自信力就愈高。① 大学校园里的文化交流活动会为青年人展示本国本民族优秀文

---

① 陈晓蝶：“‘一带一路’文化交流中大学生文化自信的培育”，《厦门城市职业学院学报》2018 年第 1 期，第 64 页。

化提供阵地，中国大学生自觉学习本民族优秀传统文化，讲好中国故事，以身为中国人而自豪，为璀璨的中国文化而骄傲，这是潜移默化获得的文化自信与民族认同，可以通过塑造校园文化交流活动来带动，以快速提升大学生的文化自信。

（三）学校组织牵头，明确主题，学生自主交流

高校校园的中外交流活动一般由一个学校或部门单独牵头，或多个学校多个机构共同牵头组织，一次活动确定一个主题，如果是系列活动的活，则每次活动拥有独立主题，但整体要紧密服务于同一个总题。活动以中外学生为主体，围绕该主题设定情境或自主交流。例如，北京语言大学中外学生文化沙龙系列活动由七项不同类型的中外学生交流活动组成。活动在共青团北京语言大学委员会的指导下，由北京语言大学学生会承办。学生承担大部分组织策划和交流活动当天的实施工作，学校方面负责牵头、指导、协调和综合服务。

二、影响交流效果的因素

（一）自媒体时代背景下的交流活动

随着信息科技的快速发展，我国已经进入自媒体时代，大学生群体凭借自身活跃和高能量的特征，毫无疑问地成为自媒体时代强大的用户群。据中国互联网络信息中心（CNNIC）于2014年1月发布的《第33次中国互联网络发展状况统计报告》调查指出，86.2%的大学生手机用户经常使用手机上网，47.0%的受访大学生描述自己日常学习生活中登录自媒体的频率为“手机绝不离身”。

大学生网络交流呈现的这种前所未有的多方向蓬勃发展的态势源于自媒体的特征。在自媒体时代，人们不但能够从自媒体平台获取信息、发布信息，同时还能够完成对信息的点评，各种思想呈现在自媒体平台

之上，从而使自媒体平台成了各种思想的集中地。[①] 每个人都是信息和新闻的高速传播者，任何人随时随地可以发起话题且话题发起者与受众可以双向沟通，在传播中实现了去中心化。自媒体“人人皆媒体，人人皆新闻”的氛围打破了传统媒体单项主导的交流方式，这与大学生充分彰显个性、要求平等、要求自由表达个人观念的诉求不谋而合，意见领袖随之涌现。意见领袖获得话语权，论坛、微博等平台为他们行使话语权创造了条件，他们通过自媒体平台上传信息、发表演说、进行辩论，发表对社会公共事务的看法和建议。[②]

一方面，自媒体平台为高校宣教网络提供了开放的环境。高校交流活动组织者与大学生共享信息与平台，宣传教育的信息资源和教育手段被自媒体极大丰富了，有利于交流活动前期、中期和后期的宣传，极速的网络传播与全网互动产生的巨大能量能够为交流活动积攒人气，为日后的蓬勃发展创造宣传土壤。

另一方面，大学生对新鲜事物的接受能力很强，但辨别能力有限，信息爆炸式的海量信息容易带来价值观的混乱。这需要高校交流活动的宣传组织机构坚持意识形态阵地管理，做好活动把关，及时了解和掌握大学生学习与生活方方面面的思想动态，培养学生的媒介素养，提高他们应用自媒体资源的能力，使教育者与学生共享自媒体对交流活动的良性宣传，使交流活动在自媒体大环境下公平、合理地运转，让自媒体具有建设性地推动中外学生交流活动。

（二）参与交流活动的人群决定了交流活动的效果

要达到交流活动预期的效果，交流者相互之间需要能够清晰准确地传递信息和正确地理解信息，并对信息进行必要的反馈。这个过程对沟

① 张陈红、吴金庭、陈慧娟等：“不同类型高校大学生网络行为特点分析”，《包头医学院学报》2015 年第 31（8）期，第 120—121 页。

② 庞国明：“大学生两类网络行为的心理分析及引导策略”，《中国科教创新导刊》2010 年第 20 期，第 249 页。

通者双方或对方提出相当高的要求。

首先，中外交流最主要的障碍是参与者的语言能力。以英语为例，参与交流的学生的英语水平会出现非常大的差异，如欧洲学生将英语作为第二语言（ESL），很多欧洲学生使用英语的能力几乎可以达到母语水平，而中国现行教育体系将英语作为外语（EFL），这种教育方法的不同直接使教学法和教学成果出现本质差异。又如，各个大学的国际合作项目多少、双语教学比例、专业教师的专业水平、大学图书馆藏质量、在科研领域的活跃程度等因素，都使得交流活动的参与者的语言水平无法获得基本统一。从学生自身角度看，中国高校和亚洲高校中普遍存在学生的外语读写能力较强，听说能力较弱的现象。外语学习缺乏应用环境，将直接影响对外交流中获取信息和表意的准确，不同语言程度的交流者会选择恰当或不恰当的沟通手段，这影响了交流的即时效果。

其次，参与者的文化程度及跨文化交际能力参差不齐。在交流活动中，沟通者来自不同的文化背景，有不同的风俗习惯、价值观念等，因此沟通者之间传递、理解和反馈信息的过程变得极其复杂。还有一些因素也加大了交流的难度，如交流者是否都具有积极的沟通心态，是否尊重彼此文化，对交流一方的文化是否带有强烈的刻板印象，交流者本人是否具有一定层次的跨文化沟通知识与技巧，是否已经养成良好的沟通习惯，是否进行过中外交流实践，这些人的变量都是影响交流活动的重要因素。

特别指出的一点是，有研究表明，宗教信仰相同对于学生的交友而言是一个相对不重要的影响因素；[①] 换言之，宗教信仰、思想观念和风俗习惯等不同，也许正是人们愿意交际和交友的一个因素。

（三）交流活动的时间与规模对交流效果的影响

还有一些因素会影响交流活动的效果，如交流活动在什么样的社会背景下开展，与当下国家和社会的主流文化走向是否相应，是一次性的

① 李天一："国际生的社交活动与跨文化融入——基于牛津大学的调查分析"，《教育理论与实践》2015 年第 34 期，第 26 页。

活动还是目标相同、主题不同的系列活动，是假期举办还是在学年中，与学生学业或研究课题是否有呼应，以及交流活动的规模及举办地点等。在设计中外交流活动时，应该仔细衡量这些因素，以调研为基础，群策群力，从学校和学生实际情况出发，进行周密策划与严格执行。

对于持续性的交流活动，要通过制度建设形成交流机制，保障活动的良性发展，中外学生参与有主题和无主题的长期性交流活动，有助于多元沟通由浅入深，不断克服跨文化交际中的各种障碍，使学生逐步具备有关话题的深度沟通乃至无障碍交流的能力。① 学生在解决交流过程中遇到的困难后，会在下一次活动中避免出现相同的问题，改进交流方法，应用新学到的沟通技巧和知识，在不断复盘演练的过程中实现沟通水平的提高，最终真正实现社交活动的价值。

第二节　交流活动策划

一、交流活动基本原则

（一）把握国家政策要求

2017 年 7 月，中共中央办公厅、国务院办公厅印发的《关于加强和改进中外人文交流工作的若干意见》中强调，加强和改进中外人文交流工作要坚持以人为本、平等互鉴、开放包容、机制示范、多方参与、以我为主、改革创新等原则，坚持“走出去”和“引进来”双向发力，重点支持汉语、中医药、武术、美食、节日民俗以及其他非物质文化遗产等代表性项目走出去，深化中外留学与合作办学，高校和科研机构国际协同创新，文物、美术和音乐展演，大型体育赛事举办和重点体育项

① 李天一：“国际生的社交活动与跨文化融入——基于牛津大学的调查分析”，《教育理论与实践》2015 年第 34 期，第 26 页。

目发展等方面的合作。中外学生交流活动的策划必须把握国家政策要求，对交流活动的主题、内容、形式等严格把关。

罗素曾说："不同文化之间的交流过去已经多次证明是人类文明发展的里程碑。"不同文化之间的交融与博弈是文化交流中一个必然且必需的现象，是实现民族文化可持续发展的重要途径。中外文化交流的输入输出方是交替进行的，目的也庞杂和多变，在历史上曲折向前，如唐代的中国属于文化输出，晚清后的中国又接受了众多西方思想和教育理念，交流本身就是变化的。由此，当代大学的交流活动一定要以习近平新时代中国特色社会主义思想为指导，把握国家高等教育政策中的国际化要求，通过中外学生的交流与理解，培养大学生的国际视野，提高他们对复杂世界的认识和辨别能力，深刻理解中国在新的世界格局中面临的机遇和挑战，增强"四个自信"。同时，传播和弘扬中华优秀文化，讲好中国故事，培养家国情怀，激发学生爱国报国的使命感。组织活动时有了根本遵循，才能够确保各种交流活动的成功。

（二）创新交流活动形式

策划丰富多样的中外学生交流活动就意味着活动要能长久保持吸引力并持续发展。首先，学校要通过交流活动的平台引导学生自我管理、自我教育，吸引更多人才参与组织策划，提供交流活动项目的新鲜点子，并富有活力地开展工作，让创新无处不在，让学生无论是参与组织还是参与交流都能有平等和充足的机会，让学生体会到无论是策划组织还是亲身交流都是一种享受。

第二，鼓励中国学生之间、中国学生与外国学生之间、外国学生之间三方向交流，为提高学生的跨文化交际和深度对话能力创造条件。学生仅仅在心理上"期待"还远远不够，与来自其他文化的人有效交际的能力和技巧制约了交流活动现场的发挥，因此学校还可以创办一些同一文化群体内的交流活动，例如进行主题为"我认识的某国朋友""我的对外交流活动经验与教训""我和我的中国朋友曾经……""你这样理解中国就对了”等的交流活动，为跨文化间的交流做准备，为学生实现宽广而有深度的沟通做储备，这实际上是同一种大文化背景下不同地域之间跨区域文化的交流活动。

第三，同一国家的学生自发抱团是很正常的，学校应该不断创新，想出办法支持和鼓励每个学生在交流活动中不再“抱紧”自己的小伙伴，帮助他们克服不安全感，克服害怕受到排斥的畏惧，鼓励他们大胆地走出去，哪怕一个人也能在陌生的小群体里自信和愉快地交往。

第四，还要变换交流场所，为不同的活动配以相应的场景，多样的交流场所有助于学生在轻松、愉悦、有效的氛围参与活动。

二、交流活动注意事项

（一）建立健全交流活动的监督管理机制

高校自身的内涵机制建设是促进学生国际交流的根本动力，唯有加强管理，完善交流机制，创新工作方法，才能顺利而高效地做好在校大学生参加国际交流的工作。

第一，学校应明确交流活动的重要性，让学生认识到交流活动能够提高自身素质，鼓励他们自觉参与。相关公文应及时通告，具体活动流程信息应公开可查询，组织结构应明确，让学生在交流前期随时能够找到相关的工作人员询问和求助。

第二，要出台奖励措施和补助措施，有完整和快速的后勤及安全保障系统，建立配套的应对各种突发事件的应急预案。有条件的学校还可以设计交流事故预警机制。

第三，学校应形成中外学生交流活动的规范化管理，出台相应的制度性规定，规范中外学生交流活动。学校相关部门应对中外学生文化交流的过程进行把控，确保正确的政治方向，符合贯彻国家教育方针和落实立德树人根本任务的要求。通过适度参与相关活动，在活动中加强引领和把关，确保中国学生对外国文化做到礼貌对待、去粗取精、以我为主、兼收并蓄；实现外国留学生对中国的理解，对中华优秀传统的吸收、对中国梦思想的认同、对校园文化的赞同。

目前，我国高校大学生对外交流活动从交流的规模、层次结构、学科交叉互补性、交流学生的覆盖面、项目运作的成熟性等方面来讲，与国外一些大学还存在较大的差距。其中部分原因在于我国高校的大学生国际交流活动机制建设得还不健全。因此，高校要加强自身的机制建设，保证活动安全高效地开展，拓宽交流渠道，促进中外文化交流工作的可持续发展。

（二）建立健全交流活动的后续跟踪评价体系

交流活动应当建立健全活动的质量监督体系，实时跟踪活动的进展情况。对于成果明显、交流顺畅的活动，可以保留并加以改进，深入挖掘活动潜力，开发子项目，形成系列活动；对于问题较多、交流质量较差的活动，应及时反思整改，如果不能保证提高活动质量，应停止该交流活动的运作。

文化交流活动结束后，可以通过成果汇报、访谈、学生评价等多样化的形式，对交流活动保持后续跟踪，进而对活动本身做出关于其运行效果的评价。这样，一方面可以帮助获知本活动对学生发展的有益因素，另一方面可以了解活动运作中需要改善和提高的环节。

第三节　交流活动实践

一、活动案例5：中外学生文化沙龙系列活动

行“美美与共”，求“天下大同”

——北京语言大学中外学生文化沙龙系列活动

（一）项目背景

北京语言大学中外学生文化沙龙系列活动项目是在校团委的指导下

由北语学生会牵头，联合其他校级组织共同创办的系列活动。本项目旨在为广大中外学生提供和搭建相互沟通、探讨的机会与平台，促进各国文化交流发展。本项目中包含的系列活动大小相宜、形式多样、内容丰富，涉及各类文化领域，贯穿分散在整个学年中，为同学们的课余生活提供了丰富的选择性，一直是北京语言大学的金牌项目之一。该项目充分利用北语的语言资源及学科优势，不断深化项目内涵，提高项目成效，促进广大中外学生的全面发展。

中外学生文化沙龙系列活动的目的在于为中外学生提供沙龙式非正式聚会活动，供同学们进行交流、探讨，鼓励学生们勇于接触他国优秀文化，勇于探索表达，激发他们对自身环境的思考，从而提高学生们的全方面素质。在项目发展的过程中，其逐渐演变为活动形式多种多样、内容可不断更新的系列活动，并致力于打造一个让各国学生可以展现本国优秀文化、思想、品质甚至民族性格，并互相欣赏、互相学习，最终实现文化交融、和谐共进的大同校园。

（二）项目理念

1. 各美其美，美人之美，美美与共，天下大同①

北京语言大学素有“小联合国”之称，中外学生共同生活学习，多种文化与各族人民在此相聚交融、互相吸引，每个文化都有其独特的魅力。中外学生文化沙龙系列活动的理念便是为广大中外学生打造一个正向积极的交流、接触的平台，中外学生可借此学习如何与不同国家、不同民族的同学在不同场合以不同身份互相交流，有助于营造和谐共进的校园氛围。同学们和谐相处、互相学习、互相欣赏、共同进步，吸收各文化中的精华，开拓思考角度，开发思想深度，激发生活灵感，在促进文化间交流进步的同时促进个人能力的提升，从而获得一段大学生活中不可复制的难忘经历。

---

① 费孝通 1990 年 12 月的十六字“箴言”。

2. 中国传统文化与世界优秀文化并重齐飞

北京语言大学是国际上声誉很高的一所中国高校，许多来华留学的学生都首先选择来北语就读，其中的大多数留学生都有深入了解中国传统文化的意愿。同时，他们也将许多本国优秀的文化带到北语校园，很多报考北语的中国学生也是被这种独特的国际化校园氛围所吸引。北语坚持举办中外学生文化沙龙系列活动的理念符合学生们的需求——努力促进中外双向学习交流，帮助中国学生以接触留学生为依托对外国文化进行学习了解，让留学生通过亲身体验、动手实践等活动形式对中国文化有更生动的认识，从而帮助学生们提升文化自信，开拓国际视野。

3. 多种形式，多种内容，全面了解，全面交融

中外学生文化沙龙系列活动内容丰富、形式多样，每学年根据时政潮流、学生喜好等进行活动形式及内容上的更新。系列活动主要包括文化体验、互动交流、文艺体育等三大类形式，让中外学生从多角度、全方面地互相了解、交流与接触。学生们通过沉浸体验、动手实践、比赛竞技等多种方式，能够学习到课本上学不到的知识，收获更多真实、有效、最新、地道的关于语言用法、文化特色、传统习俗、风土人情等方面的知识。通过这些方式，学生获取知识的途径既不枯燥又直观可感，还可以通过正确的途径对各个国家文化形成正确的认知。中外学生通过活动既丰富了课余生活又收获了友谊，活动的影响及效益不会因活动结束而停止，后续的交往也有助于培养同学们开放包容、勇于探索的性格与思维。

（三）项目运作

中外学生文化沙龙系列活动在校团委老师的监督指导下，由校学生会留学生联络中心总体牵头，联合校学生会其他部门及其他校级组织共同完成相关策划活动及各项后续工作。中外学生文化沙龙活动一直致力于打造供中外学生平等友善地进行交流互动的平台，系列活动包括文化体验、互动交流、文艺体育等三大类形式，形成传统的大型活动会按照

以往模式举办，小型活动会根据当年时政潮流、学生喜好等进行调整。近年来，已成功举办中外学生羽毛球大赛、冬季假面舞会、“粽香端午，与你连结”端午特别活动等。由于活动性质和活动形式不尽相同，开展方式也有所不同。以下针对不同类别分别介绍项目的运作方式。

1. 文化体验类

文化体验类活动大多为灵活度高的小型活动，每个活动都有一个明确的主题。活动主题多为中国传统文化符号，为中外学生提供围绕该主题进行交流、探讨、动手实践的活动平台。2018 年举办的“兔爷寻宝记”活动及 2019 年举办的风筝制作、端午结绳等活动，成功让中外学生近距离交流，了解中国优秀的传统文化，在提升中国学生文化自信的同时，也为留学生烙下了深刻的中国文化印记。主办部门结合时下焦点、学生喜好，确定与中国传统文化相关的活动主题和规模，撰写活动策划。此类活动通常以主动报名的方式开展，前期宣传时会同时开放线上报名通道，主办方将根据活动大小限制相应名额，学生们通过报名参与。活动主题贴近中国优秀传统文化，因此对留学生格外有吸引力，很多留学生结伴参加，既真实体验了中国文化，还可将自己动手完成的文化工艺品留作纪念，在留学生中广受赞誉。

2. 互动交流类

互动交流类活动不局限于以中国传统文化符号为主题，形式更为简单化、娱乐化。例如，2019 年举办的冬季假面舞会，以舞会的形式为中外学生创造结交朋友、相互交流、展现自我、陶冶情趣的平台。很多中外学生通过这种形式多样的互动交流类活动，成功找到性情相似的语伴甚至是志趣相投的挚友。同学们可以通过活动学会一项技能，也可以通过活动发展自己的兴趣爱好。互动交流类活动更倾向于沙龙式而非正式聚会活动，人数有限、轻松随意、自由度高，没有过多的活动规则，同学们可以自由展现真实的一面，平等交流、各抒己见，在很大程度上锻炼了学生的人际交往能力与自我表达能力。互动交流类活动广受学生欢迎，常常出现一票难求和定时抢票现象，这已经成为北语独有的特色。此外，这也说明中外学生文化沙龙项目迎合了同学们的真切需求，展现了广大学子积极探索、勇于表现的内心世界。

3. 文艺体育类

文艺体育类活动多为比赛竞技类活动，通常为较大型的传承类活动。其中，已形成品牌的文艺体育活动有举办了八届的中外学生羽毛球大赛、举办了三届的中外学生主持人大赛等。此类活动以竞技为形式，中外学生可组队参与。虽然每个活动内容相对固定，但仍可根据时下焦点确定主题、制定活动细节。每学年举办活动的时间基本固定，但规则赛制等会不断更新调整，旨在为学生们提供更好的竞技平台。有特长或者零基础但有意愿挑战自我、展现自我的同学都可在这些活动中公平竞争、同台竞技。活动中，各国的优秀学生一展风采，虽然大家说着不同的语言、拥有不同的肤色，但都在为胜利而努力拼搏着。中外学子共同培训、共同排练，在比赛现场并肩作战，形成北语一道独特的风景线。

（四）主要成效

中外学生文化沙龙系列活动项目经过长时间的打磨升华、更新换代，不仅成为北语校园文化不可或缺的一部分，甚至成为对首都各高校学子都有一定影响的金牌校园项目；同时也是促进中西方文化交流、提升中外学生互动性的示范性项目，具有一定的推广和借鉴意义。作为影响巨大的校园项目，中外学生文化沙龙系列活动项目成果颇丰，主要成就如下：

1. 充分利用学科优势及语言环境

北京语言大学作为一所优秀的语言类院校，具有国内领先水平的多语种教学能力和语言类学科。此外，北语是我国来华留学示范基地，吸引了大量的优秀留学生来到北语就读，带来了他们本国的优秀文化，也创造了北语独有的人称“小联合国”的多语种环境。中外学生文化沙龙项目充分利用北语的这些特色优势和良好环境，帮助刚来到中国的外国留学生快速学习常用中文，提高他们的知识实用性，让他们有更多机会使用中文，提高中文水平，了解中国文化，尽快地融入新环境；同时也为很多小语种专业的中国学生或对小语种感兴趣的非外语专业同学提供了接触、了解并学习其他语种的机会。

2. 引导中外学生进行积极正面交流

北语的广大学子来自不同国家，拥有不同文化背景，学生之间在进行日常交流的同时便会实现文化间的互动。同在一所校园内学习生活，中外学生都有互相了解的需求，但由于存在信息不对称等原因，交流的顺畅性、有效性往往会在一定程度上受到影响。中外学生文化沙龙系列活动为学生们提供一个健康积极的平台，供学生们正向有效地进行跨文化沟通交流，避免了因交际失误而引发的不必要问题。

中外学生文化沙龙项目中涉及的活动主题鲜明、健康积极，活动内容有益学生的身心健康。这些活动都由学校团委老师进行指导监督，由校学生会工作人员组织开展，有专门人员进行活动记录、现场维稳，活动结束后还会进行线上线下调查，保证公平公正、健康透明。学生会还会针对每一个活动进行总结反馈，指出存在的问题，努力为同学们提供更优质的活动。

3. 提高归属感，增强凝聚力

中外学生文化沙龙系列活动作为北语形式独特的大型金牌活动，与北语的校园文化已经密不可分。中外学生文化沙龙项目是北语校园文化的一部分，帮助北语学子塑造了独有的北语气质。此外，北语的校园文化也影响着系列活动的发展方向以及项目成效。中外学生文化沙龙项目与北语的校园文化相辅相成、相互影响，提高了校园文化的凝聚力，深化了系列活动的深层次含义。中外学生通过参加文化沙龙的活动，形成队伍，组成小组，建立了新的朋友圈，提高了学校整体的凝聚力，增强了学生们的归属感和集体意识。同学之间互相了解、互相帮助、互相认可、互相学习。大家对校园文化、对北语人身份的认同感，使校园、集体更加团结，进而创造出更多辉煌的成绩。

4. 提高对本民族的文化自信

中外学生文化沙龙系列活动为中外学子提供文化互动、深度交流的平台，让广大学生都能有机会展示自我，展示本民族、本国的文化特色，同学们也能通过活动认识和了解更多深层次的民族文化、民族性格等。在北语，所有国家、所有民族的学生都是平等的，可以自由地进行交流，表达思想。学生们参加中外学生文化沙龙活动，互相介绍本国的文化和国情，讲述家乡的故事，分享家乡的美食、特产，有助于学生们健康发展，并可促进学业进步、性格养成，同时可有效提高他们对本民族文化的自信。学生们也会因此更加热爱北语包容和谐的校园环境，共同创造属于自己的北语文化，留下属于自己的北语回忆，并在每个人心中留下不可磨灭的文化印记。

5. 促进学生全面发展，提高学生综合素质

中外学生文化沙龙系列活动内容多种多样，涉及文化体验、互动交流、文艺体育等形式，学生们可以得到各方面的锻炼，学习到各种各样的知识。同时，活动横跨整个学年，时间较长，规模较大，涉及的学生群体较广，因此不仅会有大量直接参与活动的同学，还会有参与策划、组织、实施的学生群体。系列活动不仅能给直接参与的学生带来很多学习娱乐的机会，也会给组织方学生创造锻炼自我的机会。学生们通过接触学生工作、实施活动，从曾经以学习为主的高中生成长为融入社会环境、国际环境的大学生、成年人，并由此获得全面发展，提高了综合素质，还提高了自我管理、自我学习、自我提升的能力。

（五）项目特色

中外学生文化沙龙项目的开展真正有助于国际化人才培养，学生们通过活动真实地接触到优秀的他国文化，实现了文化交融、文化互动。在北语就读的留学生来自 100 多个国家，100 多种文化在“小联合国”中实现融合，中外学生可以通过活动接触到五大洲的同学，学习到各类典型的代表文化。北语融万千文化于一地，中外学生文化沙龙项目又将

这诸多文化的传播者汇聚一堂，学生们交流的不只是他们自身的故事，更是他们所代表的国家和民族的优秀文化。在文化的盛宴中，学生们自然而然成为文化交流、文明互鉴的推动者和实践者。

（六）项目建议

中外学生文化沙龙项目是规模空前的系列活动，虽然已经卓有成效，但仍有可以提升的空间，以下是关于项目建设的一些建议。

1. 提高活动的专业性

未来活动可以考虑充分利用校内所有资源以及相关校外资源，通过与各方面的专业师资、专业团队合作，提高活动的专业性和质量。促进学生与各方师资、各界专业人士接触交流，为日后学生们的学习深造提供渠道和机会。

2. 增加校外交流机会

中外学生文化沙龙活动作为北语品牌校园活动，不仅可以增加北语和校外的交流，如与其他高校实现活动上的互动，相互学习、相互观摩、相互借鉴、共同进步；也可以为活动参与者提供更开阔的交流平台、更广阔的交流视野。因此，可扩大活动范围，适当扩大活动规模，让更多群体从活动中受益。

附：北京语言大学中外学生文化沙龙系列活动策划书

一、活动主题

行“美美与共”，求“天下大同”

二、活动背景

北京语言大学素有“小联合国”之称，来自世界各地的学生汇聚在此，多种文化相互交融。和谐的校园环境建立在中外学生和平共处、彼此理解、相互包容的基础上。中外学生文化沙龙系列活动旨在为中外学生搭建沟通平台，培养具有中国灵魂、世界格局的新时代国际化人才。

三、活动目的

促进北京语言大学以及校学生会国际化水平的提高，为北语的中外学生提供找语伴、交友的平台，提供中外双语交流的机会，打造校园语言学习环境，推动中外学生交流纵深式发展，让中外学生从“文化体验、互动交流、文艺体育”方面进行互动，在活动交流中增进友谊、增进了解，让大家收获语伴、收获国际友谊，让“公民外交”落到实处。

四、承办单位

北京语言大学学生会

五、活动时间

“兔儿爷”寻宝记：2018年6月14日19：00—21：30

语言角：2018年9月28日19：10—20：50

中外学生羽毛球大赛：2018年11月26日至11月30日12：00—14：00

冬季假面舞会：2018年12月22日18：00—22：20

中外学生主持人大赛：2019年4月14—15日海选，4月26日决赛。

“品味童年”风筝工坊：2019年4月13日15：00—17：30

粽香端午，与你连结：2019年6月12日19：00—20：30

六、活动地点

“兔儿爷”寻宝记：主楼四层教室
语言角：会议中心一层
中外学生羽毛球大赛：逸夫体育馆羽毛球场
冬季假面舞会：会议中心一层
中外学生主持人大赛：主楼200人教室海选，主楼209决赛
“品味童年”风筝工坊：主楼100人教室
粽香端午，与你连结：主楼72人教室

七、参与对象

北语全体全日制在校本科生。

八、活动实施

（一）“兔儿爷”寻宝记

“兔儿爷”寻宝记活动将以语伴的形式分为5个小组进行，每个小组由4名中国学生和4名留学生组成，活动总时长为2个小时左右。活动开始时，利用不同颜色的手环进行配对分组。

1. 主楼4层寻找“兔儿爷”的活动（名为“兔儿爷”寻宝记之“拯救兔儿爷”）。

2. 给北京传统手工艺品“兔儿爷”进行上色（名为“兔儿爷”寻宝记之“兔儿爷的新衣”）的活动。

3. 由大家投票评选出好看的“兔儿爷”，发放奖品。

图5—1　中外学生聚精会神给“兔儿爷”涂色

资料来源：北京语言大学学生会。

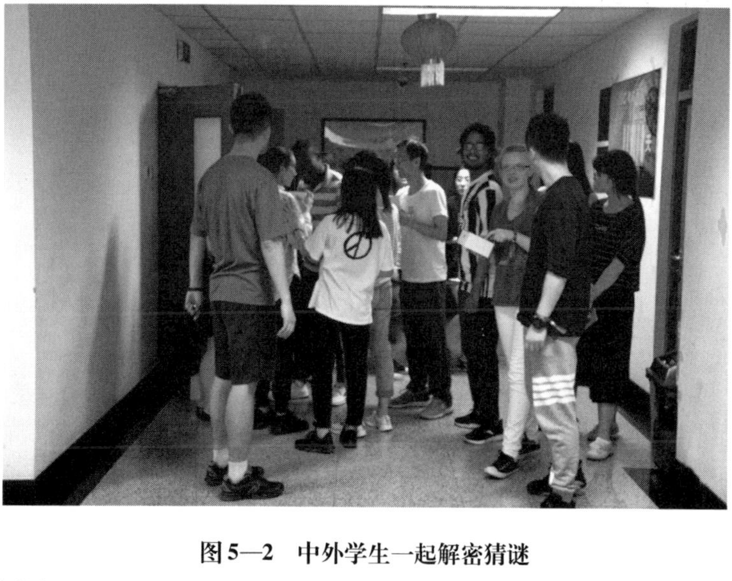

图5—2　中外学生一起解密猜谜

资料来源：北京语言大学学生会。

（二）语言角

活动以宣传视频热场开始，介绍社交时间安排。发放宾果卡和签名卡后，对宾果游戏、签名活动做介绍。以自由交流形式开始确定各组的宾果卡，20 分钟后游戏环节开始。

1. “大电视”将持续 15 分钟（包括游戏介绍）。介绍并开始第二轮游戏。中场休息 10 分钟进行互动，中外学生收集签名、SNS 集赞。

2. 第二轮游戏将持续 25 分钟。统计 SNS 集赞和签名数量，颁奖，拍大合影，收集反馈。

助理将分区进行引导。整场活动以 bingo 游戏进行串联，bingo 的获胜者将获得精美礼品。

图 5—3　游戏“你言我猜”

资料来源：北京语言大学学生会。

图 5—4 游戏“中文串句子”

资料来源：北京语言大学学生会。

图 5—5 中外学生一起自拍合影

资料来源：北京语言大学学生会。

（三）中外学生羽毛球大赛

1. 分组

新生组：只设置男子单打和女子单打两项。除决赛、半决赛外，男子单打采用15分一局、女子单打采用11分一局定胜负的规则。

老生组：设置男子单打、女子单打、男子双打、女子双打、混合双打五个单项，且除决赛、半决赛外，女子项目11分定胜负，男子项目和混双采用15分定胜负的原则。

2. 赛程

决赛、半决赛：女子单打、女子双打采用21分一局；男子单打、男子双打、混合双打采用31分一局，一局定胜负。

3. 附注

（1）18级新生只可报名新生的单打项目。

（2）参加个人项目的运动员只可以兼项混双，参加混双项目的运动员只可以兼项个人项目（每人最多报两项）。

（3）参加双打项目的运动员只可以参加双打项目，不可以兼项。

（4）球拍、球服、球鞋均自备。比赛提供用球，用球均为统一专业球赛用球。

图5—6 羽毛球大赛决赛冠军合照

资料来源：北京语言大学学生会。

图 5—7　选手发球

资料来源：北京语言大学学生会。

图 5—8　男双比赛

资料来源：北京语言大学学生会。

（四）冬季假面舞会

1. 主持人开场，组织持单人票者站到相应区域配对，说明拍照集赞规则。

2. 抽中相同号码即互为舞伴，二者进行交流以熟悉彼此，并进行拍照集赞。

3. 华尔兹舞：钟声响起时第一曲华尔兹结束，主持人上台宣布大家揭取假面，工作人员在香槟塔前倒雪碧。

4. 自由舞开始。

5. 食品区开放。

6. 特邀歌手进行驻唱，驻唱结束后主持人宣布自由舞结束。

7. 自由交谈。

8. 华尔兹舞。

9. 工作人员协助上报与会者集赞数，主持人给当晚集赞最多的与会者颁奖，颁奖后宣布舞会结束。

图 5—9　冬季假面舞会合影

资料来源：北京语言大学学生会。

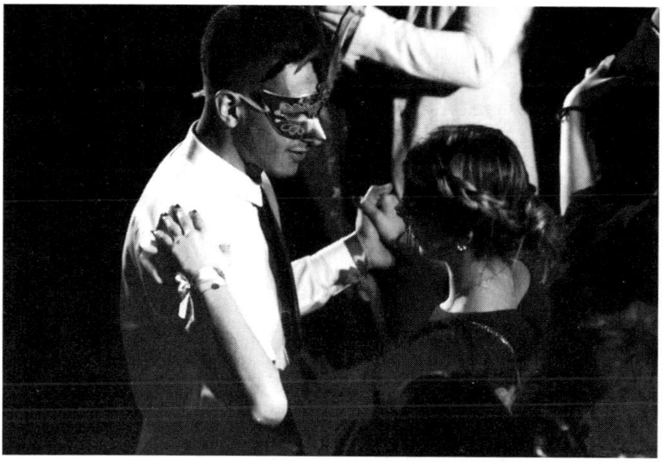

图 5—10 冬季假面舞会舞伴翩翩起舞

资料来源：北京语言大学学生会。

（五）中外学生主持人大赛

1. 海选赛制

（1）自我介绍：参赛选手需准备 3 分钟以内的自我介绍（形式不限、内容丰富、可加入才艺展示，给评委留下更深刻的印象）；

（2）即兴表达：参赛选手现场抽取关键词，稍事准备后进行一分半钟的即兴表达。由评委在承办方赛前制作的评分表内打分，并在每位选手结束自己的环节之后由主持人宣布前一位选手所得分数，在初赛结束后次日公布晋级决赛的选手（共 10 人，中外学生各半）。

2. 决赛赛制

（1）自我展示：参赛选手进行每人 4 分钟的自我介绍，要求带有自己的特色，5 个选手为一组，一组过后进行一次点评。

（2）搭档演绎：10 位参赛选手在初赛后通过抽签分为 5 组，原则上为中外学生组队，在决赛第二轮搭档演绎（同组得分相同，第一轮、二轮分数相加，淘汰分数低者 4 人）。

（3）现场应变（模拟主持）：每位参赛选手分别根据承办方在 PPT

上所出的题目，经过30秒的准备后，开始限时1分钟的陈述或表演，即模拟表演，所有选手结束本环节的表演之后由评委对本环节各位选手的表现做出点评。

图5—11 中外学生主持人大赛

资料来源：北京语言大学学生会。

（六）“品味童年”风筝工坊

体验活动将以小组的形式进行，每个小组有两名中国学生和两名留学生，活动总时长为两个半小时。

1. 自由交流环节：交流期间，留学生联络中心助理会帮助沟通翻译。

2. 趣味游戏活动“两只小蜜蜂”：在规定时间内每个小组的中国学生向留学生解释游戏规则，每组派一名留学生上台参与游戏，经过三轮，每轮赢家将获得不同的额外制作风筝的装饰作为奖励，帮助他们制作风筝。

3. 风筝制作环节：专业老师现场指导大家制作传统的中国风筝。风筝制作完成后，助理带领并组织中外学生在指定的地点试飞风筝。

图 5—12 中外学生分组手绘风筝

资料来源：北京语言大学学生会。

图 5—13 风筝展示

资料来源：北京语言大学学生会。

图 5—14 “品味童年”风筝工访活动合影

资料来源：北京语言大学学生会。

（七）粽香端午，与你连结

1. 留联助理和手工社工作人员 6：30 到场布置场地，助理将活动所需材料分配好；接待活动参与者入场；在此时间段，多媒体一直循环播放有关端午节的视频。

2. 主持人开场，介绍端午节的历史渊源与相关文化知识；播放屈原故事小短剧。

3. 手工社主讲人介绍五彩绳，在介绍之后，助理分发材料。

4. 手工社主讲人开始教如何制作五彩绳，制作完成后中外学生自愿互赠五彩绳。

5. 主持人宣布活动结束，合影留念。

图5—15 亲手制作粽子

资料来源：北京语言大学学生会。

九、活动要求

1. 集互动性、交流性、文化性于一体；重在文化交流，突出中国文化特色和文化的包容性。

2. 全校学生自愿参加，不限年级和国籍。

3. 活动参与者需遵守活动主办方提出的活动规则，积极配合。

4. 活动参与者在活动中必须文明交流，保证对彼此的尊重。

5. 活动应注重各国文化的传播、中外学生的沟通。

6. 活动过程中学生会需对活动进行调查，活动后反馈问题，反思不足。

十、活动流程

（一）活动宣传安排

1. “兔儿爷”寻宝记

（1）网络宣传方式：在留学生联络中心宣传平台（微信、Instagram）及学生会公众号上发布宣传信息。

（2）纸媒宣传方式：由技术中心制作海报，梧桐大道十字路口进行路宣，以及宿舍区摆放海报板进行宣传。

2. 语言角

（1）网络宣传方式：在留学生联络中心宣传平台（微信、Instagram）及学生会公众号上发布宣传信息。

（2）纸媒宣传方式：由技术中心制作海报，梧桐大道十字路口进行路宣，以及宿舍区摆放海报板进行宣传。

3. 中外学生羽毛球大赛

（1）网络宣传方式：学生会公众号持续配合体育部发送羽毛球大赛的预热及有关推送（包括时间、地点、人员、结果方面的公示）。

（2）纸媒宣传方式：梧桐大道十字路口及宿舍区进行路宣，并在宿舍楼摆放海报板进行宣传。

4. 冬季假面舞会

（1）网络宣传方式：在留学生联络中心宣传平台（微信、Instagram）及学生会公众号上发布宣传信息。

（2）纸媒宣传方式：由技术中心制作海报，梧桐大道十字路口进行路宣，以及宿舍区摆放海报板进行宣传。

5. 中外学生主持人大赛

（1）网络宣传方式：学生会微信公众号及微博发布活动宣传信息，包括往届采访、回顾照片、祝福视频、微博话题讨论等。

（2）纸媒宣传方式：将海报张贴在宣传栏、食堂、留学生宿舍等醒目位置，并在梧桐大道十字路口进行路宣。

（3）其他传播方式：邀请知名媒体界人物录制明星祝福视频，号召大家积极参加，并配以鼓励祝福的话语。此外，联系各班班长或文艺委员（着重大一及大二）进行班级内部宣传，把活动信息发到各班的群里。

6. “品味童年”风筝工坊

（1）网络宣传方式：在留学生联络中心宣传平台（微信、Instagram）及学生会公众号上发布宣传信息。

（2）纸媒宣传方式：由技术中心制作海报，梧桐大道十字路口进行路宣，以及宿舍区摆放海报板进行宣传。

7. 粽香端午，与你连结

（1）网络宣传方式：在留学生联络中心宣传平台（微信、Instagram）及学生会公众号上发布宣传信息。

（2）纸媒宣传方式：由技术中心制作海报，梧桐大道十字路口进行路宣，以及宿舍区摆放海报板进行宣传。

（二）活动物资准备

由校团委及学生会办公室对活动物资进行统计、购买，并将所筹集的物资进行统一规划与分配。

（三）人员安排准备

1. “兔儿爷”寻宝记；语言角；“品味童年”风筝工坊；粽香端午，与你连结

部门	工作安作
办公室	1. 场地申请 2. 物资购买 3. 物资的借取和清点偿还工作 4. 场地布置 5. 活动调查反馈
新闻中心	1. 进行拍照和新闻记录 2. 比赛期间，每天晚上在公众号推出当天的比赛情况及精彩瞬间、晋级名单以及第二天赛程等
技术中心	负责比赛过程的录像
留学生联络中心	1. 负责活动策划 2. 负责活动跟进与组织

2. 中外学生羽毛球大赛

部门	工作安排
体育部	1. 负责活动策划 2. 负责比赛进程 3. 担任比赛过程中的裁判、记分员和播报台播报员
北语羽毛球协会	1. 制定赛制 2. 安排赛程
办公室	1. 场地申请 2. 物资购买 3. 物资的借取和清点偿还工作 4. 场地布置 5. 活动调查反馈
北语红十字会急救队	负责现场受伤同学的急救护理
新闻中心	1. 进行拍照和新闻记录 2. 比赛期间，每天晚上在公众号推出当天的比赛情况及精彩瞬间、晋级名单以及第二天赛程等
技术中心	负责比赛过程的录像
礼仪文化中心	决赛当日为获奖选手颁奖

3. 中外学生主持人大赛

部门	工作安排
办公室	1. 场地申请 2. 物资购买 3. 物资的借取和清点偿还工作 4. 场地布置 5. 嘉宾邀请与现场迎接 6. 活动调查反馈

续表

部门	工作安排
新闻中心	1. 负责撰写宣传稿、新闻稿，并在新闻推送中做出报道 2. 负责摄影工作及活动后照片的筛选，以及相关文章的撰写 3. 现场 PPT 的展示
技术中心	1. 宣传品的制作 2. 现场视频拍摄
外联部	负责联系本次活动的外联
礼仪文化中心	入场礼仪及颁奖礼仪
名师讲坛组委会	引导评委
学术部	现场算分
文艺部	1. 负责活动策划 2. 负责活动跟进与组织
其他部门	维护现场稳定

4. 冬季假面舞会

部门	工作安排
办公室	1. 场地申请 2. 物资购买 3. 物资的借取和清点偿还工作 4. 场地布置 5. 活动调查反馈
新闻中心	1. 负责撰写宣传稿、新闻稿，并在新闻推送中做出报道。 2. 负责摄影工作及活动后照片的筛选，以及相关文章的撰写 3. 现场 PPT 的展示
技术中心	宣传品的制作
外联部	负责联系本次活动的外联

续表

部门	工作安排
留学生联络中心	1. 负责活动策划 2. 负责活动跟进与组织
其他部门	维护现场稳定

十一、活动特色

（一）参与活动的留学生人数多

大量留学生参与到活动甚至活动策划、准备、组织实施、后续的工作中来，系列活动的开展真正做到促进多语种融合的国际化人才的培养，学生们通过活动真实地接触到他国的优秀文化，实现了文化的交融与互动。中外学生文化沙龙项目将诸多文化的传播者汇聚一堂，打破交流的局限性，使互动上升为国际文化间的互动。

（二）积极传播中华优秀文化

中外学生文化沙龙系列活动在强调中外学生互动的基础上，融入许多中华传统文化，如北京传统手工艺品“兔儿爷”、具有2000多年历史的“风筝”、中华传统节日端午节及粽子等。通过这些活动，留学生能亲身体验中华文化的多样和多彩，从交流中了解文化，从动手中体验魅力，只有让他们感受到、了解了，文化传播才算到位，他们也才有可能成为中华文化的传播者、文明互鉴的推动者。

十二、活动总结

（一）注意事项

1. 活动内容应当积极健康，活动主题应当鲜明向上，主办方做好把关。

2. 活动第一宗旨为全员的安全保障。

3. 活动应做好前期的各项准备，安排好活动安全保障人员，如发生突发情况，应在举办方积极领导下冷静解决。

4. 活动过程中严格按照策划方案执行，不能违规使用场地、电器等。

5. 活动结束后应做好收尾工作，不能破坏校园设施、校外环境等。

（二）活动效果

1. 提高活动的专业性

未来开展各类活动时，可以利用校内资源以及与学校相关的校外资源，与各方面的专业师资、专业团队合作，提高活动的专业性，提高活动的质量及制作水准。同时，也能促进学生与各方师资、各界专业人士接触交流，为日后学生们的学习、深造提供机会。

2. 增加校外交流机会

中外学生文化沙龙活动作为北语品牌校园活动，可以增加和其他高校的交流，进行活动上互动，相互学习，相互观摩，相互借鉴，共同进步；也可以为活动参与者提供更开阔的交流平台、更广阔的交流视野。适当扩大活动范围，扩大活动规模，可以让更多群体从活动中受益。

3. 学生会内部重视协调配合

中外学生沙龙系列活动是整个学生会的活动，虽然每一个活动的类型不同，主要负责组织的部门也不同，但是每个活动都有多个部门参与，每个活动都应得到所有成员的重视，彼此应积极对待、协助宣传、配合工作。

二、活动案例6：中外学生健康教育

弘扬红十字精神　筑就健康校园

——北京语言大学中外学生健康教育案例分析

（一）项目背景

随着改革开放的深入，我国经济迅速发展，人民生活水平日益提高，国民素质不断增强，健康理念深入人心。2016 年 10 月由中共中央、国务院印发并实施的《“健康中国 2030”规划纲要》，对新时期新阶段推进健康中国建设、提高人民健康水平起到指导作用。教育部于 2017 年 6 月印发了《普通高等学校健康教育指导纲要》，旨在贯彻落实《“健康中国 2030”规划纲要》对学校健康教育提出的工作要求，加强高校健康教育，提高高校学生健康素养和体质健康水平。北京语言大学作为教育部直属高校之一，根据有关文件指导精神，结合学校自身情况，对北语的中外学生健康教育工作进行了调整与创新。

共青团北京语言大学委员会指导下的红十字会学生分会承担了校内主要中外学生健康教育工作，红十字会学生分会自 1997 年组建以来，致力于举办各种形式的健康教育活动，通过线上线下宣传健康教育知识，配合校医院、保卫处等职能部门开展健康教育工作，积极参加各类市级、区级健康知识竞赛，协助北京市血液中心、北京海淀区红十字会等组织机构完成健康教育任务，并于 2017 年荣获“首都高等院校红十字会系统先进集体”称号。

（二）项目理念

为了落实高等教育“立德树人”的根本任务，推进素质教育的发展，加强中外学生健康意识，提升中外学生健康水平，提高中外学生健康管理能力，增强维护共同健康的责任感，学校依据教育部《普通高等学校健康教育指导纲要》对高校健康教育提出的工作要求，结合北语“小联合国”国际化、多元化的校情，配合上级组织或自行开展中外学生的健康教育工作，努力为国家和世界培养拥有健康体魄的高素质国际化人才。

该项目将红十字国际委员会精神本地化、中国红十字会精神校园化，以中外学生为主要群体，弘扬“人道、博爱、奉献”的红十字精神，营造健康北语的校园氛围。北语以健康教育为抓手，打破文化壁垒与既有成见，提供良好的中外学生交流互通平台，力争将学校健康教育的优秀做法通过国际学生群体“走出去”，提高学校的国际声誉与影响力。

（三）项目运作

北京语言大学红十字会学生分会是1997年组建的校级学生组织，以校团委指导、学生自我管理的模式运行。自成立以来，其秉持提升北语青年中外学子健康知识水平，强健中外学子体魄，传播“人道、博爱、奉献”的红十字会精神，通过学校指导、学生自主学习、自我教育的途径实现中外学生健康教育目标。目前，北京语言大学红十字会学生分会共设有办公室、技术中心、新闻中心、急救队、外联部、红丝带六个部门，共有指导教师1人，会长团3人，部长团14人，各部门部员80余人。红十字会学生分会内部各部门分工明确，负责不同方面的工作，部门之间相互配合、协调沟通，其中办公室、技术中心、新闻中心为业务部门，急救队、外联部、红丝带为活动部门。各部门职责及主要工作内容如下：

1. 办公室

办公室作为红十字会学生分会的中枢部门，承担了各部门间活动统筹协调的职能，除信息整理归档、活动策划审批、活动资金地点审批、年度工作计划与总结、组织部门会议、内部团建等常规行政工作外，其还承办世界红十字日大型灯光展等特色活动，为组织内部的合理协调运转起到保障作用。

2. 技术中心

技术中心主要负责红十字会学生分会宣传品设计制作以及形象工程。宣传品主要包括活动类与知识类海报、宣传单、视频等，尤其是知识类宣传海报是线下中外学生健康教育的重要一环，而视频制作则是线上教育的途径之一。形象工程主要涵盖红十字会学生分会吉祥物设计、健康知识漫画、周边设计等，以期增强组织趣味性、多元性，吸引更多的学生关注自身健康、学习健康知识。

3. 新闻中心

新闻中心作为红十字会学生分会的外宣部门，承担了活动新闻报送、制作并发布活动及日常推送以及新媒体平台运营等任务。新闻中心利用新媒体平台发布组织活动预告、活动新闻、健康知识宣传，同时作为校团委宣传工作矩阵之一，发布党中央、团中央及校内各类信息，达到网络健康教育与思政教育齐头并进的目的。遵照习近平总书记对于发展融媒体以及净化网络环境的指示要求，新闻中心将在下一步的工作中利用喜马拉雅、抖音等更多平台，拓展覆盖面，优化宣传结构，开拓更多形式。

4. 急救队

急救队是红十字会学生分会的特色部门，其内部分为外展部和培训部两个子部门，外展部主要负责校内体育类比赛以及校内大型活动的急救出勤任务，由急救队队员设置临时急救点，为运动意外伤及突发情况提供处置。培训部则负责举办急救培训，邀请海淀区红十字会的急救培训教师讲授包扎创伤以及心肺复苏知识，并进行急救证的考试，通过的学生可以获得由海淀区红十字会颁发的急救证。培训部还会邀请校医院的医生为校内同学进行常规培训以及健康知识宣讲，并在组织内部定期举行集体学习，达到学生自己教育自己、自己提升自己的目标。急救队成员全部拥有急救证，可以正确应对突发情况。

5. 外联部

外联部主要负责对外联系，由于红十字会组织的公益性和特殊性，外联不会对接社会企业，外联部的工作主要是对接上级红十字会组织、首都高校红十字会组织以及各大医疗机构，并与校医院、教育基金会等校内部门保持联系，同时也致力于留学生联络工作，从而加强中外学生的共同教育与互通互联。例如与北京中医药大学合作举办中医义诊活动，在迎新季帮助校医院顺利完成本科生、研究生的入学体检工作。外联部也于每年11月定期与北京市血液中心联合组织无偿献血活动，中外学子共同参与，2018年共有354人次献血。

6. 红丝带

红丝带主要集中于性教育与防艾教育工作。由于现今国内基础教育中性健康教育的不足，高校性教育的工作显得更加重要，而且在中外学生中宣传防艾知识也是国家健康部门的重要工作之一。每年红丝带也会邀请北京大学“三宝课”（即人类的性、生育与健康）的教师来北语授课，并通过举办“关艾明信片”设计大赛、同伴课堂等活动引导大家正确看待性、认识性。

北京语言大学红十字会学生分会各部门间沟通协作，在不同规模、不同类型的活动之间相互配合，共同为营造北京语言大学健康校园氛围付出努力，并且不断创新活动类型、宣传模式，紧紧把握学生们的兴趣点，贴近学生们的高校学习生活，契合北语中外学子共同成长的大目标。

（四）主要成效

作为北京语言大学以健康教育为目标的学生组织，北京语言大学红十字会学生分会在共青团北京语言大学委员会的指导下和一届届会长团的辛勤付出中不断成长，组织规模不断壮大，部门建构更加合理，学生能力更加出众，在北语中外学生之中享有良好的声誉。

北京语言大学红十字会学生分会拥有20多年的历史沉淀，在延续传播“人道、博爱、奉献”的红十字精神的同时，也致力于拓展各类活动形式，创新线上线下宣传途径与方式方法，在体育类社团、各学部

（院）、校医院、保卫处等教工学生群体中广受好评。校内各学生组织积极与红十字会学生分会合作举办活动，各类体育类社团在举办比赛时都会有急救队同学守护的身影，而其也活跃于校医院宣传防艾、保卫处宣传禁毒等宣传场所。

北京市血液中心、海淀区红十字会、海淀区防艾工作委员会等组织机构也对北语红十字会学生分会给予了高度肯定，北语的急救培训和献血活动每年都会受到市级单位表彰，同时学校也是北京市无偿献血志愿者协会高校成员。红十字会学生分会会选派优秀同学积极参加各类市级、区级健康知识竞赛并屡获奖项，并在备战比赛与比赛过程中强化自己的健康知识。

在 2018 年 11 月举办的无偿献血活动中，共有 354 名中外学生参与，北京市血液中心给予了高度肯定。2019 年 4 月举办急救培训心肺复苏专场，海淀区红十字会的讲师进行讲授及考核，中外学生共同参与学习与实操环节，全部学员通过急救证考核并获得海淀区红十字会颁发的急救证，对于推广 CPR 急救技能、传递急救精神起到积极作用。

（五）项目特色

1. 校团委指导下的学生组织优势明显

北京语言大学红十字会学生分会作为学校开展健康教育的学生组织，拥有极大优势。一是能更准确地把握学生的兴趣和爱好，更贴近学生们的学习与生活，也更了解不同年级、不同时代学生的语言特征与心理特征，用更能让学生们接受的话语来传播健康知识，让健康理念更加具体。二是北语作为语言院校，语种多样、教学专业，重视英语与小语种教学。这对于学校开展外国学生健康教育工作助力更大，在提高了学生们语言水平的同时，也传递了健康理念与人道主义精神。三是资源更加集中，随着国家对团组织工作的重视，校团委可以为红十字会学生分会提供更多资源与机遇，也能与校内外各类职能部门沟通合作，为开展中外学生健康教育工作提供渠道与支持。

2. 学生能力在工作实践中得到提高

学生组织作为学生自我教育、自我锻炼、自我提升的平台，为有能力、有理想、有学识的同学创造了展现自我的舞台，在宣传健康知识的同时也强化了同学们的健康意识、巩固了健康知识、提升了专业能力，同时培养了同学们的责任感、使命感。在不同部门工作，同学们可以学到新技能、拓展新领域、发现新自我。例如在技术中心，同学们可以学习并强化 Ps、Ae、Pr 等设计制作软件的使用能力，将自己脑中的创意创想转换为平面作品；在新闻中心，同学们可以锻炼新媒体的运营能力；在外联部，可以强化自己与外国留学生及其他学生组织及校内部门的沟通能力。

3. 中外学生共同参与，体现北语教育特色

北京语言大学红十字会学生分会在校园健康教育成效显著，急救课堂、无偿献血等重要活动中都留下中外学子认真参与的身影。在活动过程中，中外学生共同体验；在活动结束后，中外学生相互交流。同时，举办的活动与宣传的内容也是展现我国健康教育现状、传递国内健康教育理念、塑造健康北语形象的重要窗口。

（六）项目建议

1. 优化宣传结构，打开外宣新局面

随着融媒体概念的提出与完善，北京语言大学红十字会学生分会也以此为抓手，力求拓展更多宣传途径。在未来的工作计划中，增加与学校党委宣传部指导下的记者团和广播台的合作，通过采访健康教育先进个人、优秀团队等形式，让更多的教职工和中外学生了解到学校健康教育工作的进展与成就，通过与广播台的合作广播节目，增加健康教育时间与空间覆盖率。在校医院的指导下，增加印制并发放多语言版本的纸质健康宣讲材料。通过抖音、快手等短视频平台发布多语言版本健康教育短片，利用喜马拉雅等广播平台录制多语言版本的健康教育知识节目。在不舍弃传统纸媒的前提下，大力发展新媒体宣传方式，多渠道、

全覆盖地进行校园健康知识教育与宣传工作。

2. 强化与外校红十字系统互通联动，共同弘扬红十字精神

增强与首都医科大学、北京中医药大学等专业院校的合作，邀请优秀教师、专业学生以及专业团体进行知识讲授或共同举办活动，并利用好北京语言大学“小联合国”的特色校园优势，为传递中国健康教育理念与作为提供契机。继续坚持遵从北京市红十字会、海淀区红十字会对于学校健康教育方向的把握与指导，积极响应上级部门精神，参与各类健康教育活动，不断学习先进精神，积累工作经验。

3. 创新活动形式，提升北语健康校园氛围

与校内其他学生组织及职能部门加强合作，利用各自优势资源提升活动品质与受众范围。积极挖掘学生们的创意创想，举办更加贴近同学们生活学习且具备健康教育意义的新颖活动，在参与活动中提升自我，从而实现北语中外学生共同健康成才的育人目标。

图5—16 “12·1红丝带点亮‘艾’”活动为艾滋病患者祈福

资料来源：北京语言大学红十字会学生分会。

附："北语基金会杯"第一届"携爱同行，为艾奔跑"防艾越野趣味竞赛策划书

一、活动背景

12月是北语的防艾宣传月。近几年，我国艾滋病病毒新发感染者呈年轻化的趋势，青年学生艾滋病感染人数逐年上升，艾滋病在大学生中的防控形势越来越严峻。根据中国疾病预防控制中心2016年底的数据，2011—2015年，中国15—24岁的青年学生中，艾滋病病毒感染者人数年均增长率达35%，其中65%的感染发生在18—22岁，96%为通过性传播感染。在先前进行的性相关调查问卷中发现，学生们对艾滋病知识的掌握情况并不乐观，防艾形势十分严峻。为了增长学生们关于艾滋病的知识，同时达到强健身体的目的，北语红十字会学生分会举办防艾越野趣味竞赛活动。

二、活动目的

通过越野比赛的形式，在为学生们科普艾滋病基础知识的前提下，让学生们了解艾滋病的感染方式与预防措施，形成对艾滋病的正确认识，营造对艾滋病患者不歧视、不排斥的开放包容校园文化氛围，同时增强学生们的身体素质。

三、活动基本信息

（一）活动时间

2018年12月14日14：00—17：00

（二）活动地点

北京语言大学校园

（三）活动对象

北京语言大学在校大学生

四、活动流程及安排

（一）活动前期准备

1. 申请道路封锁（12月14日下午14：00—17：00）
2. 物资（包括奖品）的采购（12月10日前）
3. 制作题目电子版（12月2日前）
4. 将题目打印成卡片（每五题一张卡片）
5. 打印各类表格（12月14日前）
6. 宣传文案、报名文案（12月2日前）
7. 人员安排（12月4日）

（二）活动宣传

1. 12月5日，发布线上宣传推送。

2. 12月5日，通知各班体委相关事宜。

3. 12月7日，在梧桐大道十字路口和篮球场南侧进行展台宣传，宣传时发放宣传单。

4. 12月7日晚上10：00，线上推送报名，须填写队员信息（姓名、班级、学号）以及领队的联系方式、队伍名称，并答题。

5. 12月10日前，学生会体育部整理好信息表格发送给红会有关部门。

6. 12月12日前，给所有报名成功的队伍发送安排信息。

7. 12月14日下午13：30开始签到，14：00准时开始。

（三）活动信息

1. 活动人数：共200人（五人一组，共40组）。

2. 活动路线：共设五个站点，路线由队员自行选择。

3. 活动加分：一等奖加0.4分，二等奖加0.3分，三等奖加0.2分，无参与奖分。

（四）活动流程

1. 按批次安排到场的队伍，每个时间段最多安排10组队员同时出发。出发前，统一佩戴红丝带胸针，同时每个小组有一张分值表（进行经过站点的统计）和地图（寻找站点）。

2. 本次越野赛共设置五个答题站点（难度分为“简单”“一般”“困难”；“简单”站点2个，“一般”站点2个，“困难”站点1个），须小组队员共同完成简单的游戏后，才可开始抽取卡片答题。每次共五题，须答对后才可加分，每个队伍必须经过包括必经点在内的三个及以上站点才可到终点结束比赛。

（五）活动结果计算

基础分值（按照完成时间进行排序后打分，分为50、45、40、35、30五个分段）+扩展分值（“简单”站点每题加1分共5分，“一般”站点每题加2分共10分，“困难”站点每题加3分共15分）。

（六）活动奖励

设置一等奖1名，二等级2名，三等奖3名，颁发奖品及统计加分，参与人员有参与奖品。

（七）路线图（见图 5—17）

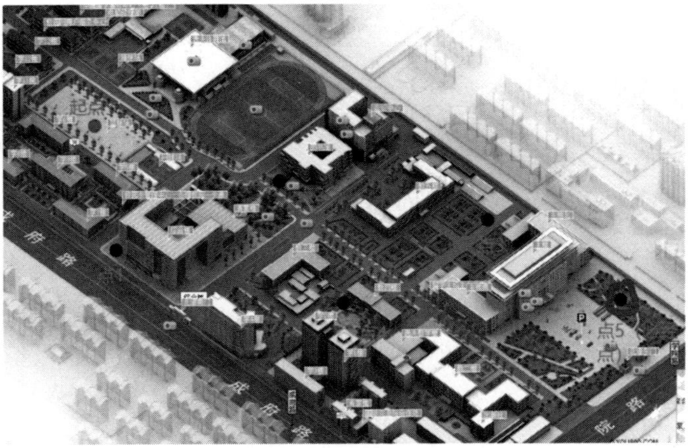

图 5—17　北京语言大学校园地图

资料来源：北京语言大学官网。

（八）游戏设置

游戏数字与站点的数字相对应。

小游戏一：五个人同时站进指定的一小块区域内算过关。

小游戏二：五个人合作拿远处的指定物品，拿到物品算过关（过程中所有人必须站在划定的线后，不允许使用道具，脚不许过线）。

小游戏三：一个人背上背一个筐，其余四人每人手持一个网球，站在线后向筐内掷球（可以击地），四个人依次连续将球投入筐里算过关，中途若有失误，将球取出重来。

小游戏四：五个人互勾手臂坐成一圈，同时站起来算过关。

小游戏五：指压板跳大绳，二人摇绳，三人在指压板上跳，连续五次不失误算过关，失误重新计数。

五、活动注意事项

1. 工作人员提前到场，12：30 开始布置站点。
2. 活动过程中，安排好急救人员，以防出现意外事故。
3. 工作人员一定佩戴工作证。
4. 发现作弊及篡改分数者，直接取消成绩。
5. 本次活动的最终解释权归北语红十字会所有。

六、安全预案

为切实做好学生在参加本活动期间的安全管理工作，积极应对可能发生的各种突发事件，确保活动的正常开展和学生安全，本着防患于未然、责任重于泰山的精神，特制定活动期间的安全应急预案。

1. 活动为室外运动项目，因此比赛之前应通知各队队长和队员注意安全，包括通知参加的同学穿着合适的跑鞋或运动鞋。

2. 将紧急情况的疏离路线发给各队队长，以便及时做好疏离工作，以保证活动过程的有序性及安全性。

3. 活动的组织委员会人员、裁判员、所有的工作人员应责任到位、责任到人、各司其职，对所有道具的使用进行监管，尽最大努力杜绝事故的发生，若出现意外，工作人员要在第一时间通报，做好应急处置。

4. 提醒红会携带常用非处方药、绷带、棉球棉棒等急救用品。另外，比赛场地各区域需分派维稳人员，熟悉医疗点，以便及时报告情况。

5. 若活动过程中有人员受伤，处置建议为：简单的刮伤或擦伤，可直接去场地边寻找北语红十字会搭建的救护点，领取相应的急救药品；情况严重者，需联系活动总负责人，并直接送至北语校医院进行检查；若为突发性疾病（如心脏病）或昏厥等情况，该负责区域的维稳人员应及时通知活动总负责人（直接打电话），并由在场的专业医护人员采取相应的紧急措施，同时直接打车去医院进行救治。

图 5—18 “携爱同行，为‘艾’奔跑”活动

资料来源：北京语言大学红十字会学生分会。

图 5—19 “携爱同行，为‘艾’奔跑”活动工作现场

资料来源：北京语言大学红十字会学生分会。

附："我不认识你，但我谢谢你"无偿献血活动策划书

一、活动背景

无偿献血是世界卫生组织、国际红十字会推崇的献血形式。当前，世界上很多国家已经做到临床用血均来自无偿献血。无偿献血已经成为衡量一个社会文明程度的标志。为鼓励更多的健康人无偿献血，宣传和促进全球血液安全规划的实施，世界卫生组织、国际红十字会与红新月会国际联合会、国际献血组织联合会、国际输血协会决定，从2004年起，将每年的6月14日定为"世界献血者日"。志愿无偿献血是确保血液安全和血液制品战略的基础，到目前为止，仅有62个国家的血液供应100%来自自愿无偿献血。在发展中国家，公共教育、志愿者招募及维持活动仍面临人员和资源的严重不足，有偿献血和家属还血的情况仍占很大比例，仅有25%是无偿献血。北京市血液中心与北京语言大学红十字会学生分会计划于11月在学校举行无偿献血活动，鼓励全校师生发扬人道主义精神，用自己的爱心拯救他人的生命。

二、活动目的及意义

本次无偿献血活动秉承"人道、博爱、奉献"的红十字会精神，一方面向全校师生宣传世界献血者日及其宣传主题"献血，现在献血，经常献血"；另一方面，进一步推动学校无偿献血工作的健康发展，充分调动全校师生支持参与无偿献血的积极性，用爱心拯救他人的生命，倡导全校师生用实际行动关爱社会、回馈社会，形成互帮互助互敬互爱的良好风气，传递爱心与温暖。

三、活动时间

2018 年 11 月 11 日（周日）（8：00—14：00）

四、活动地点

逸夫报告厅。

五、活动主题

我不认识你，但我谢谢你。

六、活动具体流程及安排

（一）具体安排

1. 2018 年 11 月 4 日到海淀区卫生局领取献血宣传品。

2. 2018 年 10 月 29 日至 2018 年 11 月 10 日，进行宣传活动；10 月 29 日，11 月 10 日，主要通过新媒体（微信、电视墙等）进行宣传，同时各院系班长帮助统计报名人员信息；11 月 6 日开始线下宣传活动。

3. 2018 年 11 月 11 日，正式开展献血活动。

（二）活动流程

2018 年 11 月 6 日、11 月 7 日展台宣传

1. 11：30—12：00，组织人员到场，布置活动现场（挂海报、会旗以及人员签到）。

2. 12：00—12：35，在梧桐大道十字路口处进行现场宣传（每个部

门派2—3名干事在现场宣传）。

3. 12：35—12：40，清理现场并把物资搬回地下室；11月5日开始在各宿舍楼下张贴宣传海报。

2018年11月11日

1. 6：30—8：00，组织人员到场，布置活动现场（挂海报、横幅、会旗，粘贴背签，播放视频），分配好物资（将早餐及礼品装袋），迎接北京市血液中心医生并协助他们搬运物资。

2. 8：00—14：00，无偿献血活动正式开始，现场分为负责引导、登记、喊号、分发物资、倒水、信息录入、拍照、播放视频、上台岗、下台岗及机动岗共11个岗位，每个岗位由3—4人负责（具体人员分工见附录）；单独选派一组干事（5人左右）负责献血区，以应对献血后晕血等紧急情况（遵照医生的分配与安排）。

3. 14：00—14：30，无偿献血活动结束，收拾活动现场，拍照留念，安排送回市血液中心医生。

七、活动宣传

1. 海报宣传（宿舍楼橱窗、团委宣传栏、展台、报告厅）。

2. 网络宣传。通过微信每天推送信息进行宣传；食堂大屏幕视频播放。

3. 展台宣传，现场进行献血知识答疑。

4. 红会人员宣传。红会部长及干事在周围同学中进行宣传。

5. 对红会会员以短信、消息通知的形式进行宣传。

6. 通过团委通知各学院学办，由学办给每位班长发通知，请班长统计报名人员信息（身高、体重）。

八、各部门具体分工

主席团：完成整个献血活动的组织策划。

办公室：完成献血前期场地等准备工作，完成整个献血活动名单核对、信息录入。

外联部：搜集献血名单，联络北京市红会献血中心医生，活动前领取、采购相关物资。

技术中心：制作活动海报、视频。

新闻中心：活动网络报名、宣传，拍摄活动照片，写活动新闻。

红丝带：参与献血活动前物资搬运与献血当天的引导和服务工作。

急救队：负责活动现场的急救出勤，现场秩序、安全的维护以及活动之后卫生的清扫工作。

九、活动注意事项

1. 注意活动前期与北京市血液中心医生的联络工作，并在活动中保持积极沟通。

2. 预约并布置活动场地。

3. 负责宣传工作的干事应事先对无偿献血相关知识进行学习，以便回答同学们的问题，向同学们提供正确的知识。

4. 宣传中要强调可以献血的条件，以及献血前后的注意事项。

5. 注意活动过程中的安全问题，面对突发事件保持镇定、冷静并及时处理。

十、安全预案

1. 发生火灾事故时，在场教职工及抢险救灾组人员迅速疏散学生，撤离到安全区域。

2. 凡是在活动中发生伤害事故或病痛情况，应做出紧急处理，严重者需拨打120或直接送医院救治。当事人要及时报告学校应急领导小组。做好学生的情绪安抚工作，保持秩序井然。

3. 活动期间备好急救药箱，以应对突发情况的发生。

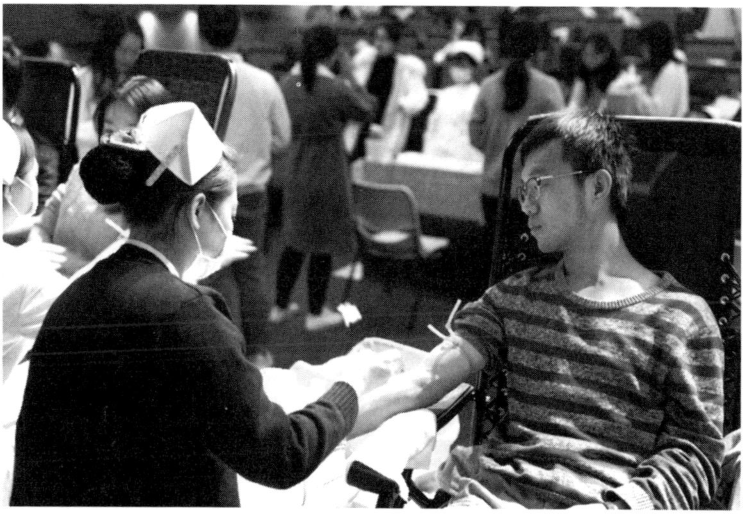

图 5—20 “我不认识你，但我谢谢你”无偿献血活动现场

资料来源：北京语言大学红十字会学生分会。

图 5—21 “我不认识你，但我谢谢你”无偿献血活动工作人员合影

资料来源：北京语言大学红十字会学生分会。

附：急救培训——心肺复苏专场策划书

一、活动背景

生命是世界上最宝贵的东西，但是在我们的生活中，生命安全时时刻刻都有可能遇到威胁。面对随时可能出现的突发情况，我们需要具备自救以及他救的知识和技能，尽可能将对生命的危害和损失降到最低。拯救生命其实并不复杂，关键是掌握知识和技能。当代大学生在学习专业知识的同时，却忽略了急救知识和技能的学习。普及急救知识对于个人、家庭、社会都有重要的意义和必要性。北京语言大学红十字会学生分会秉承着“人道、博爱、奉献”的宗旨，每年都为全校学生举办急救培训，通过专业的培训，让大家掌握基本的急救知识和技能，以便能更好地应对生活中的突发情况，为生命提供更为有效的保障。

二、活动主题

急救培训——用双手守护生命。

三、活动目标

1. 通过理论加实践的学习，让学生们掌握基本的创伤包扎知识及技能，具备基本的救护能力。

2. 通过举办急救培训，更好地传播“人道、博爱、奉献”的红十字精神，让更多的学生了解红十字会，加强学生组织与学生之间的互动和交流。

四、活动形式

邀请海淀红十字会的老师为同学们进行为期1天的专业急救培训：
上午心肺复苏知识讲解，随堂考试；
下午心肺复苏实践操作练习、考核；
北京红十字会将会为考试通过的同学颁发初级急救（心肺复苏）证。

五、活动时间

2019年4月14日（周日）
上午8：00—11：30 下午14：00—16：00

六、活动地点

上午——一间阶梯教室 下午——四间教室（待定）

七、活动前期准备

（一）联络

4月10日，急救队与海淀红十字会联系确定所需教师人数、培训道具数量以及其他相关培训材料。

4月11日，将所有器材从海淀红十字会搬运到学校。

4月12日，再次联系培训老师，确认好时间与地点。

4月12日之前，确定海淀红十字会发过来的培训所需纸质材料打印完毕（包括试卷、调查表等）。

4月14日，急救队人员负责急救培训结束后的后续工作联络。

（二）宣传

4月2—10日，准备海报、宣传单。

4月10、11日中午，篮球场南侧展台宣传。

4月7—10日，发布预热推送。

备注：4月11日晚确定报名名单，按院系将名单分配给干事，由干事专门负责联络参加者，包括急救培训期间的短信通知以及后续的信息统计、急救证的发放等。

八、培训活动流程

日期	时间	工作安排
4月14日（周日）	上午7：30	1. 所有工作人员集合，布置会场 2. 将道具搬到教室 3. 准备好多媒体设备（文件至少有两份备份） 4. 安排好签到工作
	上午8：10	1. 会场布置完毕，所有工作人员到岗 2. 播放暖场视频或音乐 3. 联络人接待老师（老师8：20之前到）
	上午8：35	主持人上台做简单陈述和介绍，上午培训开始
	上午11：30	1. 上午培训结束，提醒学员下午的时间和地点 2. 工作人员清理场地 3. 联络人负责带老师去吃午饭 （如遇天气问题，则提前安排干事送饭）
	下午13：00	所有工作人员集合，分配教室，将器材和道具搬到教室，做好准备

续表

日期	时间	工作安排
4月14日（周日）	下午13：40	1. 播放暖场视频或音乐 2. 联络人接待老师，并帮助老师放置好所需的道具和器材 3. 安排好签到工作
	下午14：00	1. 下午培训开始，分教室进行实践与操作 （每间教室至少分派一名干事，在需要时协助老师完成各项工作） 2. 按顺序安排同学进行操作考试，工作人员维持好现场秩序，协助老师完成其他工作
	下午16：00	1. 下午培训结束，工作人员收拾器具，协助老师整理名单，打扫教室，收拾好所有资料 2. 联络人送老师离开 3. 开会安排好后期的统计工作，包括学员的信息统计等
	晚上20：30	微信发布新闻，总结本次培训

九、活动后期安排

4月15日，退还器材，整理好所有学员资料，并发给海淀红十字会，做好反馈工作。

4月16日后，与海淀红十字会保持联络，尽快领回急救证，并安排负责联络学员的干事发放急救证。

十、部门分工

主席团：负责活动的整体统筹，监督跟进活动进程。

急救队：负责急救培训前期的联络和准备、培训期间的相关事宜、培训后期的资料整理、急救证的发放等工作。

宣传部：负责制作海报、宣传单。

新闻中心：负责网络宣传、线上报名、新闻报道、现场拍照。

办公室：干事考勤、签到等。

其他部门：展台宣传、培训活动现场维稳等。

十一、活动注意事项

1. 注意前期与海淀红十字会的联络，确保了解对方的安排变化，确保及时收发对方发来的文件，并及时做好反馈工作。

2. 注意报名人数不宜过多，人数限制在80人。

3. 在报名工作中务必仔细认真地对待登记报名的环节，避免疏忽。

4. 负责联络的干事务必确保时间与地点的准确，并通知到每个报名者。

5. 负责签到的人员务必做好签到工作。

6. 在培训过程中注意与老师沟通，时时关注老师的需求。

7. 培训过程中，在场的干事要维持好活动秩序，主动带领同学们积极参与实际操作。

8. 小心搬运器具，以防损坏。

9. 提前印制好培训所需的资料，避免出现差错。

10. 做好后期信息统计以及发放急救证的工作。

十二、安全预案

1. 如因天气原因影响活动开展，则视情况调整培训时间。

2. 发生地震、火灾等事故时，在场的工作人员要迅速疏散学生，撤离到安全区域。

3. 凡是在活动中发生伤害事故或病痛情况，应做出紧急处理，严重者需拨打120或直接送医院救治，当事人要及时报告学校应急领导小组，做好学生的情绪安抚工作，保持秩序井然。

4. 活动期间备好急救药箱，以应突发情况的发生。

图 5—22 讲解心肺复苏急救方法

资料来源：北京语言大学红十字会学生分会。

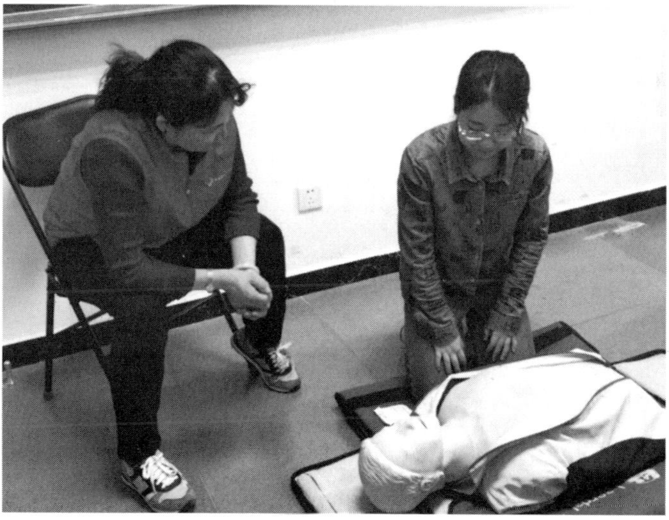

图 5—23 学生在培训师指导下进行心肺复苏急救练习

资料来源：北京语言大学红十字会学生分会。

三、活动案例7：中日学生交流会

赴樱花之约，筑中日友好

——北京语言大学中日学生交流会

为了响应国家号召，推动高等教育国际化进程，北京语言大学外国语学部东方语言文化学院结合本校特色，立足培养具有国际视野和良好跨文化交际能力的国际化人才，在学校学部领导的大力支持下，于2010年开始创办“樱花之约　中日学生交流会”。

（一）项目背景

北京语言大学外国语学部东方语言文化学院创办的“樱花之约　中日学生交流会”至今已走过近十个春秋。随着中外学生融合教育的推广，此交流会旨在提高学生的跨文化交际能力，促进中日学生的交流与融合，为建设国际化校园文化做出贡献。

北京语言大学是中国唯一一所以汉语国际推广和对来华留学生进行汉语、中华文化教育为主要任务的国际型大学，其中日本留学生占很大的比重。2015年4月1日，北京语言大学东京学院在日本东京池袋区正式成立，学生在此完成学业后可获得北京语言大学的毕业证书和学位证书。此外，由于东京学院和国内本部实现了对接，学生也可以自由选择“1+3”“2+2”及“3+1”等方式来北京语言大学国内校区留学。①

北京语言大学外国语学部东方语言文化学院日语系成立于1979年，为教育部国家级特色专业建设点，有日语和日英复语两个专业方向，每年招收的本科学生有65名左右。每位学生都配有日语学习语伴，日语表达能力

① “北京语言大学东京学院揭牌　首个国内重点高校日本分院开学”，人民网，2015年4月2日，http://world.people.com.cn/n/2015/0402/c157278-26789850.html，登录时间：2019年10月5日。

突出，其中很多学生大二就可以通过日语能力考试一级，并到日本早稻田大学、东京外国语大学进行交换留学，在全国有着广泛的影响力。

北京语言大学自建校以来，一直重视校园文化建设。校园文化是学校发展的基础和灵魂，是学校文明程度的突出体现，对学生的人生观、价值观均有着“润物细无声”的影响。在成立之初，“樱花之约　中日学生交流会活动”就旨在帮助中日学生更好地了解彼此文化，促进中日学生融合，从而实现相互学习、相互促进，丰富大学生的文化生活，为国际化校园文化建设做贡献。经过近十年的发展，“樱花之约　中日学生交流会”已经成为外国语学部东方语言文化学院的品牌活动。

（二）项目理念

1. 打造北语特色

该项目在北京语言大学“小联合国”的校园氛围中开展，充分依托北京语言大学国际化的校园环境和丰富的语言资源，发挥北语在语言教学、跨文化交际方面的优势，进行中日学生融合模式下的国际化人才培养。

2. 中日文化交流互动

交流会设置了中日学生面对面讨论和游戏等环节，在提高学生语言能力的同时，也实现了文化层面的交流互动，促进了中日两国之间的文化理解，呼应了“中国文化走出去”的号召。要想促成国外民众对于中国文化的价值认同，前提是了解国外民众对于中国文化的现实态度。[①] 中国学生不仅可以直接向日本学生推广中国文化，也可在交谈中了解到日本民众对于中国文化的态度。自创办以来，中日学生交流会共有数以千计的学生参加，已成为日语系的品牌活动。许多学生通过该活动结交了日本朋友，也接触到日本不同地区的社会状况和文化习惯。中日两国学生在交流的过程中锻炼了自己的交际能力与表达能力，增加了学习语言的自信心，也更为深入地了解了两国的文化风俗。

① 杨越明：“中国文化国际传播：从动能转化到势能提升”，《对外传播》2019 年第 9 期，第 14—17 页。

3. 自主学习能力提升

伴随教育理念从“以教师为中心”转向“以学生为中心”，语言学习者在学习过程中不仅需要提升语言能力，同时也需要提升自主学习能力。[①] 中国学生和日本学生在不同的学部学院学习，如果没有交流会的话，中日学生认识的概率是很低的。调查显示，留学生在课外很少使用汉语，“在课堂之余，仅仅有3.43%的学生经常用汉语交谈，20.08%的学生偶尔用，而68.49%的学生从来不用汉语交谈。在日常生活之中，也只有15.07%的学生是主动使用汉语，而84.93%的学生从不主动使用汉语”。[②] 中日交流会为中日同学的友好交流搭建起桥梁，充分考虑到中日学生的语言水平状况，将中日学生按照目前的语言水平进行分组，锻炼了中日学生的自主学习能力，提高了语言水平。

4. 国际化校园文化建设

以中日文化交流为依托，通过跨文化交流，增进中国学生和日本学生的相互了解，从而引导学生树立正确的世界观、人生观、价值观，加强国际化校园人文环境的建设。与此同时，交流会可让中国学生和日本学生成为朋友，营造友好和谐的校园氛围，为校园文化建设做贡献。

（三）项目运作

“樱花之约　中日学生交流会”以学生自发组织为主，专业老师进行指导为辅，主要由外国语学部东方语言文化学院学生会对外联络部和日本人留学生会“爱语会”共同筹办。每月举办两次，每次有40名中国学生和40名日本留学生参加，专业年龄不限。时间为19：00—21：00，共两个小时。内容包括“交流”和“游戏”两个环节。

---

① 朱一平：“关于中国人日语学习者自主学习的研究——以学习行为和学习观念为中心”，北京外国语大学硕士论文，2017年。

② 李宝贵、尚笑可：“‘一带一路’背景下来华留学教育新使命”，《现代教育管理》2017年第11期，第52—58页。

1. 准备阶段

每年3月和9月开学之际，学生会对本学年的交流会进行整体规划，在专业教师和辅导员的指导下确定交流活动的内容及方案，做好宣传工作。交流会采取同学自由报名的方式，每次交流会的一周前，会在东方语言文化学院学生会和日本人留学生会的公众号上发布报名通知，按照时间顺序，招募40名中国学生和40名日本留学生，报满为止。同时规定报名成功后不可无故缺席，若无法参加，请在活动开始前告诉发起人。

中方学生会需要做的准备工作为：与日方配合写好主持稿；准备游戏中需要的日语句子（课本原句）以及小礼物；报名宣传推送（调查中国学生的日语水平）；发布名单公示推送；根据中方同学的日语水平提前将参加者分为高级组与初级组；交流会教室的申请；进行场地布置（黑板、座椅）及签到。

日方留学生会需要做的准备工作包括：与中方配合写好主持稿；制作交流会所需PPT；在公众号上发布报名宣传推送；调查日本学生的中文水平；发布名单公示推送；根据日本同学的中文水平提前将参加者分为高级组与初级组；准备游戏所需的贴近日本同学生活的中文句子以及小礼物；进行场地布置（黑板、座椅）及签到。

2. 活动流程

表5—1　中日学生交流会的流程

时段	内容
19：00—19：10	交流会开始
19：15—19：30	第一轮交流开始
19：30—19：35	游戏规则说明
19：35—19：50	游戏+换座位
20：10—20：25	第二轮交流开始

资料来源：北京语言大学外国语学部东方语言文化学院学生会。

首先，根据中日双方同学的语言水平，分成两间教室，每间教室配备一名中国学生主持人，一名日本学生主持人，主持人均为中日学生会的成员。人员分配原则是：日语能力较强的中国学生和汉语水平较弱的日本学生在一间教室，日语能力较弱的中国学生和汉语水平较强的日本学生在一间教室。

其次，进行1对1的分组交流，15分钟进行一次座位交换，以便于在有限的时间里与更多的人交流。交流环节是自由会话，在自我介绍后，大家可以根据自己感兴趣的话题进行交谈，也可以根据最近发生的社会新闻进行讨论。交流会现场播放流水般的音乐，同学们畅所欲言、其乐融融，现场氛围愉快温馨。

接下来，分组交流，进行语言游戏。教室内所有同学按所坐的位置分成五组，每组六人（每组按照“中日中日中日”的顺序排列）。准备的句子既有中文，也有日语，将句子写在纸上，如“我爱吃中国烤鸭”等。主持人喊“开始”后，每组第一个人才可以翻开纸察看句子，并小声讲给下一个人听。传话过程中，除了正在传话的同学和正在听话的同学，其他同学都要捂住耳朵，不能偷听。每人有最多30秒的时间传话。每组最后一个人要把听到的句子写下来，提交给工作人员，才算完成比赛。以最快速度写出正确率最高的句子的两组获胜，可获得小礼品。

除此之外，有时也会进行“你做我猜”的小游戏，每两位中国学生和四位日本学生组成一组，每轮由一国学生表演，对方国学生猜，并用对方国家的语言表达出来，速度最快的一组同学可以获得精美礼物一份。同学们欢欣鼓舞、兴致勃勃。

活动中工作人员的具体分工为：学生会新闻中心的同学负责照片拍摄；主持人负责介绍游戏规则及换座位规则；学生会对外联络部的同学负责组织换座位及派发游戏小纸条；一名学生会的同学负责计时及核对答案。

最后，对交流会进行总结，拍摄合影，大家交换联系方式。此外，同学们之间还可以结成语伴进行以后的交流。

3. 活动结束

活动结束后，收拾整理场地，进行活动回顾，书写新闻推送。此外，还要整理在交流会中出现的问题，并把中日学生在沟通中出现的问题向老师汇报。

（四）项目成效

“樱花之约　中日学生交流会”经过近十年的精心打造，已成为外国语学部的特色活动之一，学生们不但度过了两个小时的愉快时光，而且加深了对彼此文化的了解。中日学生交流会激发了同学们的语言学习热情，近几年，从事中日友好工作、国家级演讲比赛、国家级辩论赛的同学不断增多，且每年都有多名同学获奖。

在交流会上，随着交谈的深入，学生们讨论了旅游、饮食、动漫等话题，在开阔眼界的同时，更接触到中日两国不同的文化和思想。此外，中日之间处理问题、筹备活动的流程不同，在共同筹备的过程中，同学们开拓了国际视野，学会了跨文化沟通的方法。

随着社会的快速发展，越来越多的同学想多了解一些和自己不同的文化，交流会更是满足了同学们的需求。同学们在交流会上，学会了怎样看待与自己不同的文化，促进了文明交流互鉴的校园环境建设，为中国学生成为德智体美劳全面发展的社会主义建设者和接班人，日本留学生成为知华友华和增进中外文化交流的使者做出贡献。

（五）项目特色

中日学生交流会为中日学生搭建了认识和交流的平台，许多同学通过这一活动结交了日本朋友，也接触到日本不同地区的社会状况和文化习惯。本项目主要有以下几点特色：

1. 与“小联合国”的校园环境相呼应

北京语言大学素有“小联合国”之称，国际化的校园环境和丰富的语言资源，为举办中日学生交流会提供了环境的支撑。学生们参与国际交流的热情极高，他们热爱交流、欢迎交流。与此同时，交流的过程增进了他们彼此之间的了解，为教育的国际化融合、一流语言大学的建设锦上添花。

2. 与语言学习相呼应

参加交流会的学生多为语言专业的学生，大家在交流会上除了有交流讨论的时间，还要进行猜词的游戏，在交流的同时也进行了语言方面的学习。交流结束后，中国学生和日本学生还会结成语伴，继续相互学习。传统的外语学习方法培养出来的学生往往读写能力突出，听说能力滞后。中日学生交流会的举办，不但锻炼了同学们的听说能力，提高了他们的语言综合能力，同时也激发了他们语言学习的兴趣。

3. 与人类命运共同体建设相呼应

在交流会上，中日学生在增进了相互价值认同的同时，也认识到两国文化的差异，从而学会了如何求同存异、共谋发展。人类命运共同体要求各方秉持求大同、存小异的理念，以更加开放包容、创新和谐的价值观来构建共同的利益、共同的命运、共同的目标、共同的美好未来，如此才会使世界走向和平与发展。[①] 中日学生交流会与人类命运共同体建设是相呼应的，在交流沟通中可以培养学生的大局意识和国际化视野。

（六）项目建议

在新环境、新形势下，“樱花之约　中日学生交流会”应在以下几个方面加以改进。

1. 跨文化交流与中国学生思政教育相结合

习近平总书记在学校思想政治理论课教师座谈会上强调：“办好思想政治理论课，最根本的是要全面贯彻党的教育方针，解决好培养什么人、怎样培养人、为谁培养人这个根本问题。”青少年正值人生的“拔节孕穗期”，是世界观、人生观、价值观形成的关键时期，良好的教育、科学的引导能够帮助他们形成对世界、对国家、对社会的正确认知。[②] 因此，对大学生进行思政教育是新时期、新形势下大学教育的重点方向之一。

---

① 王震中：“坚定文化自信　加强文明交流互鉴”，《人民政协报》2019年9月19日。

② “办好思想政治理论课　培养社会主义接班人”，光明网，2019年3月23日，http：//theory. gmw. cn/2019－03/23/content_32671133. htm，登录时间：2019年10月5日。

随着我国经济的飞速发展，当今社会正处在变革转型期，充斥着多元价值观、多元人生观的冲突和融合。在这样的形势下，在对学生进行国际化教育的同时，对其价值观进行引导就显得尤为重要。

因此，今后的交流会不能只停滞在语言学习和生活娱乐上，还应在内容上加以改进，对学生的价值观、人生观加以引导，使其成长为德智体美劳全面发展的社会主义建设者和接班人。

2. 以“中国文化走出去”战略为指导

随着“中国文化走出去”战略的推进，对外交流取得很大成果。响应“中国文化走出去”战略，也可以从日常生活做起，从交流会做起。2018 年是《中日和平友好条约》缔结 40 周年，中日关系回暖，李克强总理和安倍晋三首相互访，中日之间实现了“破冰”，中日民间交流得以增强。2018 年 10 月，中国国务院总理李克强与日本首相安倍晋三举行会谈时将 2019 年定为“中日青少年交流促进年”，而中日学生交流会正是青年交流的一部分。

在交流会上，学生们互相介绍自己国家的文化，中国学生在介绍自己国家文化的时候，可以增强民族自豪感，同时也会增进对自己国家的了解。此外，日本学生也可以通过交流会，了解到汉语课本上学不到的文化知识，从而更加深层次地理解中国。

另外，还可以走出校门，让日本留学生实地感受中国文化。很多日本留学生初到中国，对当地自然人文景观了解较少，又因语言障碍、不清楚交通路线等限制，无法实地感受中国的人文环境。若中日学生交流会能走出校外，让中国学生带着日本留学生走一走老北京胡同，看看钟鼓楼，听听京剧，向他们讲解那斑驳的城墙上、悠长的曲调里承载着的中华文化。中日学生交流会走出校外，不仅能够让日本留学生看到课本以外的中国，亲身感受中国的自然和人文景观，还能锻炼中国学生用日语讲解中国文化的语言能力，从而促进中国文化的传播。

3. 扩大规模，推动创新

2018 年初，教育部正式出台实施《高等学校外国语言文学类本科教学质量国家标准》，指出跨文化教育的重要性。

在新形势、新环境下，中日学生交流会正是一个进行跨文化教育的实践活动，每两周一次的交流活动，不但可以让学生学习到日本的文化和习俗，而且可以掌握相互交流的方法。

图 5—24　中日学生交流会活动介绍

资料来源：北京语言大学外国语学部东方语言文化学院微信公众号。

图 5—25　中日学生交流会合影

资料来源：北京语言大学外国语学部东方语言文化学院微信公众号。

今后，交流会可以扩大规模，让更多外校的中日学生加入，向日本留学生展示中国文化，让他们感受历史悠久的中华文化，促进中国学生相互交流，了解中日文化的差异，使中国学生成为德智体美劳全面发展的社会主义建设者和接班人，使日本留学生成为知华友华、促进中日友好的使者。

附："樱花之约　中日学生交流会"策划书

一、活动目的

增进两国青年友谊，提高中日学生的语言交流水平。

二、活动背景

中日学生希望进行语言交流，加强会话能力，结交新朋友。基于本学期中国学生的日语水平有所提升的背景，为增强中日学生交流会的趣味性及互动性，经中日双方学生会商议后，增加了中日双语句子接龙的小游戏。

三、活动时间及地点

待定。

四、活动人数

中日学生各40名。

五、活动目的和意义

正值新学期，日语系的同学迫切希望与日本友人进行语言交流，加强日语会话能力。而短期留学的日本同学也想利用课余时间与中国学生进行交流并结交朋友，学习汉语。中日学生交流会为中日同学的友好交流搭建起桥梁，充分考虑到中日学生的语言水平状况，将中日学生按照目前的语言水平进行分组，让中日同学在锻炼语言能力的同时，加强对中日文化的沟通与理解，求同存异，促进中日文化的传播。

六、活动内容

1. 根据中日双方同学的语言水平，分成两间教室（日语能力较强的中国学生和汉语水平较弱的日本学生在一间教室，反之则反）。

2. 进行 1 对 1 的分组交流，15 分钟进行一次座位交换，以便于在有限的时间里与更多的人交流。

3. 分组交流中穿插语言游戏。

七、活动流程

时段	内容
19：00—19：10	交流会开始
19：15—19：30	第一轮交流开始
19：30—19：35	游戏规则说明
19：35—19：50	游戏＋换座位
20：10—20：25	第二轮交流开始

八、语言传话小游戏游戏规则

教室内所有同学按现在的位置分成五组，每组六人（每组按照“中日中日中日”的顺序排列）。

准备的句子既有中文也有日语，将句子写在纸上。主持人喊“开始”后，每组第一个人才可以翻开纸察看句子，并小声讲给下一个人听。传话过程中，除了正在传话的同学和正在听话的同学，其他同学都要捂住耳朵，不能偷听。每人有最多30秒的时间传话。每组最后一个人要把听到的句子写下来，提交给工作人员，才算完成比赛。以最快速度写出正确率最高的句子的两组获胜，可获得小礼品。

九、活动分工

时间	工作内容	部门
活动前	1. 与日方配合写好主持稿 2. 准备游戏中需要的日语句子（课本原句）以及小礼物 3. 报名宣传推送（调查中国学生的日语水平），名单公示推送 4. 根据中方同学的日语水平提前将参加者分为高级组与初级组 5. 交流会教室的申请 6. 场地布置（黑板、座椅） 7. 签到	对外联络部
活动前	1. 与中方配合写好主持稿 2. 交流会所需 PPT 3. 报名宣传推送（调查日本学生的中文水平），名单公示推送 4. 根据日本同学的中文水平提前将参加者分为高级组与初级组 5. 游戏所需中文句子（贴近日本同学的生活）以及小礼物 6. 场地布置（黑板、座椅） 7. 签到	日本爱语会

续表

时间	工作内容	部门
活动中	1. 活动中的照片拍摄（新闻中心） 2. 介绍游戏规则及换座位规则（主持人） 3. 组织换座位及派发游戏小纸条（1 人） 4. 计时及核对答案（1 人）	对外联络部
活动中	1. 介绍游戏规则及换座位规则（主持人） 2. 组织换座位及派发游戏小纸条（1 人） 3. 计时及核对答案（1 人）	日本爱语会
活动后	1. 活动大合照拍摄 2. 活动回顾文案及推送	新闻中心
	1. 活动大合照拍摄 2. 活动回顾文案及推送	日本爱语会

十、注意事项

1. 学生会工作人员提前到场调试设备（音响、话筒、灯光等），检查所需物品，清扫会场，布置会场。

2. 参加交流会的同学入场时，学生会安排机动组，于入口、过道组织入场；在交流过程中维持现场秩序。

3. 在活动开始前检查好一切用电设备，避免发生事故。

4. 确保工作人员的电话畅通，记下电教老师、保安人员的电话，有问题及时沟通。

5. 检查消防通道是否畅通，熟悉灭火器所在位置和使用方法。

6. 主持人与工作人员保持沟通，如遇特殊情况，随时调整活动顺序。

十一、紧急预案

1. 活动进行中，若设备故障导致活动中断，应在调试成功后，继续开始交流。

2. 如有人员缺席，请工作人员加入小组中参与讨论和小游戏。

四、活动案例8：中外学生跨文化心理适应

培育跨文化心理适应能力　提升跨文化交流核心素养
——北京语言大学中外学生跨文化心理适应

（一）项目背景

北京语言大学以“德行言语，敦睦天下”为校训，培养服务于国家大外交的国际化人才，教育教学活动围绕建设中国特色、世界一流语言大学的定位开展，注重培养学生在世界文明中的交流合作能力和跨文化交流技能。在众多技能的习得与应用过程中，聚焦学生的心理素养是大势所趋，这与我国自十八大以来高度重视心理健康的国家政策契合。

“中外学生跨文化心理适应沙龙”即在此背景下启动，一方面探索北语校园文化中的心理健康文化路径，一方面培育学生在“小联合国”的跨文化心理适应能力。跨文化心理适应贯穿学生这一人生阶段的全过程：学生从全国各地、世界各地进入北语学习，首先面对的即是在文化交流与碰撞中的心理适应问题；之后，逐步融入这一中外学生高度共享的环境，并在其中完成学业，度过成年早期的关键学习阶段；最后，通过短期出国交流、毕业留学、进入各类特定职场环境，最终进一步完成社会适应。

本项目基于十余年以中国学生为主的心理素质教育扎实实践，充分吸收了近十年北京语言大学《大学生心理健康》公共必修课、个体与团体心理咨询实务、各类心理健康教育品牌活动等对大学生心理特点与心理健康的工作经验，融合了北语中外学生教育一体化校园文化特色、借鉴国际学生管理处等国际学生主管部门的经验，吸纳了中外专业交流中的有益视角与先进理念。这一项目就像我们服务的学生一样，年轻而有底气；同时也像我们根植的校园一样涵容而多元。

（二）项目理念

“中外学生跨文化心理适应沙龙”项目的理念是“凝聚中外学生、交汇中外文化、促进心理适应”。具体路径是启迪与引导中外学生在团体互动中觉察、感受、反思其跨文化心理适应过程中的知觉、情感和想法，帮助中外学生学习使用心理学的方法进行自我探索与人际互动，促进中外学生理解与尊重文化差异，促进文化交流与中国文化认同，促进文化适应的敏感性和问题解决的自主性。作为北语心理素质教育各项服务中的一环，本项目致力于提高中外学生心理适应能力，培养中外学生积极乐观、健康向上的心理品质。

（三）项目运作

1. 品牌化、形象化运营

“中外学生跨文化心理适应沙龙”项目由北京语言大学学生心理咨询中心（以下简称“心理中心”）设计策划并组织实施。心理中心为该项目引入中心虚拟代言人物，即吉祥物“派大心”，以及具有中国文化特色的“派茶会”活动形式，项目别名为“派大心·派茶会”，实施品牌化、形象化运营，以贴近学生，提高项目识别度。

“派大心”的设计创意由北语学生提供，借鉴经典卡通“派大星”忠实友善的人物寓意，融入“心理”之意。在实际心理健康服务中，心理中心以“派大心”之名为北语学生提供心理咨询预约等线上线下服务，中文字面含义引申为“派发大世界之心”之意，放眼世界之大，为中外学生提供贴心、暖心和关心的专业服务。“派茶会”则以中国茶文化为媒介形式，具体是指借助茶艺与茶道体验，以具有文化传播与交流意向的“茶”激活并启动中外学生的跨文化心理体验，同时完成团体的热身环节，辅助建立团体的信任与联结，是具象的体验式学习。

2. “世界文化节”展台预热

2019 年 5 月 19 日，北语心理中心以“多元文化，多彩心理”活动展台入驻北语校园品牌活动“世界文化节”游园会，通过“多元文化·多彩情绪”“我画我心”“心语心愿”“心情便利贴”“朋友圈合影”“文化趣味小调查”等活动，为“中外学生跨文化心理适应沙龙”试水。

当日，来自90多个国家和地区的近千名北语学子参加游园，心理中心为来自不同国家和地区、不同文化背景和年龄阶段的观众提供了一个展示具有他们本国文化特色的情绪表达的平台，向中外学子宣传和普及了心理健康知识，向来自首都各高校的国际学生推介了我校心理健康服务，得到众多中外学生的热烈响应。心理中心采用问卷现场调查中外学生活动意向，通过现场报名的方式招募沙龙参加成员，为“中外学生跨文化心理适应沙龙”项目成功启动预热，调查与报名的结果为项目提供了内容设计依据以及人员筛选参照。

3. 职能部门与融媒体支持

心理中心首次推出“中外学生跨文化心理适应沙龙”项目，除了内容准备与组织实施，前期还需要完成可行性论证与立项，这与中外职能部门的协作支持密不可分。在筹备过程中，学生处、团委、国际学生管理处等部门提供指导与支持，北京语言大学官方微信平台、北京语言大学学生国际交流协会（AIU）官方微信平台与北京语言大学心理中心官方微信平台提供媒体宣传支持，项目的成功启动与推进离不开心理中心内外的通力协作。

4. 品质内容、增量投放

在运营与内容决定流量的环境下，北语心理中心在充分筹备运营的基础上，结合中外学生这一目标受众群体，对项目内容进行增量设计与投放，以保障跨文化心理适应沙龙内容的多元与品质。“派大心·派茶会”首期策划五场沙龙，首场为同项目同名主题沙龙“跨文化心理适应主题沙龙”，由心理中心负责人领衔，专兼职心理咨询师各一名辅助带领，国际学生管理处与后续沙龙带领者各一人作为嘉宾参加，一名茶艺师做品茶暖场，将分享活动与品茶创造性地结合在一起，让参与的中外学生在茶文化中体会与探索跨文化历程中的心理适应问题。

参与首场主题沙龙的学生为后续沙龙提供了备选主题，心理中心基于学生的需求与反馈设计策划了“人际适应跨文化心理适应沙龙”“寻找自我跨文化心理适应沙龙”“学业焦虑跨文化心理适应沙龙”和“压力应对跨文化心理适应沙龙”等多场次沙龙，根据学生自主报名情况决定沙龙是否进行以及具体的场次。

（四）主要成效

1. 校内跨越式合作

“中外学生跨文化心理适应沙龙”项目于2019年5月立项，至今已完成首期。项目实现了跨文化心理适应从设计理念到实际实施的教育工作的落地，搭建起中外学生职能管理部门的协作渠道，校内跨越式合作是这一新项目最重要的组织保障，也为本项目的继续进行提供了可行性。此外，职能部门的直接参与引起相关管理人员对中外学生跨文化心理适应议题的关注，有利于推进中外学生心理健康教育工作的一体化。

2. 特色转型的成功尝试

“中外学生跨文化心理适应沙龙”项目是北语心理素质教育进行特色转型的成功尝试，“跨文化心理适应”是“小联合国”背景下未来心理素质教育工作的新焦点。项目的首期策划方案与执行经验不但可以作为后续相关工作的基准参照，也为继续探索跨文化心理适应心理素质教育提供了原始素材，更是心理素质教育工作由点到面进行特色转型的开始。

本项目为开设《跨文化心理适应》新课程打下了良好基础，有助于继续发挥心理健康教育课堂主渠道的作用，将心理中心的服务与北语中外学生的特点和需求更为准确地进行衔接。

3. 以学生获益为根本

“中外学生跨文化心理适应沙龙”为北京语言大学中外学生开启了面对面的心理对话空间，使中外学生在交流中对来源文化与目的地文化进行反思，学习和理解跨文化适应过程中的心理变化，由此激发他们对多元文化的好奇及进一步学习和探索的动机，从而在中外文化交流互动中学习尊重个体、文化与文明。

（五）项目特色

1. 创新、灵活、有效

中国作为全球留学生输出与接收大国，在世界舞台上的角色与位置日益提升，从文化的视角建构我国高校的心理健康教育是一个大有可为的新思路，因此本项目在北京语言大学的启动、在高校心理健康教育领域的发起都具有创新性。

在项目的执行过程中，主题沙龙与二级或三级沙龙可根据学生需求与工作需要进行灵活组织，具有可操作性与可持续性。在项目效果上，可具有一次的启动效应，也可具有连续的累积效果，在不同细分人群、不同主题、不同目标下均可获得教育效果。

2. 中外学生同堂

参与活动的同学来自不同国家、地区和民族，构成丰富多元的文化背景，也是北京语言大学“小联合国”的一个生动缩影。

3. 共享互动体验

为远道而来的国际学子和即将远行或已归来的中国学子创造了一个分享经历和表达困惑的共享空间，同学们在这里能够分享经历、表达感受、提出困惑、获得支持。

4. 塑造文化品牌

引入北京语言大学心理中心虚拟形象“派大心”，将中国茶文化这一具有文化交流属性的元素融入项目之中，将跨文化心理适应沙龙系列活动命名为“派茶会”，旨在打造属于北京语言大学学生的心理健康服务品牌，有助于亲近年轻学子，促进对话交流。

（六）项目建议

跨文化心理适应是跨文化适应的重要组成部分，也是影响心理健康的重要因素之一。无论是初来中国的国际学生，还是来自五湖四海的高校新生，都应重视跨文化心理适应。不同文化背景下的人们的生活方式、思维方式等各个方面都存在很大差异，因此如何理解文化差异以及提高适应能力，是中外学生来到大学校园这一共享的新环境时常常面临的问题。在此背景下，"派大心·派茶会"中外学生跨文化心理适应沙龙项目作为新生事物，遇到一些困难与挑战。

本项目的继续开展与顺利进行仍需在诸多环节和细节中进行磨合与完善，包括跨职能部门的协调配合流程有待进一步优化、符合活动要求的场地资源有待进一步确定、具体组织经验有待进一步积累等。因项目覆盖中外学生，在活动准备与实施过程中受到国际政治环境及国际学生自身语言水平等因素影响，也受到国内外民族、宗教等因素的影响，具有一定的不可抗力与不可控性，为项目的开展带来一定客观困难。因此，在项目管理上仍需要进一步探索与改进。

大学生的成长过程可以被视为一个跨文化适应的过程，通过逐步调整、接受、适应、融入其所处的文化，大学生内心世界经历的一系列变化可以理解为跨文化心理适应的过程。"派大心·派茶会"中外学生跨文化心理适应沙龙项目是一个有益的尝试，并有条件进一步向课程等教育教学方式转化，在培育跨文化心理适应能力、提升跨文化交流核心素养中发挥效力。

附："派大心·派茶会"中外学生跨文化心理适应沙龙策划书

一、活动简介

（一）活动名称

"派大心·派茶会"中外学生跨文化心理适应沙龙，可根据实际需求在此名称下设立二级主题。

（二）活动目的

中外学生跨文化心理适应沙龙由北京语言大学学生心理咨询中心（以下简称"心理中心"）主办，旨在为北语中外学生搭建进行跨文化心理适应主题交流与学习的平台，使中外学生通过小团体互动的形式，以“品茗”为文化媒介，在“派大心·派茶会”的活动中分享跨文化经历，通过对话与合作促进对跨文化心理适应的理解和学习。

（三）活动规模与活动时长

每场沙龙根据场地与主题覆盖6—15人，活动时长以90—150分钟为宜。

（四）活动形式与活动要求

参照团体心理咨询形式进行，根据场次与主题可区分结构化团体、半结构化团体与非结构化团体，由带领者（可区分主带领者与辅助带领者）、观察员（根据需要设置）与团体成员构成。

参加活动之前，带领者根据活动目的对报名人员进行面试筛选，保证参加活动的同学在语言交流、期待与目标等方面符合要求。

二、活动实施方案

（一）准备工作

1. 带领者向心理中心提交活动方案与招募海报文案，经过团体讨论后修改定稿，完成审核工作。

2. 心理中心落实确定场地、人员、设备、道具等前期要求，拟定招募推送和报名表进行成员招募，通过心理中心微信公众号、学生国际交流协会微信公众号、印制宣传海报等途径发布招募启事。

3. 带领者筛选初步入选人员，对初步入选人员进行电话或面对面访谈，确定最终入选人员。

4. 心理中心根据带领者要求安排现场工作人员，工作人员应经过心理中心培训，遵守保密等工作原则。

（二）活动流程

1. 开场环节：带领者介绍本次活动背景、目的、内容、人员、环节等，简要介绍跨文化心理适应及理论。

2. “派茶会”品茗环节：带领者或茶艺师介绍茶文化及其在跨文化交流中的角色，带领成员听茶、品茶。

3. 自我介绍与分组环节：用中文和母语写下名字，进行简单自我介绍，说明民族、来源国家（地区）或省市，以及对活动的期待；匹配中外学生人数与性别，分为2—3组，讨论确定小组名称与组长。

4. 互动活动环节：在小组内，同学们分享自己的跨文化经历与体验，以及遇到的不适应问题和困扰，之后在便利贴上列出自己希望帮助解决的困惑和问题，并在大组内进行说明。在大组中，带领者在黑板上总结各小组问题并分类，从中选择最有代表性的问题，请本组和其他组同学讨论解决方案，并在大组内进行分享。

5. 结束环节：每位参与者分享活动收获。带领者对本场活动进行总结；对后续二级主题沙龙进行预告；匿名征集学生对活动的意见及建议。

（三）紧急预案

如果有文化冲突或人员冲突，或者在活动进行过程中有成员暴露个人创伤或触发激烈情绪等情况，带领者将根据现场情况进行评估。如果预计用时较短，可在现场完成干预，带领者利用团体动力并结合活动主题进行处理。如果预计用时较长，可由工作人员将当事人带离现场，由辅助带领者或心理中心其他专业人员进行干预，或在活动结束后转入个体心理咨询进行干预。

（四）后续工作

整理总结沙龙过程中的重要内容，包括学生互动分享的信息，经知情者同意署名或匿名进行的新闻报道、后期宣传等。

三、活动特色及效果

参与“中外学生跨文化心理适应主题沙龙”的同学们分为两个小组，分别以“取个闪亮的名儿”和“白牡丹”为名，讨论跨文化适应困难与应对。通过对每位同学所遇困扰的收集和分类，两个小组分别整理出其在跨文化适应中遇到的问题的类型，其中包括时间观念、饮食差异、宗教难题、人际障碍、情绪困扰等。在分类整理的过程中，同学们对自己的处境更加了解，目标也因此更加明确。在分组活动中，同学们

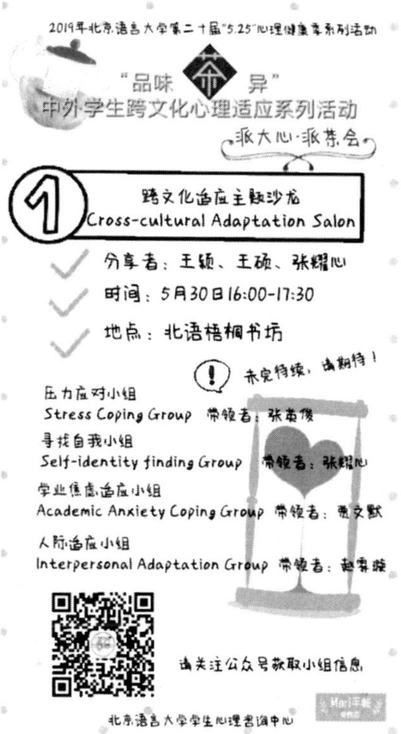

图 5—26 “派大心·派茶会”中外学生跨文化心理适应沙龙宣传海报

资料来源：北京语言大学学生心理咨询中心。

不仅对自身所遇问题进行了梳理和表达，还获得另一组同学对本组成员最关心问题的解答和建议。

同学们总结出，在面对因不了解对方的文化而产生误解的情况时，要以尊重、包容和开放的态度与对方主动沟通，及时调整自身，从而达到彼此理解、和谐共处的目的。无论是在跨国、跨地区还是跨民族的文化交往中，这种态度和沟通方式在人与人的相处中都是必要和相通的。

图 5—27　“派大心·派茶会”中外学生跨文化心理适应沙龙小组分享

资料来源：北京语言大学学生心理咨询中心。

“派茶会”的最后，同学们分享了对此次活动的感受，认为此次“派茶会”拓宽了自己的文化视野，增进了其对自己和他人的了解，同时希望有更多机会参与此类活动。

图5—28 “派大心·派茶会”中外学生跨文化心理适应沙龙师生互动

资料来源：北京语言大学学生心理咨询中心。

图 5—29 “派大心·派茶会”中外学生跨文化心理适应沙龙师生合影

资料来源：北京语言大学学生心理咨询中心。

四、活动总结

“派大心·派茶会”跨文化心理适应沙龙活动为北京语言大学中外学子带来全新的跨文化交流体验，同学们在带领者的引导下，对跨文化心理适应有了初步学习，在心理适应议题的交流中体会与学习文化之间的联系与差异，积极为自己与其他同学在跨文化适应过程中遇到的困惑和问题探索解决方案，是有益的学习经验。

“派大心·派茶会”跨文化心理适应沙龙是北京语言大学心理中心2019年策划与启动的新项目，也是心理中心与国际学生管理处等中外学生管理部门首次协作开展的专业活动，对国际学生的招募而言也是新的尝试，但仍然需要在具体沟通与协作的环节进行磨合与探索，不断积累经验并完善活动的各个环节，以进一步提升中外学生的参与感与获得感。

五、活动案例9：中外学生艺术沙龙

以中国传统艺术为载体，提升中外学生文化交流能力

——北京语言大学艺术学院“中外学生艺术沙龙”

为全面践行中国艺术走出去，促进艺术的世界交融，围绕绘画专业的人才培养目标，北京语言大学艺术学院结合自身实际及专业特色，立足培养北语艺术类学生的国际视野和艺术修养的多元性，于2014年12月开始筹备“墨韵丹青”中国绘画体验活动，这就是中外学生艺术沙龙的雏形。

（一）项目背景

随着中国文化与艺术不断走向世界，践行艺术的多元性与艺术的交融性，中国传统艺术如何继承与发展，以及如何在发展中走向世界，已成为当下的一个新任务，特别是面对新的艺术发展形势，中国传统艺术如何对外传播值得探索。

“中外学生艺术沙龙”是北语艺术学院创办的中国传统艺术的体验活动，本项目立足中国传统民族艺术，发挥艺术的多元性与世界性，使中国传统艺术真正地走向世界，在传播中国传统艺术的同时践行以艺育人。中外学生艺术沙龙从2014年至今已经成功走过6个年头，共计举办了26场。

（二）项目理念

1. 传承中国艺术，凸显中国传统艺术和北语中外学生融合特色。
2. 强化中国学生语言应用与传播能力，创新中国艺术传播形式。
3. 中国艺术与世界艺术交融对接，拓展艺术的国际视野与交互性。

（三）项目运作

中外学生艺术沙龙活动旨在培养当代艺术专业大学生传播中国传统艺术的能力，并在传播过程中寻找艺术的交汇点。尽管世界上的语言千差万别，艺术表现形式多样，但全世界对于艺术的理解是一致的，艺术虽然是多元化的，但无论什么时期，艺术的回归性还是会不断重现，中外学生艺术沙龙将不同国家大学生聚集到一起，体验中国传统艺术魅力，让外国留学生认识中国传统艺术，了解中国传统艺术，传播中国传统艺术。中国学生应知晓艺术的多样性，了解艺术的融合性，将中国艺术传播到世界，让世界了解中国传统艺术，这也是中外学生艺术沙龙的重要性之所在。

1. 立足传统艺术，推动外国学生认知中国艺术

中国传统艺术是中国文化的重要组成部分，外国留学生来到北京语言大学学习语言，需要对中国文化有深入的了解，中国传统艺术也就成为一种视觉传播方式。如在艺术学院举办的沙龙中，中国书法成为外国留学生学习汉语的第二课堂，他们借用书法沙龙这一平台，认识汉字，了解汉字的历史，并用毛笔书写汉字。而中国学生在沙龙中，也锻炼了自己的语言沟通能力。不是所有外国留学生的汉语都达到交流的水平，一部分外国学生在活动中听不懂中国学生的汉语介绍，学生会用英语与其进行交流，在一定程度上提高了中国学生的语言能力。

2. “专业＋活动”和“外语＋专业”强化中国学生综合素质

“专业＋活动”和“外语＋专业”是艺术学院培养学生和举办活动的两大核心，每一期艺术沙龙的形式各不相同，但都是在用艺术的形式来提升学生的能力，如“福到迎新，水墨风情中外学生书画沙龙活动”将中国书法和中国绘画进行结合，引入春联送福的形式，让留学生了解中国传统节日，也让中国学生用英语讲述春联和福字的绘制方式。同时，整合学院各专业资源，利用艺术沙龙这一平台邀请国内外从事中国传统艺术传播的艺术家，举办如《高醇芳中国画在法国》《中西方音乐碰撞》《用世界音乐唱中国旋律》《于光华对中国花鸟画的理解》等学

术讲座。“外语 + 专业”“专业 + 活动”双模式开拓了学生的视野，丰富了学生的学习生活。

3. 利用新媒体，多渠道开展中国艺术宣传

学院根据新时期大学生的行为特点，积极开拓渠道，利用新媒体平台宣传中国艺术，开拓展讯推荐和艺术快讯两个艺术传播板块。前者是将北京各大艺术博物馆展览信息进行汇总核查，并提供给学生们；后者是针对当下艺术发展现状进行实时的艺术新闻推送，由此提升学生们了解艺术的兴趣。当下的艺术，无论是传统艺术还是现代艺术，都是围绕时代来进行艺术创作和描绘的，所以艺术这个平台也成为一种时代的反映，让学生了解当下的艺术形式，就是利用艺术进行思想的传播。将思想教育阵地延伸到艺术网络平台上，可潜移默化地影响学生的方方面面。具体宣传方式如下：

（1）平面媒体。主要是海报，每次的活动海报都更新主题内容和融入主题元素，并在艺术学院信息公告栏中进行宣传。因为都是以中国艺术为主题，所以为保持活动与中国传统艺术风格的统一性，没有做太大的改变。这样不但方便学生识别活动，也与活动本身相契合。

（2）网络媒体。首先，网络媒体的使用人群是年轻化的，高校学生更是其中的主体，学院利用“blcu 艺术学院”公众号进行活动宣传；其次，网络媒体视频会对活动后期成果进行展示宣传，从而做到活动有声音、有效果。

（3）口口传播。口口相传是艺术沙龙活动最坚实的传播方式。让参加活动的学生切实体验到中国传统文化带来的喜悦感，感受到传统艺术的魅力，并通过学生间的交流相传，产生牢固的、稳定的宣传效果。

（四）主要成效及特色

1. 传统艺术知识的共享，生发创新创意

无论是中国传统艺术还是西方传统艺术，都是我们要学习和理解的

一门学问。中国传统艺术要走出去，首先要让学生们具有知识的储备，在此基础上进行交流。交流是传播的前提，人与人的谈话交流或网络交流，都可以对中国艺术交流起到关键性作用，学院致力于培养能够进行中国艺术交流的人才。中外学生艺术沙龙活动为中国学生提供了艺术交流平台，让学生们清晰地看到如何进行艺术交流，以及如何运用自己的专业进行交流。

外国留学生是中国学生交流的对象，也是艺术传播的对象，这种跨文化的交流使得双方对各自的艺术形式都会有一定的反思。艺术的异同性也在他们之间不断融合、发展，学生将学会用传统艺术的形式描绘时代、描绘文化，这才是活动的最终理想。

2. 学生情感的展示，引领艺术思政

艺术是最好的表现学生性情的方法，老师可以深入沙龙活动现场亲自授课。参与沙龙的过程既是教师以身示教的过程，也是教师教书育人的过程。教师展示的专业能力、投入的热情，都在潜移默化地浸染着学生。教师通过所使用的教学资源、活动组织形式等使学生多角度、多方位进行沉浸体验，积极引导学生感受中国艺术的魅力、中国艺术本质，最终内化为对中国艺术的感动，提升中国文化自信。

3. 活动内容的灵动，产生广泛传播

大学生的思政教育既需要课堂讲授，也需要促膝谈心，更需要一个生活化的、平等的互动交流。一间会客厅，惬意的下午茶，志趣相投的朋友，就构成沙龙的主体要素。所以，沙龙本身就是生活的产物，透着生活气息。轻松的氛围中容易形成朋友间平等互动的关系，进而使学生更乐于接受，并在群体中讨论。中国文化沙龙的主题内容具有广泛性。除了中国艺术文化以外，饮食文化、节庆文化、民族文化等都是可以交流的内容。学生自我举办沙龙的形式十分多样，可以围绕学生需要，灵活地调整沙龙内容，用艺术的形式进行交流。同时，沙龙活动所需的物质条件不高，组织简便，在一间教室、一间会议室里均可进行，模仿、传播比较容易。

（五）项目建议

艺术作为一种视觉呈现，需要我们不断去发掘，中国传统艺术中，无论是书画还是音乐，都有各自的魅力。艺术学院举办中外学生艺术沙龙前期的目的非常简单，第一是丰富学生的学习生活，使学生们学有所用；第二是提高学生们对外交流的能力，利用北京语言大学中外学生融合教育这个平台，提升学生的交流能力和跨文化交际能力。

现阶段，本项目还处于发展阶段，活动形式较为单一，基本是围绕中国传统艺术进行交流，希望今后能融入一些西方文化，并以艺术的形式去展现。

图 5—30 中外学生学做“中国结”

资料来源：北京语言大学艺术学院。

图 5—31　中外学生艺术沙龙活动合影

资料来源：北京语言大学艺术学院。

第六章 实践活动

第一节　实践活动概述

实践是指人类能动地改造、探索现实世界客观物质的社会性活动。因此，社会上的大部分活动从本质上而言都属于实践。马克思主义哲学的经典观点认为实践应具有三个基本特点，包括客观物质性、主观能动性和社会历史性。具体来说，实践应当是以客观事物为对象的活动；是人类有意识的自觉主动活动；是能够不断推进历史进程发展的活动。高校的大学生实践活动也应具有上述特性，符合实践的基本概念。

高校实践活动是大学生群体主动参与的，在深入社会实践活动的过程中以客观事物为对象完成相应课题和项目的活动。学生在实践活动期间能近距离了解社会发展变革，不断提升个人综合素质，因此实践活动也是高校践行“立德树人”根本任务的重要课堂之一。考虑到实践活动并非传统室内教学活动，在跨文化交际类实践活动的策划和组织中，应根据其具备的实践活动基本特征及独特之处注重更多细节。改革开放以来，我国高校实践育人工作经历了一个长期发展的过程，从教育与社会实践相结合的“受教育、长才干、做贡献”的指导思想，逐渐提升到与人的全面发展相结合、与中华民族伟大复兴的中国梦相结合，充分体现了党和国家对高校实践育人的高度重视和全面认可的发展过程，饱含了党和国家对高校实践育人工作的更高期望。[①]

一、实践活动基本特征

（一）双重教育属性

实践活动具有双重教育的属性，既涵盖了学校教育，又包括了社会教育。一方面，学生在参与实践活动的过程中，要将在学校教育中获得的知识合理运用在实践活动中；另一方面，学生也要注重观察社会现象，将理论知识与实践经历进行有机结合，用理论指导实践，在实践中感悟知识，从而达到双重教育属性之间的互相促进，使得实践教育的意义达到最大化。

（二）高度开放属性

实践活动不同于书本教学，学生可自行组建团队、招募队员，并选择自己感兴趣的话题，随之选择相应方向的指导教师进行专业知识方面的把关。实践活动的高度开放属性要求活动组织者、指导教师等教育者引导学生关心书本之外的社会时事，在拟定选题、策划、实施的过程中尽可能发散性思维，选择学生关注度高、兴趣浓厚，且充满社会现实意义的实践活动，在理论与现实中架起沟通的桥梁。

（三）协同合作属性

高校内的实践活动通常是以团队、小组为单位进行的。成员之间经常会出现跨院系、跨学科、跨专业甚至是跨校之间合作的情况。[②] 这不仅要求社会、校方、家长之间形成合力共同配合完成实践活动，更要求

---

① 陈步云：“高校实践育人机制研究”，东北师范大学博士学位论文，2017 年，第 16 页。

② 王爱华：“社会实践活动的概念、特征与内容探析”，《常熟高专学报》2004 年第 3 期，第 87—89 页。

学生在实践活动的过程中充分发挥主观能动性，在团队当中正确定位自己，发挥自身优势及价值，与组内同伴进行有效沟通，及时分享交流成果，不断增强团队意识，培养合作观念，以期在共同圆满完成实践活动的同时提升个人的人际交往能力和团队协作能力。

（四）多功能属性

实践活动是一项可以从多方面提升学生综合能力的活动，它既可以提高学生对社会的认知水平，培养学生自主创新的能力，训练学生的各项生活技能，还可以帮助学生培养优秀的品质，树立正确的社会价值观。因此，实践活动能从德智体美劳多方面对学生进行教育，从而实现高校全过程育人、全方位育人的教育目标和理念，具有多功能性。实践活动也是高校素质教育的重要途径之一，是高素质人才培养过程中十分重要的一环。

二、影响实践效果的因素

实践活动是高校培育学生成才的重要课堂之一，而最终的实践效果也将是反映实践活动成效的重要依据。因此，在组织、策划、实施、总结实践活动时，要做好全过程、全时期影响因素的综合分析和把控，尽可能使实践活动的整体效果达到最优。

（一）前期：把握实践活动大方向，做好策划审查工作

在正式开始组织、宣传实践活动前，应当认真思考实践活动的大方向以及主题，综合考量多方面因素。刚刚进入大学的学生较为单纯，在此前鲜少有机会能够参与或设计社会类实践活动，无法准确把握选题方向。因此，各高校或学生团体在组织、筹备实践活动时，负责教师要进行把关，务必准确把握实践活动大方向，鼓励学生将社会现实热点问题与专业知识进行结合，确保各团队、小组的实践活动安全可靠、积极向

上、富有社会价值。

相关部门应安排专人对实践活动的策划、预案等进行仔细阅读和审查，对于不合格的实践活动要返还修改甚至直接驳回。有条件的应当要求每个实践活动都配备相关指导教师，指导教师应尽可能地参与实践活动的全程指导工作，以保证实践活动的质量和效果。

（二）中期：多层次、多角度、多方位为学生提供支持与帮助

在实践活动开展中期，校方应与参与实践活动的学生进行沟通，了解即时动态，从校级、院级、学生组织等多层面了解学生实践情况，尽可能地为学生在实践期间出现的问题提供帮助。例如就经费问题而言，可分初、中、后期对实践活动提供项目经费支持，对于实践效果好的项目，可在中期追加经费支持。同时，对于实践活动进行中出现的问题，学校层面也可第一时间从多角度进行协调，联系专业指导教师或相关人员为实践活动的有序开展提供支持和帮助。

影响实践活动效果的因素贯穿于整个实践活动过程中。因此，作为策划者和统筹者，校方不能只顾前期统筹和后期总结而忽视了在中期阶段对实践活动进程进行关注，要尽可能地为参与实践活动的学生提供有力支持和帮助。

（三）后期：对实践活动进行总结，对优秀成果予以表彰

学生完成相应实践活动后，校方应及时收取相关总结材料，一方面可以敦促同学们将实践活动的成果形成文字，以便于对实践活动进行更深层次的总结与反思；另一方面可以留存实践成果，供其他想要组织或选择类似实践活动的同学参考。

同时，为激励同学们取得更好的实践效果，校方还可以考虑按学期或寒暑假等时间段对实践活动的成果进行评奖评优。学生们可以通过多媒体或论文撰写等多种形式展示自己的实践活动成果，对于优秀的实践活动成果可予以精神或物质上的奖励，并将优秀实践活动成果汇集成册

或制作成展板、海报等供其他同学参考、学习。这种方式可以更好地激励学生完成实践活动，切实提高实践活动的质量和效果。

第二节　实践活动策划

基于实践活动的基本特点和影响因素，以及跨文化类活动的独特属性，为保障实践活动有序开展和顺利进行，高校相关部门在跨文化类实践活动的策划阶段要高度重视。在策划实践活动时，校方要从实际出发，在保障学生安全的前提下，尽可能开展针对性强、种类多样的实践活动，为学生搭建国际交流的平台，将理论与实践紧密结合。通过鼓励中外学生共同参与实践活动，学生们能在学习和实践中增长见识、开阔视野、共同学习、共同成长，更好地了解彼此的文化，实现中西方文化的交流与交融。

一、实践活动基本原则

（一）因校而异，围绕不同培养目标确定活动内容

我国现有千余所高等教育学校，覆盖百余个专业。因此，各高校应根据学校自身特点围绕不同培养目标明确实践活动的主题、方向及内容。语言类专业院校可充分发挥自身优势，推动中外学生共同开展语言类实践活动，如教授偏远地区学生外语课程、参与国际赛事志愿服务、中外学子共同参与语言保护项目、深入探索中外文化异同等。工科类院校可考虑与专业相关的企业、工厂等合作，推动专业知识与实践能力的结合。艺术类院校则可联系艺术馆或是需要装潢、设计的相关企业为中外学生提供实践活动的平台。

（二）因地而异，根据当地特色开展形式多样的活动

不同省份、不同地区的政治经济发展水平在一定程度上决定了当地大学生在实践活动中可分析研究的主题与对象。① 因此，各高校可根据所在地区的特色组织开展形式多样的实践活动。例如，每年都有成千上万的外国游客到北京游览名胜古迹，而旅游景区内出现的错误翻译常常令外国游客啼笑皆非，直接影响了我国的对外形象。因此，首都各大院校可组织中外学生开展纠正旅游景区翻译问题的实践活动，对部分旅游景区的翻译内容进行检查与校对，并将实践成果提交给相关部门，为北京文化产业的进步和升级做出切实贡献。对偏远地区高校而言，则可考虑将地区方言保护、非物质文化遗产传承等内容与高校学生实践活动紧密结合，通过中外学生共同参与的跨文化交流平台将所在地区丰富的物质资源、文化资源引向世界。

（三）因时而异，根据时下热点及不同时期确定活动内容

在进行实践活动策划时，高校还可以根据时下热点引导学生筹备专题实践活动，确定活动内容，以使实践活动的主题和意义更具针对性。例如 2019 年正值中华人民共和国成立 70 周年、五四运动 100 周年，为引导当代大学生深入学习贯彻习近平新时代中国特色社会主义思想，进一步深刻感受伟大祖国的变革和历史成就，各高校开展以庆祝祖国七十华诞实践团、美丽中国实践团、社会民情考察团、科技创新团、教育关爱服务团等为主题的暑期社会实践活动，鼓励中外学生共同参与，感受祖国日新月异的变化。

（四）因人而异，区别实践活动的层次与难度

在策划实践活动时，高校也要注意根据学生的不同特点，区别实践

---

① 郑日金、徐刚：“大学生社会实践活动初探”，《上饶师专学报（社会科学版）》1984 年第 2 期，第 6—11 页。

活动的层次与难度。由于在校生的理论层次和知识掌握情况不尽相同，因此在开展实践活动时应分低年级组、高年级组、混合组进行策划与申请，如安排低年级组参与社会调查类活动，安排高年级组参加大型赛事活动以及学术性较强的实践活动等。同时，在实践活动的经费支持方面也要注意区分层次，对预算提前进行规划。高校可根据实践活动的难度、意义及效果给予梯度支持，如设立重点支持、特色支持、一般支持等实践活动项目。

二、实践活动注意事项

（一）注重实践活动前期培训，保障学生安全

在策划实践活动时，要将学生安全放在第一位，在实践活动正式开始前统一为学生及指导教师安排前期培训。培训内容可包括安全注意事项、经费报销流程、填写保险清单、开具学校介绍信、签署安全责任书及家长同意函等，务必保障学生在实践活动期间的安全。与此同时，各项目及团队在实践活动策划阶段也要尽早针对可能发生的安全隐患和突发情况做好应对预案，防范风险事故的发生，将人身安全放在第一位。

（二）严肃外事纪律，遵守相关法律法规

本章讨论的实践活动涉及跨文化交际领域，学生参与的实践活动可能包含外事活动或是与外国友人的交流。因此，在开展类似对外交流活动前，应组织安排对学生进行外事纪律与外交礼仪的相关培训，嘱咐学生在活动期间要严肃外事纪律，不得私下以校方名义接受媒体或记者采访。同时，无论在何时何地开展实践活动，学生都要注意遵守当地的法律法规，时刻铭记国家利益高于一切；也要鼓励学生在实践活动期间弘扬中国外交宗旨，传播公众外交理念，在跨文化交际活动中彰显中华民族礼仪风尚。

（三）尊重不同国家、地区间的文化差异

在开展跨文化类实践活动期间，学生也应注意尊重不同国家、地区间的文化差异。参与实践活动的外国友人来自五湖四海，拥有不同的文化背景，他们的一言一行、一举一动都反映了本民族的特性与习惯。这种文化习惯上的差异会给学生之间的交往带来不同影响。如果不了解或不尊重其他国家、地区的民族文化和风俗习惯，往往容易造成沟通上的障碍和困难，甚至会产生误解，进而影响实践活动的进程和效果。因此，高校应要求学生在参与跨文化类实践活动期间深入了解不同国家和地区的文化与风俗，取其精华，去其糟粕，在发扬我国优秀传统文化的同时学习和借鉴外国优秀文化。

第三节　实践活动实践

一、活动案例10：小联合国进社区

小联合国进社区

——中外学生志愿者参与社区服务模式探索

北京语言大学志愿服务总队响应习近平总书记“走进社区、走进乡村、走进基层”的重要指示精神，践行“奉献、友爱、互助、进步”的志愿精神，积极参与周边社区建设，发挥中国学生的语言特色和“小联合国”多元文化背景下的留学生优势，先后在多个社区设立共建项目，内容涵盖科技助老、语言服务、环保宣传等多个领域。在社区开展志愿服务的过程中，团队不断探索新的服务领域和合作项目，提升学生志愿者服务水平，增强跨文化学生群体的参与体验，丰富实践育人环节。

（一）项目背景

习近平总书记强调，志愿者事业要与“两个一百年”奋斗目标和建设社会主义现代化国家同行。志愿服务是社会文明进步的重要标志，是广大志愿者奉献爱心的重要渠道。随着教育部《学生志愿服务管理暂行办法》和《关于推进青年志愿服务工作改革发展的意见》等相关文件的出台，国家对于志愿服务工作的重视程度到达一个新的高度，特别提出志愿服务要“充分借助社区等平台实现青年就近就便参与志愿服务”。[①] 大学生参与志愿服务也成为进一步落实“立德树人”根本任务的重要载体。

北京语言大学不仅对中国学生进行外语、中文、信息科学、经济、艺术等专业教育，同时承担着培养汉语师资、出国留学预备人员出国前的外语培训工作等任务，现已经发展成一所以语言文化教育和语言文化研究为特色与优势的综合类国际型大学。在校园文化建设中，中外学生有相互交流的愿望，学校为学生跨文化交际搭建多样的平台，其中，中外学生共同参与的志愿服务活动是深受广大学生喜爱的交流互通形式。

（二）项目理念

北京语言大学志愿服务总队成立于 2008 年，隶属于校团委志愿服务指导中心，由 1995 年成立的青年志愿者协会、2005 年成立的西部志愿者协会和 2006 年成立的迎奥运志愿服务队合并改组而成，主要负责组织志愿服务和志愿者管理。在过去的 10 余年中，平均每年策划志愿项目 50 余项，累计输送志愿者 23521 人次，志愿服务时长达 4 万余小时。项目涉及大型赛会、邻里守望、阳光助残、关爱农民工子弟、校园志愿、文化宣传、环境保护等各个领域。习近平总书记在纪念五四运动 100 周年大会上勉励青年，在担当中历练，在尽责中成长，让青春在新时代改革开放的

---

① 共青团中央：《关于推进青年志愿服务工作改革发展的意见》，2018 年 3 月 16 日印发。

广阔天地中绽放，而北语志愿服务总队则在每一份“小善”中凝聚青年力量，让北语中外学生的成长与校园建设、社会发展同行。

相较于传统的思想政治教育模式，中外学生共同参与社区志愿服务作为高校思想政治教育的新载体，具有形象生动、形式新颖丰富等优势，使学生能够在实践活动中将所学知识进行转化，同时培养学生热心公益、服务社会的责任意识。“小联合国进社区”项目由北京语言大学志愿服务总队与华清嘉园、绿色家园、林萃、科学园、南沙滩、枫林绿洲等多个社区合作，招募并组织中外学生志愿者提供语言培训、文化交流、环保宣传、语言服务、陪伴敬老、民俗体验等志愿服务。通过多元化的活动体验、丰富的活动内容和精心的内容设置，目前该项目已渐趋特色化、成熟化、系统化，成为北语志愿服务总队的品牌活动。

（三）项目运作

志愿服务总队的“小联合国进社区”项目由校团委专职老师指导，同时与多个社区负责人进行需求对接，结合各个活动的主题特色，由志愿服务总队的支教部、关爱部、环保部、语言服务与方言保护部等部门具体接洽，对志愿者进行招募和培训。项目自发起伊始，每年都吸引数百人次的学生报名参与，经过面试，每项志愿活动招募 15—40 人的队伍参与服务。中外青年志愿者通过志愿活动走进社区，服务社区，体验生活，体察冷暖，体会忧乐，从而提升跨文化交际能力，建立来自不同人群的友谊，找到青春价值，实现自我成长。

1. “语至华园，牵手世界”

该活动是由北京语言大学志愿服务总队与北京市海淀区华清嘉园社区合作的文化交流活动，通过招募中外志愿者，以沙龙的形式对世界各国的经济文化状况、风土人情、传统文化礼仪与习俗、文化的变迁等内容进行讲解。留学生志愿者作为讲师，对本国文化进行介绍，为受众提供更加真实的文化体验。他们带领社区居民了解更丰富多元的世界，中国志愿者共同参与，提供本地化讲解，帮助社区居民更好地理解内容，减少文化偏见

图 6—1 埃及学生志愿者为社区居民讲解当地饮食文化

资料来源：北京语言大学志愿服务总队。

与误解。活动通过让社区居民亲身体验制作相关文化产物来了解外国文化。如在以万圣节为主题的课堂上，中外志愿者带领居民亲手制作南瓜灯，体会西方节日的氛围；在德国主题的沙龙活动中，德国志愿者带来德国黑面包，让居民了解当地的饮食特色；在尼泊尔主题小课堂上，尼泊尔志愿者介绍本国的地理位置、人口、历史、货币、节日等，并教唱尼泊尔歌曲，大大增强了活动的趣味性。该活动可使社区居民更直接地了解世界各国文化的特色，发现共同点，促进世界文化的融合与发展。

2. “语冬奥相约”

第 24 届冬季奥运会将于 2022 年在中国北京市和张家口市联合举办，北京即将成为唯一一个同时承办过夏季奥运会和冬季奥运会的城市。“语冬奥相约”活动由北语志愿服务总队与奥运村社区的林萃社区、绿色家园社区、科学园社区合力打造，中外志愿者为社工和居民教授日常英语会话。每次上课前，志愿者依照教案认真制作 PPT 课件，在

图6—2 国际学生志愿者与社区老人进行英语口语会话

资料来源：北京语言大学志愿服务总队。

教学内容上也根据需求和学员的接受程度不断调整。授课过程中，留学生志愿者主要着力于交际互动，增加课堂的实践性和互动性；中国志愿者教授单词、语句等，同时向社区学员讲授奥运相关知识。每周一次的志愿活动着力普及基础英语用语，提升社区人员说英语、用英语的能力，展现好客北京形象，助力冬奥服务。

3. “‘井’上天花”手绘井盖

为打造文明社区，倡导文明新风，中外志愿者通过发挥想象力，设计文化井盖涂鸦，亲自动手美化社区环境。该活动由北京语言大学志愿服务总队与华清嘉园社区合作，通过征集主题彩绘设计手稿，将通过遴选的作品对社区内的井盖进行手绘。主题设计上一般会结合时事热点与环保理念，如在2019年设计“共绘新中国70年”、垃圾分类、温室效应等主题，以紧跟时事为出发点，以传播正能量为落脚点，繁荣和发展社区文化，促进社区精神文明建设。

图6—3 中外学生志愿者在社区进行井盖彩绘

资料来源：北京语言大学志愿服务总队。

（四）项目成效

社区志愿服务对倡导并践行社会主义核心价值观、弘扬雷锋精神、传承中华优秀传统文化、深化精神文明建设意义重大，北京语言大学志愿服务总队的“小联合国进社区”项目便是在此基础上，融合学校中外学生特色，将跨文化志愿服务融入社区服务项目之中，着力打造一支有热情、有特色、有作为的国际化社区服务队伍。其中，系列文化交流活动“语至华园，牵手世界”之“小联合国进社区”获得海淀区优秀项目奖。北语志愿服务总队斩获2018年度海淀区优秀志愿服务团队称号。“小联合国进社区”项目在实践育人环节的个体性和社会性成效主要表现为以下几点：

1. 增强中外志愿者的责任感和个人发展能力

从参与群体样本来看，低年级新生的参与比例是报名学生中的大多数。来自不同国家、不同地区的中外学生通过社区志愿服务的形式认识社会、融入社会，用自己的时间、知识、技能等为他人和社会提供服务，在服务的过程中对所处国家、城市，乃至更小单元的社区都有更具体的了解。同时，在投入和付出得到正向反馈后，学生能够更好地完成适应性过渡期，在服务中结识朋友，找到自己的兴趣点，提升人际交往能力和社会实践能力。

2. 进一步促进中外志愿者跨文化交流

全球化趋势的不断推进，对中国高等教育的人才培养提出两大要求：一是要培养适应多元文化环境、具备国际化素质的中国有志青年；二是要培养熟悉中国文化，了解现代中国，“知华、友华”的国际友人。高校志愿服务精神培育是高校人文素养、核心价值观培育的直接要素，组织中外学生共同参与社区志愿服务为文化交流与融合搭建平台。项目的设计涵盖了文化介绍、语言服务等方面，中外志愿者通过参与志愿服务，潜移默化地了解了对方国家和民族的文化、生活习惯、历史知识等，促进了文化交流，实现了跨文化合作，减少了偏见和误解。

3. 营造社区文化氛围，提高社区国际化水平

社区服务是社会协同和公众参与的重要方式。“小联合国进社区”项目的落地可助力社区营造年轻化、正能量的文化氛围，基于选派志愿者的国别多样性和文化差异，与社区居民相互碰撞，提升社区国际化水平，增强人民体验美好生活的幸福感。

（五）项目特色

北京语言大学志愿服务总队的“小联合国进社区”项目作为实践育人工作抓手的特色主要体现在以下几个方面：

1. 以中外志愿者共同参与社区服务为突出点

建立一个多元文化和谐共生的校园文化是稳定跨文化校园环境的重要方面，中外志愿者共同参与项目的策划和实施，让志愿者从项目的建立到落地，清晰、主动地了解目标社区的实际情况，通过参与策划给予志愿者发挥主观能动性、主动获悉相关知识的机会，从而培养中外志愿

者的主人翁精神。在此过程中，学生从自身文化视角出发提出意见，通过讨论和研判共同制定出最佳活动方案。

2. 以形式新颖、融会贯通为出发点

服务内容和形式从以往的单项输出到化整为零，社区志愿服务有别于大型赛会服务和帮扶类志愿活动，因为它更需要志愿者们深入了解被服务对象的生活环境和状态，更需要“用心用情”。在活动的设计中，应以“实用”为第一要义，提供“社区真需要、居民真参与、志愿者真服务”的“三真”志愿服务活动。

3. 以文化传播、文明建设为落脚点

项目实施过程中，始终把文化传播、文明建设作为核心落脚点。一方面，要使中外志愿者和服务对象通过志愿活动更了解对方国家的语言、文化；另一方面，在社区服务过程中，将文明建设融入志愿活动之中，引领新的精神风尚。

4. 以流程清晰、保障完善为着力点

在项目启动前，进行统一招募并在活动开始前对中外志愿者进行培训和项目说明，同时增进中外志愿者的交流，增加合作志愿者的熟悉度，以达到预期服务效果。在活动目的地为较远的社区时，将由志愿服务总队的工作人员带领志愿者一同前往并保持通络，保证志愿者的安全。

（六）项目建议

在跨文化的背景下，如何使中国大学生志愿者和来自不同国家的留学生志愿者之间实现有效的交流和沟通，如何针对中国学生和留学生的不同特点实现有效管理，如何避免文化冲突和交流障碍的发生，使志愿服务工作得以在国际合作的氛围下顺利开展等，都是有待研究并解决的重要问题。

二、活动案例11：中外学生社会实践

认识社会、回馈社会

——北京语言大学中外学生暑期社会实践活动

（一）项目背景

为深入学习贯彻习近平总书记系列重要讲话精神和全国高校思想政治工作会议精神，充分实现全过程育人、全方位育人，为当代青年搭建“认识社会、回馈社会”的平台，进一步引导广大青年学生为祖国建设做贡献，促进中外学生融合交流，校学生处、团委每年都会组织全校中外学生开展暑期、寒假社会实践活动。

北京语言大学通过开展内容丰富、形式多样的实践服务活动，将育人与践行社会主义核心价值观贯穿于暑期社会实践工作的全过程，引导青年学生树立与祖国共奋进、与时代同进步、与社会同发展的信念，加强对中国梦的理解与感悟，并为之努力。

（二）项目成效

北语暑期社会实践工作多次取得丰硕成果，获得市级荣誉。如在2018年“青年服务国家”首都大中专学生暑期社会实践评比工作中，我校8位社会实践指导教师获得“北京市社会实践先进工作者”称号；8位同学获得“北京市社会实践先进个人”称号；8个团队获得“北京市社会实践优秀团队”，并评选出一些校级优秀社会实践团队。

（三）项目特色

1. 校企合作密切

为响应国家关于加强校企合作的政策号召，充分发挥学校与企业双方优势，共同为社会、企业培养高素质、高技能的应用型人才，同时为

大学生实习、实训、就业提供更多空间，校团委与多家企业进行合作。除了日常为学生们提供实习岗位外，还会在寒暑假为同学们提供社会实践的机会。

比如，北语与国家大剧院合作数年，为其输送了不少优秀实习生，在为企业输送新鲜血液的同时，也使学生增长了见识，在工学结合上取得突破并实现学校、用人单位和学生的三方“共赢”。学校还推荐优秀学生参加央视网主办的“金牌实习生”活动，让学生在实践中学习、成长。

通过校企合作，学生在实践教学这个重要环节得到锻炼，巩固在校学习的基础理论知识和专业知识，把理论知识与实际工作结合起来，使学生能够尽早了解专业发展态势，完善理论知识向生产实践的转变。通过校企合作，实现资源共享、优势互补、共同发展。

2. 活动丰富多样

为了提升学生综合素质，培养德才兼备的复合型人才，校团委鼓励广大学生开展社会实践活动。2017 年是中国人民解放军建军 90 周年，不少实践队伍以此为契机，前往北京、山东、延安等地开展革命先辈老兵专访、老兵口述历史资料整理等活动。一些实践队伍聚焦“一带一路”语言建设，调研了“一带一路”沿线国家的语言使用情况。还有一些实践队伍奔赴四川成都、河南驻马店、云南曲靖等地的农村，与当地村干部、村民深入交流，了解当地“精准扶贫”情况。客家文化、民间故事、戏曲、剪纸等传统文化的传承问题以及地区方言的语言资源保护，也是学生们选择的热点主题。此外，很多实践团队还以香港回归 20 周年、城市公共服务和文化服务体系建设、语言人才培养、网络安全等为主题，开展实践调研活动。

社会实践是大学生了解社会的重要途径，也是回报社会的重要平台。2016 年的暑期社会实践中，同学们的实践方式不仅包括调查调研、走访考察，还包括支教、帮扶等形式，充分体现了北语学子的社会责任感。北语赴河北涞水县进行支教的实践活动已经开展了多年。2016 年，北语学子为当地孩子进行了7天的支教活动，得到充分肯定。在北京朝阳区金盏乡皮村，一支实践团队走进当地的同心互惠女工合作社社区开展帮扶活动，同学们设计产品方案，然后帮助女工缝纫制成成品，利用互联网拓展销售途径，取得很好的反响。

3. 后勤保障完善

2018年，校团委将成功申报的队伍组成“北京语言大学首期学术能力训练营（社会调研方向）”，以强化指导、注重培育为宗旨，邀请校内外专家对同学们进行全方位培训，通过社会实践活动提升同学们的学术能力和学术素养，为同学们未来的学术发展道路做好铺垫，帮助同学们早日成长为有专业学术研究能力并能勇担民族复兴大任的时代新人。专家以自己的实践经验，给同学们讲述实践的整体流程——从最初参与实践的目的，到实践前的准备工作，再到实践中应注意的重点难点，以及实践结束后的总结整理工作。同学们从讲座中受益匪浅，对即将到来的实践活动充满信心。

另外，校团委主管社会实践的老师组织召开动员大会，介绍社会实践工作的整体安排，为社会实践工作的顺利开展奠定了思想基础，确定了行动指南；详细介绍社会实践活动中的注意事项、报销说明、新闻报送和总结工作等；校保卫处老师讲解社会实践过程中的安全事项，提醒同学们一定要做到安全第一。

（四）基本工作

1. 精心筹备、认真落实

为确保暑期社会实践工作的顺利进行，每年4月，校团委便主动与学生处、科研处、宣传部等行政部门以及各学部（院）联系，带领相关学生干部召开工作布置会，制定本年度暑期社会实践的计划。校团委会与其他高校团委联系，进行广泛调研，了解其他高校的相关工作进程。5—6月，开始下发正式通知，并做好学生的发动工作，在学生提交项目计划书后请专业老师进行评选，选拔出每年暑期社会实践团队。

利用6月底到7月初临近放假这段时间，校团委还特地组织专业教师有计划地为实践团队做好培训工作，同时为参加实践的学生定制实践旗子、T恤、帽子等物品，还会为学生购买保险。

2. 突出时代主题

2019年暑期社会实践主题是“我和我的祖国”，为了引导青年学生深入学习贯彻习近平新时代中国特色社会主义思想，以实际行动参与国庆70周年、纪念五四运动100周年，引导更多学生进一步深刻感受中国大地的伟大变革和历史成就，深切感悟中国共产党的历史担当和社会主义制度的优越性，进一步坚定走中国特色社会主义道路的信心和自觉性。选题内容包括但不限于：理论普及宣讲团、社会民生考察团、美国中国实践团、科技创新团、庆祝祖国七十华诞实践团、纪念五四运动100周年实践团、文化艺术服务团、教育关爱服务团等。

3. 成果总结

每年暑期社会实践从4月启动，9月进入材料总结阶段。届时，各个团队需按要求上交实践报告、实践心得、活动照片（DV）、活动新闻和实践接收单位评语等材料，并参加实践活动答辩会。校团委将根据答辩会结果评选“北京语言大学实践优秀个人”“北京语言大学实践优秀团队”和“北京语言大学实践优秀指导教师”等。表现优异者可代表北语参与市级及以上等级相关竞赛或评比。

以2018年暑期社会实践为例，各实践队伍都取得丰硕的实践成果，形成调研和实践报告。在实践过程中，35支社会实践团队充分利用新媒体平台，对自己的实践成果进行展示宣传，队伍里的成员也利用微信朋友圈等载体“晒”出自己实践时的照片和心得感受。校团委利用微信公众平台，精心制作和推送了“新丝路·新思路·新青年”主题微信共10期，对各实践队伍取得的成果进行报道宣传，累计阅读量超过4000次。多元化的宣传方式全景式地展现了社会实践的丰硕成果和北语学子的良好风貌，传递和弘扬了青春正能量。

在2019年学校“五四”表彰大会上，校团委对2018年暑期社会实践获奖团队及个人进行表彰，并对代表团队和个人进行采访，可见学校对社会实践工作的支持和肯定。

（五）主要收获和经验体会

1. 深入了解“精准扶贫”

在暑期社会实践中，精准扶贫不再是课堂上抽象的概念，通过切身体验、实地走访、沟通交流等方式，同学们深刻理解了当下国家扶贫工作面临的挑战和压力。精准扶贫贵在“精准”二字，必须结合当地实际情况，与民间、企业、媒体达成良好的联动。除此之外，在当地的良好高效运营才是可持续发展的关键，“授人以鱼不如授人以渔”，只有利用当地固有的优势，在发展的过程中注重保护原汁原味的特色文化，才能将其转化为生产力；只有当地的基础设施和产业结构得到有效改善，让本地年轻人看到家乡的潜力和机会，吸引更多外来人参与建设，才能真正做到可持续的、行之有效的精准扶贫。

2. 看七十年辉煌成就，助青年奋进行动

当代的中国学生不缺乏对“知识”的掌握，但是对于“自我”“社会”“国家”和“人类”这些词汇的敏感度却不高。因此，学生应该强化专业知识学习，为国家的崛起做准备，努力响应国家的号召，开拓创新能力，做全面发展的新型创新人才，同时怀揣一颗报效国家之心，为国家发展贡献力量。

今时今日，国家正处于发展的关键期，我们面对的不仅是自身发展中遇到的种种难题，更有形势复杂的国际社会。作为新时代的青年学生，应该从前人的经验中汲取思想精华，坚定理想信念，勉励自己不畏风雨、砥砺前行。社会实践提供了一个非常好的学习机会，让同学们深入了解基层工作，也更愿意投身于伟大中国梦的建设之中。

3. 认识美丽中国，促环保科普行动

习近平总书记指出：“绿水青山就是金山银山。”将环境保护的理念带入实践，深入贯彻“坚持人与自然和谐共生”“形成绿色发展方式和生活方式”等于国家倡导的环境保护理念及方针。因此，必要的知识普及对人们保护意识的增强以及保护目标的达成都有很大的帮助，认知的增强能够带来根本的改变。通过暑期社会实践活动，学生们对京沪垃圾分类情况有了更深入的认识和体会，对国家环境政策也有了更全面的了解。实践提高了学生们的环境保护意识、社会责任感和实践能力，有助于大家更好地服务社会和回馈社会。

4. 关注民生志愿公益活动

2018 年的暑假，语言康复专业的同学们去康复机构以及特教学校做志愿者。令大家感到意外的是，本以为生活得很苦的孩子，脸上其实一直带着笑容。去做志愿者的同学在为孩子们带来知识和关爱的同时，也收获了很多正能量和鼓励。为期一个月的实践也让大家对自闭症儿童在目前社会环境中的具体生活情况有了更深刻的认识，并将这些正能量传递给其他同学，拉近大众与自闭症儿童的距离，同时呼吁大众多关爱自闭症儿童，让他们感受到来自社会的关心和爱。

（六）项目建议

1. 增设爱国主义教育基地

加强与爱国主义教育基地的合作，为暑期社会实践活动提供更多平台。每年暑期的社会实践活动，都有百余名中外学子参与各项实践调研工作，并取得丰硕的成果。北语学子胸怀理想、志存高远，积极投身实践，充分展现了国际视野、家国情怀和君子风范，在实现中华民族伟大复兴的实践中创造自己的精彩人生。

2. 拓展实践形式及内容

一是创新实践形式。从学生实际出发引导社会实践与专业有机结合，发挥资源优势，创新方式，结合社会热点、专业学习、就业择业与科技创新。要将传统单一形式转变为有组织和自发、日常与假期、分散和集中、校内和校外、点上和面上等多种形式并存。二是项目化运作。

项目化运作是将社会实践活动内容通过项目招标的方式开展，通过项目化这种新方式来调动学生参加社会实践的积极性，有利于从宏观上对社会实践活动加以把握和引导。①

3. 评价体系科学化

一是形成可操作的评价体系，注重奖惩规章制定。学校出台社会实践管理办法，把学生参加社会实践情况登记在册，对社会实践时间、服务对象、社会反响等进行量化、明确与学分认定，建立有效的激励机制。二是突出学生主体地位。应把学生需求和受益置于核心位置，坚持学生自评与集体评价相结合的原则，重视学生的自我反思性评价，促进大学生素质的全面提高。②

图6—4 实践队伍与福建土楼振成楼第四代继承人交流

资料来源：北京语言大学志愿服务总队。

① 陈靓、顾伟："大学生社会实践存在问题及其改进措施"，《才智》2011年第27期，第214页。

② 胡舒敏："论大学生的社会实践活动"，《求实》2006年第S2期，第269—270页。

图6—5 实践队伍同学与川剧演员合影

资料来源：北京语言大学志愿服务总队。

图6—6 了解厦门市外籍来华工作人员汉语学习情况

资料来源：北京语言大学志愿服务总队。

图 6—7 赴河北涞水支教团队在给孩子们上课

资料来源：北京语言大学志愿服务总队。

三、活动案例 12：学生国际交流协会

来华留学新形势下提升中外学生跨文化交际能力的重要性
——以北京语言大学学生国际交流协会为例

（一）来华留学新形势下高校学生工作面临的挑战

据教育部最新公布的数据显示，2018 年共有来自 196 个国家和地区的 492185 名各类外国留学人员在全国 31 个省（区、市）的 1004 所高等院校、科研院所和其他机构中学习，比 2017 年增加了 3013 人，增长比例为 0.62%。[①] 相比 2010 年，接收来华留学生的单位已由 620 所增至 1004 所，在来华留学人员总数增长趋稳的情况下，来华留学生的

① “2018 年来华留学统计”，教育部官网，2019 年 4 月 12 日，http：//www.moe.gov.cn/jyb_xwfb/gzdt_gzdt/s5987/201904/t20190412_377692.html，登录时间：登录时间：2019 年 9 月 23 日。

选择愈加多样，高校面临的来华留学教育竞争压力不断增大。

来华留学的国际学生在择校时不仅开始考虑城市竞争力、高校教学水平等核心因素，一所高校的管理和服务能力也会直接对国际学生的抉择产生影响。因此，提升高校精细化管理服务水平、营造和谐的校园文化氛围、打造中外学生共同学习和生活的和谐环境、做好国际学生的知华友华工作，实现中外学生的互学互帮，是中国高校提升其来华留学生竞争力不得不面对的挑战。

（二）成立学生国际交流协会的必要性

1. 学生国际交流协会成立背景

北京语言大学作为中国唯一一所以对来华留学生进行汉语、中华文化教育为主要任务的国际型大学，每年都有近万人次的国际学生来此学习交流。学校的国际学生管理和服务机构也伴随着学校的发展战略不断进行优化改革，针对国际学生的招生、管理、培养、服务等工作分工进一步明确。但随着各项工作分工的相对独立，专职从事国际学生管理工作的教师数量实际上在不断减少，管理教师即便是超负荷工作，也很难确保国际学生的日常管理、突发事件处理、第二课堂教育等各项工作齐头并进。而与此同时，国际学生的管理工作兼有外事工作属性，既要保证管理工作中绝无疏漏、坚持原则，又要兼顾外事大局及友好工作的开展，两者的工作要求和性质常常发生冲突，导致管理教师产生巨大的身份焦虑及心理压力。

鉴于这种情况，2014 年国际学生管理处（时为学生处下设的国际学生办公室）决定创立一个中外学生共同参与的学生组织，以其作为国际学生管理服务的有力抓手，更加贴近学生，搭建起一座沟通的桥梁。在这样的背景下，北京语言大学学生国际交流协会迅速成立，短短一个月的时间里就建立起一支由中国学生骨干和国际学生精英共同构成的优秀团队，成为学校正式在册的校级学生组织。

2. 学生国际交流协会定位及组织架构

北京语言大学学生国际交流协会（Association for International Understanding，简称 AIU）是下设于学校国际学生管理处的校级学生组织，致力于为中外学生搭建一个交流协作的平台，提倡国际交流与理解，以服务中外学生，培养具有国际视野的高素质人才为指导思想。AIU 凝聚了中国学生骨干及国际学生精英，通过一系列具有针对性的活动，让国际学生充分了解中国和中华传统文化，积极参与到校园文化生活中，进一步提升其在北语学习的荣誉感和归属感。与此同时，中国学生也能在活动策划举办的过程中了解世界文化，学会包容接纳各种文化，并在管理中提升自身素质，锻炼综合技能。

协会自 2014 年成立以来，一直以“国际交流、国际理解”为宗旨，将“打造全方位、深层次、多元化的国际交流平台”作为目标和使命，形成以国际学生管理处的整体规划为核心，以行政管理中心、活动策划中心、新媒体运营中心、视觉设计中心、国际交流中心五大职能部门为主要运营体系的组织架构。协会下设北京语言大学九大国别及区域学生联谊会，以及国际学生志愿服务中心、国际学生板球社、音乐社等社团组织。

3. 学生国际交流协会的管理及运营

（1）专业系统的培训

AIU 作为国际学生管理处归口管理的学生组织，其天然具有管理服务和对外交流的属性，这也对 AIU 成员的工作素养提出非常高的要求。国际学生管理处设有专职的指导教师对 AIU 进行指导管理，每一位加入 AIU 的新成员都会接受从学校管理规定、服务指南、活动申办、对外交流、仪表礼仪、拍照摄影、视频剪辑等各方面系统的培训，从而具备基本的管理服务能力。除此之外，重要外事活动、大型赛事、志愿服务等任务的外事实训更是让 AIU 成员的能力得到实际的锻炼。

（2）灵活的体制机制

为了提升工作效率，与其他学生组织一样，AIU 设有主席团及五个职能部门，各部门均有中外学生担任部门负责人，统筹负责 AIU 日常工作运行。同时，为了避免组织分工带来的体制僵化弊病，AIU 的专项活动均设有项目经理的职位，各个部门负责人可以通过竞选制度担任项目经理，并在 AIU 内部遴选项目成员，共同完成该项活动，从而全面提升个人的活动策划、宣传、组织、实施以及交流能力。这样的体制机制保障最大程度调动了成员的积极性，也在换届选举时提升了竞选 AIU 主席的竞争力，始终让 AIU 保有年轻学生组织的活力和奋斗精神。

（3）中外学生合作模式

AIU 成立六年以来，发展迅速，各项工作开展得有条不紊，这主要得益于中外学生在国际学生管理处的指导下能够真正实现高效的交流与理解。AIU 的中国学生均具备较高的外语水平，很多学生掌握超过两门以上的外语，国别的丰富性更是在全国高校中首屈一指。在中外学生的默契配合和分工下，从活动的创新创意到新闻稿的中外文双语推送，中外合作实现了优势互补。这其中，每学期的团队建设和交流活动起到至关重要的作用，不同文化背景、宗教信仰、民俗习惯的学生因互相尊重和理解得以和谐相处。每当新旧团队交替之时，国际学生管理处都会组织新成员参加见面会、破冰行动、素质拓展，想方设法让大家在轻松自在的环境中建立起对彼此的了解和信任，这也使得 AIU 自成立以来从未发生过中外学生间的矛盾和摩擦。相反，他们在不断的接触和工作中越来越欣赏彼此，加深了对彼此文化的了解，建立了牢固的信任关系和真挚的友谊。

（三）学生国际交流协会在跨文化交际中的重要桥梁作用

2018 年 AIU 全年举办了各类活动近百次，参与活动人数达到 2000 人次。作为一个年轻的学生组织，能够得到中外学生的广泛认可和喜爱，和其举办了一系列具有国际视野、年轻人喜闻乐见的活动是密不可分的。

1. 学生国际交流协会特色活动

（1）北京高校国际学生板球大赛（Beijing International Students' Cricket Tournament）

2017 年，AIU 首次将板球这一风靡全球的体育运动引入北语，这也是首次在国内高校举办国际学生板球大赛，共吸引了百余名高水平国

图 6—8　参加北京高校国际学生板球大赛

资料来源：北京语言大学学生国际交流协会。

图 6—9　板球大赛比赛现场

资料来源：北京语言大学学生国际交流协会。

际学生参赛，其中不乏专业级选手。2018 年，该项赛事的影响力已迅速扩大至北京及上海，清华大学、北京航空航天大学、北京师范大学、华东师范大学等8所高校的国际学生齐聚北语同场竞技，高水平的赛事吸引了大批中外师生前去观看，使得该项赛事成为全国高校国际学生的品牌赛事活动。

（2）北京语言大学躲避球大赛（BLCU Dodgeball Tournament）

躲避球作为一项风靡北美的体育运动，于2016年由AIU引入北语校园文化活动，每一季赛事均有30多个国家的百余名中外学生参与其中。同学们以球会友，收获友谊，发扬体育竞技精神，展现运动才能，促进文化交流，在“小联合国”的独特人文环境下感受不同国家和地区文化的魅力。

图6—10 躲避球大赛合影

资料来源：北京语言大学学生国际交流协会。

（3）中华文化体验活动（Chinese Culture Experience Activities）

中外学生共同参观国家博物馆，携手共攀长城，感受老舍茶馆的韵味，探索中国功夫的奥妙，感受杂技演出的精彩绝伦，享受民乐演奏的饕餮盛宴，一次又一次的文化体验活动，不仅增强了国际学生对中华文化的了解，更加深了中国学生对开展文化交流的理解，体会到不同文化间的碰撞。

图 6—11　制陶体验

资料来源：北京语言大学学生国际交流协会。

图 6—12　篆刻体验

资料来源：北京语言大学学生国际交流协会。

（4）“主题星期五”国家文化沙龙（“Theme Friday” National Culture Salon）

AIU 自成立以来，先后举办了伊朗、俄罗斯、日本、韩国、埃及、墨西哥等多个国家的专场文化沙龙。这些文化沙龙的内容和形式多种多样，不仅丰富了北语同学的课外活动，而且使得多国同学的友谊不断升华，同时提高了学生的国际文化素养，拓展了国际视野。

图 6—13 “主题星期五”国家文化沙龙感受世界各国文化

资料来源：北京语言大学学生国际交流协会。

（5）“听我说”系列节目（Listen to Me Series）

“听我说”是一档兼具内容性、趣味性的中英双语短视频节目，由国际学生从自己的视角出发，对他们的国家进行深入透彻的解析。来自不同国家的国际学生通过“听我说”，围绕一个特定主题对自己的国家进行详尽的介绍，并将其浓缩成短短几分钟的视频节目，为观众提供了一个崭新的视角，架起一座了解世界各国文化的桥梁。

图6—14　“听我说”中英双语短视频系列节目

资料来源：北京语言大学学生国际交流协会。

图6—15　学生通过“听我说”系列节目介绍本国文化

资料来源：北京语言大学学生国际交流协会。

(6)“我的中国梦”——国际学生汉语演讲比赛（My Chinese Dream—International Students' Chinese Speech Competition）

该主题演讲比赛作为庆祝孔子学院成立的活动之一，受到国家汉办和校领导的高度重视。演讲比赛以“我的梦想与中国”为主题，获奖作品饱含参赛者对中国的热爱，阐述了他们各自在梦想道路上的精彩故事。该比赛自 2014 年举办至今，已有多个选手的获奖作品在光明日报、人民网等多家媒体刊发报道，感动了无数观众。

图 6—16　国际学生汉语演讲比赛

资料来源：北京语言大学学生国际交流协会。

（7）国际学生迎新工作（Orientation Program for International Students）

国际学生迎新工作作为 AIU 最为重要的年度工作之一，在每个学期末都会进行下一学期的迎新志愿者招募和培训工作，并在假期中开始紧张有序的筹备和策划工作，为即将来到北语学习的国际学生制作多语种推送，全方位指导国际学生的来华之行。而在报到之时，AIU 更是全程陪伴国际学生办理入学、体检、签证延期等手续，并为新生特别策划了校园探秘、宜家购物行等贴心活动，让国际学生一抵达学校就能感受到细致的关怀和服务。

图 6—17　国际学生迎新学生工作人员合影

资料来源：北京语言大学学生国际交流协会。

图 6—18　国际学生迎新工作现场

资料来源：北京语言大学学生国际交流协会。

2. 学生国际交流协会新媒体平台对文化交流的促进作用

AIU 在成立之初就非常重视新媒体平台的建设工作，优质的原创内容、独特的视角、双语文案都成为 AIU 新媒体平台吸引关注的重要保障，同时在审核流程上严格执行“创作—翻译—审校—复核”的程序，保证平台发布内容的权威性和严谨性。仅仅在 AIU 成立一年后，AIU 微信公众平台的推送阅读量就已多次破万并被转载，获得校内外的极高关注。

此外，AIU 同时开设了 Facebook、Instagram 平台账号，各个平台针对的人群不同，也对加强传播 AIU 中外学生交流的理念起到极大的促进作用。通过线上的宣传，更多的人期待能够参与到线下的活动中，甚至产生了学习汉语、了解中国文化的兴趣，使得校园活动不仅局限在校园范围内传播，而且在校园外甚至国际社会产生更加积极的影响，传播正能量。

3. 学生国际交流协会促进了高校间的学生交流

2015 年，AIU 举办首次北京高校国际学生交流协会年度交流会，清华大学、北京师范大学和对外经贸大学等高校应邀参加。在交流会上，各高校协会负责人均来自不同的国家，他们总结并分享了各自的经验和心得，使得 AIU 能够学习各家所长，开阔视野。

此外，AIU 成员多次受到京内外高校邀请，先后赴浙江、江苏、四川和内蒙古等多地与高校进行交流，分享活动经验，将 AIU 的工作机制和模式分享给更多高校。精美的活动画册、丰富的多媒体成果让更多高校对 AIU 的工作有了深刻的了解和认可，也在交流互访中提升了 AIU 团队的信心和士气。

（四）学生国际交流协会促进中外学生跨文化交际能力的提升

1. 学生国际交流协会引导国际学生积极成长

北京语言大学自 1962 年建校起，一直将来华留学生培养作为立校之本，50 多年的发展历程造就了独一无二的“小联合国”。而国际学生的思想教育工作更是北语国际学生全方位教育体系中的重要组成部分。研究发现，国际学生对中国社会文化的适应主要可分为：生活适应、公德意识适应、交往适应、社会支持适应、服务模式适应、社会环境适应和当地人生活习惯适应。[①] 国际学生汉语水平不一，文化、宗教背景各异，在同一个校园里，如何积极有效地引导和帮助国际学生不断实现自我成长、自我管理、自我教育，全面适应在华留学生活，是学生国际交流协会自成立以来一直践行的宗旨和目标。

（1）学生国际交流协会积极组织学生参加重大赛事

自 AIU 成立以来，北语国际学生在北京市一系列大型文体活动中取得傲人成绩，俄罗斯学生大卫获得“汉语桥”全国外国人汉语大赛冠军，北语斩获北京市外国留学生汉语辩论赛“六连冠”，来自美国、蒙古国、葡萄牙、越南、挪威、卢旺达的六名国际学生连续三届获得北京外国留学生“汉语之星”荣誉，这一系列令人瞩目的成就都离不开 AIU 指导教师和中外学生成员的陪伴与付出。正是有了 AIU 全方位的指导和保障，北语国际学生才能够从众多优秀选手中脱颖而出，斩获桂冠。

（2）开展中华文化体验活动，带领国际学生感知当代中国

近年来，AIU 多次组织国际学生体验中国传统文化，爬长城、游颐和园、看京剧、学功夫、参观国博、制作月饼等，让国际学生体验到中华传统文化和节日的魅力。同时，在国际学生管理处的指导下，AIU 陪伴国际学生参观了上海自贸区、APEC 会址、阿里巴巴园区，让国际学生感知和了解当代中国的迅猛发展。

（3）开展具有国别与区域特色活动，提升国际学生身份认同感

为了进一步促进中外学生的相互了解，打造多元校园文化生活，增进国际学生的身份认同感，AIU 组织一系列具有国别与区域特色的文体活动：盛行北美地区的躲避球大赛、流行于英联邦及南亚国家的板球大赛都在北语如火如荼地开展，成为首都高校的创新之举，引来各高校的

---

① 陈慧：“留学生中国社会文化适应性的社会心理研究”，《北京师范大学学报（社会科学版）》2003 年第 6 期，第 135—142 页。

效仿与学习；充满印地风情的音乐之夜、中外学生激情碰撞的“新年达人秀”让北语国际学生充分感受到“小联合国”的多元文化氛围。

（4）开展国际学生志愿服务活动，加强单国别学生联谊会建设

每年通过学期迎新工作、志愿服务项目等活动，AIU 让国际学生真正地参与到校园文化生活中；不断加强单国别学生联谊会的建设，支持和监管人数较多、条件成熟的国家成立本国或多国（如拉美、非洲）学生联谊会，使其在各国际新生入学适应、单国别学生活动组织及国际学生管理等方面发挥重要作用。

（5）不断挖掘国际学生潜能，实现学生自我服务与提升

为了充分发掘国际学生潜能，发挥国际学生的专业特长，为中外学生提供共同学习和交流的平台，AIU 选拔招募了一批具有专业特长的国际学生参与到第二课堂教育文化活动中，担任 PS/PR 共享课、音乐共享课、“听我说”等制作人与主讲人，以线下中外学生同堂上课、线上视频课程共享的方式，开设了一系列广受欢迎的第二课堂，充分调动国际学生的主观能动性，实现国际学生的自我服务与提升。

2. 学生国际交流协会为中国学生创造多元化校园氛围

校园文化是一所大学综合气质的体现，能够于无声处教化育人，而学生国际交流协会正是立足于北语“小联合国”的文化生态，致力于为中外学生创造良好的多元化校园氛围。其通过打造独特、多元的校园品牌文化活动，开拓中国学生的国际视野，并结合自身专业及北语独特的语言优势，培养真正具有全球化思维意识的社会精英。

在全年近百场活动中，中国学生在 AIU 得到全方位的锻炼，他们是国际学生成长之路上的导师和智囊团，也是多元文化交融的亲历者。他们在指导教师的带领下攻坚克难，帮助国际学生不断突破自己，在赛事筹备、活动策划、宣传推广、外事接待、高校联谊、活动总结的各个环节得到实战锻炼，和国际学生一起从传统文化中汲取养分，感受中国日新月异的发展变化，也在挑战中不断实现自我突破和成长。

中国学生进入高等教育阶段成为非常宝贵的人才资源，但为了备战

高考，争取有机会进入理想的学府，大多数中国学生在高考前的成长经历相对单一。[①] AIU 希望通过丰富多样的活动，让中国学生能够有机会和国际学生直接交流，有机会结识生活习惯、思维方式及价值观迥异的各国学子，极大地丰富了他们的校园生活。这种直接交流和了解不同于媒体、网络的传播，而是通过面对面的对话与交流，帮助北语中国青年学子真实而深刻地认识这个世界的多样性，以及全球发展的现状，从而提升他们的国际理解力，使他们对世界保持独立清醒的认识，同时具有兼容并蓄的胸怀。

（五）结语

随着信息化时代的到来，人类社会前所未有地需要相互依存才能实现更好的发展，而具备跨文化交际能力的国际性人才将成为社会真正需要的资源。国家、民族、人民之间的交流中难免会产生摩擦，跨越山川、海洋的人类文明交流已经开启，尽管山海有风雨，但文明的交流不应中断。[②] 不断培养中外文明交流的使者、知华友华的国际型人才，是来华留学新形势下更为急迫的目标，AIU 将不断发展和完善自己的活动内容与形式，为北语乃至全国高校的中外学子提供更高更好的交流平台，使他们保持不断学习、积极探索的初心，为更多高校培养来华留学生和开展跨文化交流提供更多的案例分享与实践经验。

---

① 陈舒洁：“高校校园文化建设的思考与研究”，《科技展望》2016 年第 11 期，第 342 页。

② 杜钢：“美国多元化文化教育五十年：回顾与前瞻”，《北京科技大学学报（社会科学版）》2007 年第 2 期，第 147—150 页。

第七章 演出活动

第一节 演出活动概述

演出指的是单位或个人在特定的时间和地点，通过戏曲、舞蹈、歌唱等形式向观众展示的文艺表演活动。一般而言，演出是指表演者通过某种艺术形式，借用灯光、舞台、音响、服装道具等，将舞台艺术展现给观众的过程。在高校，根据演出人员、组织方等的不同，演出活动的形式和内容也不尽相同。本书中主要探讨的是由学校职能部门组织、以师生为主要参与者、以唱歌舞蹈等为主要形式、以跨文化交流为主要内容的表演活动。

一、舞台表演基本特征

跨文化交际舞台表演是一种特殊的舞台表演形式，是校园文化活动的重要组成部分。它兼具大众舞台表演、校园舞台表演以及自身独有的基本特征。

（一）大众舞台表演的基本特征

1. 情动于中——具有情感传播性

《毛诗·序》说：“诗者，志之所之也，在心为志，发言为诗，情动于中而形于言，言之不足，故嗟叹之，嗟叹之不足，故咏歌之，咏歌之不足，不知手之舞之足之蹈之也。”无论是诗歌还是音乐、舞蹈，都是由情而动，是表达心意、抒发情感的重要方式。舞台表演最重要的一个特征就是具有情感传播性。

2. 雅俗共赏——富含艺术性

作为艺术形式的一种，舞台表演的内核即艺术性。雨果曾说过："舞台是一个视线的集中点。世界上、历史上、生活里和人类中的一切，都应该而且都能够在舞台上得到反映，但是，必须是在艺术的魔棍作用之下才成。"①

3. 产生共鸣——强调互动性

舞台表演离不开表演者、舞台、观众三个因素。表演者与观众产生的共鸣是舞台表演追求的最终目的。与诗歌、绘画等艺术形式产生的共鸣不同的是，舞台表演的共鸣更具有互动性：表演者将内心情感通过舞蹈、歌唱等形式传递给观众，观众对此的反映同时影响着表演者的演出状态。

（二）校园舞台表演的基本特征

1. 和风细雨——育人是第一要素

舞台表演活动是高校育人机制中不可缺少的一部分。相比传统的说教方式，舞台表演更受年轻大学生的喜爱。它用和风细雨的形式，寓教于乐，将育人理念深入大学生心中，成为理论学习的重要补充。

2. 积极健康——提升艺术修养

歌德曾说过："一部剧本总要有使人喜闻乐见的东西。它必须宏伟妥帖，爽朗优美，至少是健康的、含有某种内核的。凡是病态的、萎靡的、哭哭啼啼的、卖弄感情的以及阴森恐怖、伤风败俗的剧本，都一概排除。"② 以大学生为主体的校园舞台表演，更应强调表演的积极健康性，以提升大学生的艺术修养、激励大学生奋发向上的精神为主要出发

---

① ［法］雨果，柳鸣九译：《论文学》，上海译文出版社 1980 年版，第 62 页。

② ［德］爱克曼，朱光潜译：《歌德谈话录》，人民文学出版社 1979 年版，第 68 页。

点，营造阳光健康的校园文化氛围。

3. 百花齐放——彰显校园特色文化

受专业设置和历史文化等因素影响，每所高校都拥有独特的校园文化。结合本校特色文化，打造品牌文化活动，是高校文艺活动的重要特征之一。北语有着“小联合国”的美誉，在校园里，中外学生互相学习、帮助，中外文化相互交融、碰撞。抓住这个特点，学校打造了一系列品牌活动，如中外学生歌手大赛、中外学生旗袍风采大赛等，营造了极具特色的校园文化。

（三）跨文化舞台演出的特征

与其他校园舞台演出不同的是，跨文化舞台演出是以跨文化交流为主要内容的，在这个舞台上，多元文化相互交融、相互影响，碰撞出不一样的火花。中外同台是跨文化舞台表演的形式特征，多元文化交融是跨文化舞台表演的内涵特征。此外，与其他舞台表演相比，跨文化舞台表演更具有开放性，所体现的艺术性更具有世界眼光——表现全人类、各民族共同欣赏的艺术实践活动，并展示人类所公认的情感、观念和价值。[1]

二、影响演出效果的因素

一场成功的演出是许多因素共同作用的结果。除影响大众舞台演出、校园舞台演出效果的一般因素外，跨文化演出还受到追求更高的美感和艺术性、强调民族文化自信、多语需求等因素的影响。

（一）影响大众舞台演出效果的因素

1. 客观因素

客观因素包括场地、舞美、灯光、音响、道具、服饰等，是用来烘

---

① 王一川：《艺术学原理》，北京师范大学出版社 2012 年版，第 78 页。

托演出效果的，并不是必需的，也不是越“玄”越好，应根据演出的形式和主题而定。一些大型演出，如奥运会开幕式，必须使用炫目的灯光、变幻的舞美等来衬托出宏大的主题；而一些街头演出，没有灯光、舞美等工具，同样可以凭借街头的氛围、表演者的能力等因素吸引观众，获得很好的演出效果。

2. 主观因素

主观因素包括导演、表演者、主持人、幕后工作者、观众等。导演是所有演出人员和幕后工作者的总指挥，是将各种因素融合在一起的组织者。表演者是舞台演出的生力军，是决定演出成败的关键因素。主持人是演出进度的把握者，也是观众情绪的引导者。幕后工作者是贯穿整个演出的重要人员，是舞美、灯光等客观因素的操控者。观众是演出的接受方，观众的反映是演出效果的直接体现。

3. 科技因素

科技因素包括互联网手段、动画合成等。现代舞台表演中，电子化程度日益加深，许多表演都借用高科技手段来提升演出效果。合理地使用高科技手段能很好地烘托出演出效果，将观众的情绪带入演出当中，深化演出主题。但是，不能过于依赖高科技因素，从而忽视表演者等主观因素，以致本末倒置。

（二）影响校园舞台演出效果的因素

1. 富含教育意义

与一般的商业演出不同，校园舞台演出需要考虑更多的教育意义。但是，由于把关不严，个别高校演出活动仍然存在形式混乱、内容低俗等情况。这样的演出不能给学生带来美的享受，反而会影响学生形成正确的三观，可以说是一种彻底失败的演出活动。高校的演出活动必须重视教育意义，重视思想性与艺术性相结合，激励大学生奋发图强的精神，引导大学生提高审美能力，树立积极向上的人生观、价值观。

2. 形式新颖，符合当代大学生的特点

校园舞台演出的观众主要是年轻的大学生。他们喜欢新颖的事物，对于舞台艺术有独特的理解，陈旧、落后的表演形式对他们已毫无吸引力。在重视教育意义的同时，必须考虑到演出形式的新颖性和创新性，以吸引更多的大学生参与其中，确保演出效果。

3. 重视宣传和总结

前期宣传能更好、更明确地将演出的主题及内涵传达给观众，是吸引观众的重要途径。在举办中外旗袍大赛时，校学生会精心制作了许多线上和线下的宣传活动，点明大赛的意义和活动主题，帮助观众更好地融入演出中。此外，由于演出的非专业性，在演出结束后，组织方要做好总结工作，为日后的演出活动积累经验，做到精益求精。

4. 注重品牌效应

品牌活动是高校文化的传承和发展，是校园文化的重要组成部分，也是质量和口碑的保证。许多毕业生在回忆大学生活时，都会记得参与品牌活动时的美好体验，甚至产生某种特殊的情感。利用品牌效应，可以更好地传播高校特色文化，提升活动的关注度。因此，高校舞台演出活动应重视品牌效应，把有限的精力放在品牌活动上，打造精品活动。

（三）影响跨文化舞台演出效果的因素

与其他校园舞台演出不同的是，跨文化舞台演出的表演者和观众是来自不同文化背景的人群。因此，除上述影响校园舞台演出效果的因素外，还有以下因素会对跨文化舞台演出效果产生影响：

1. 追求更高的美感和艺术性

语言和文化背景的不同，导致观众和表演者对演出内容的理解会有所不同，对演出效果也会产生影响。因此，在选择表演形式和内容时，应追求更高的美感和艺术性，让来自不同文化背景的人群都能理解演出内容。例如，北语在组织中外学生同台演出的活动时，充分考虑到这一点，经多次商议后，最后确定了中外学生歌手大赛和中外学生旗袍大赛两项活动，用歌舞和T台秀这两种易于被接受并富有艺术性的表演形式来吸引观众。实践证明，两项活动都获得非常好的演出效果。

2. 树立文化自信，强调民族美学

“传统审美观念”与“民族美学精神”往往是跨文化传播当中最难以传递和诠释的部分。[①] 在考虑文化差异的同时，不能一味地迎合外国观众和表演者的需求，还要重视树立文化自信，在活动中传递中华民族特有的民族美学，推动中国传统文化走出去。中外学生旗袍大赛就是一个很好的例子，通过中国传统服饰——旗袍，向外国留学生展示我国的民族服饰文化，体现了我国大学生的文化自信。

3. 双语演出的必要性

语言是跨文化演出必须跨越的一个障碍，语言不通会使演出效果大打折扣。在演出中适当地使用双语，能增强表演的互动性。“翻译”加“表演”是跨文化演出中特有的因素。在中外学生歌手大赛中，组织方使用双语字幕帮助观众更好地理解歌曲的含义。此外，少数表演者使用不同语言（如外国留学生使用汉语，中国学生使用外语）演唱，更是具有别样的风情，观众反映十分强烈。

第二节　演出活动策划

一、演出活动基本原则

充分详细的活动策划是演出活动顺利举行的保障。在策划跨文化演出活动时，组织方应以社会主义核心价值观为指导，解放思想，创新活动形式和内容，紧扣主题，合理安排演出进度。此外，还应注意平等沟

---

① 胡娜：“张火丁北美演出对中国戏曲跨文化传播的启示”，《艺术评论》2016 年第 3 期，第 58—62 页。

通，互相尊重，因地制宜，立足本土，充分交流，增进了解。

（一）以社会主义核心价值观为指导

习近平总书记明确指出："要重视文艺阵地建设和管理，坚持守土有责，绝不给有害的文艺作品提供传播渠道。"① 作为重要的育人机构，高校更要严守文艺阵地，以社会主义核心价值观为指导，做好演出活动策划，杜绝一切有害青年成长的演出内容，打造一个清风朗朗、正气盎然的校园环境。

（二）解放思想，创新发展

随着社会的发展，当代大学生对创新的需求日益增强，落后陈旧的演出形式已不再受青睐。在策划演出活动时，应解放思想，创新活动内容和形式。在中外学生歌手大赛中，组织方借鉴了当下风行的"中国好声音"节目模式，给观众带来耳目一新的感觉，深受大学生喜爱。

（三）主题鲜明，张弛有度

在进行活动策划时，首先要明确的是活动主题。确定主题后，活动形式和内容都应紧扣主题，围绕主题进行策划。舞台演出一般分为开场、高潮、结尾三个部分，在进行活动策划时，须遵照主题鲜明、张弛有度的原则，避免出现拖沓冗长的情况。

（四）互相尊重，平等沟通

在跨文化演出的舞台上，多元文化交融，难免会出现文化冲突，我们要秉持相互尊重的原则，尊重彼此文化之间的差异，平等沟通，求同存异，避免冲突升级，造成涉外事件。

---

① 习近平："在文艺工作座谈会上的讲话"，《人民日报》2015 年 10 月 15 日。

（五）因地制宜，立足本土

1919 年，梅兰芳赴日演出时，根据当地的文化背景调整了演出内容和形式，按照当地剧场的要求，在表演中穿插了歌舞伎的表演。在日本观众尚不了解京剧的背景下，他不能不考虑日本剧场的演出规则，适度迎合日本观众的接受习惯，避免强势推介。最终，本土和异域的不同风情、新旧交替的内容丰富了视听享受，使得在东京的演出大获成功。① 这个例子说明，在策划跨文化演出活动时，需要因地制宜，从本土出发，适当调整演出形式和内容，以获得来自多元文化背景的观众的认可。

（六）充分沟通，增进了解

在策划中外学生旗袍大赛时，组织者将有关旗袍文化的各种资料翻译成多种语言发给外国留学生，让他们对旗袍文化有充分的了解。在此基础上，组织者多次与来自不同国家的参赛者就服装、饰品、道具等细节进行沟通，最终做出一份比较满意的活动策划，取得事半功倍的效果。

二、演出活动注意事项

在上述原则的指导下，高校组织方在策划演出活动时，应做好计划，从全局考虑，重视细节，并按照要求报备审核，多层把关。

（一）做好计划，提早策划

每学期开学初，高校相关部门应根据学校整体安排做好本学期的活动计划，确定演出活动的大概时间，并召开新学期部署会议，协调各部门、各学院的演出活动，避免出现活动扎堆的情况。在确定大概时间后，相关部门应提前两个月进行活动策划，制定活动时间表，根据策划

---

① 孙亚鹏：“梅兰芳赴日美演出中的跨文化传播策略研究”，《戏剧》2018 年第 4 期，第 75 页。

和时间表有条不紊地推进工作。

（二）报备审核，层层把关

举办高校演出活动时，安全责任十分重要。在做好初步策划时，大部分高校都要求主办方上报活动方案和应急预案，保卫处、党委宣传部等相关部门应层层把关，做好审核工作，确保演出活动安全顺利开展，避免出现安全事故和意识形态问题。

（三）考虑全局，重视细节

在策划演出活动时，应从全局入手，重视细节。高校演出活动的策划基本包含以下几部分：

1. 活动主题

主题是演出活动的灵魂，是策划中最重要的部分。高校演出活动的主题应紧跟时代步伐，贴近大学生生活，凸显专业特色。在确定中外学生旗袍大赛的主题时，组织者多次召开会议，后考虑到学校女生众多，所学多为语言、文学等文科专业，最终将主题确定为“霓裳丽影，你最优雅”——一袭旗袍藏古韵，时尚伊人浮暗香；东方魅力耀四方，丽影霓裳邀共赏。此主题体现了北语女生独立自信的品德和优雅从容的气质，深受中外学生欢迎。

2. 场地和时间

主办方应根据演出内容和形式，并考虑到观众人数，选择适合的演出场地。大部分高校的演出场地有限，主办方需要开动脑筋，合理利用有限的场地开展演出活动。在举办中外学生歌手大赛时，学校采取了类似于演唱会的形式，在室内体育馆搭台作为演出场地，获得很好的演出效果。除了场地外，在策划演出活动时，还要根据学校整体安排确定演出时间，尽量避开考试前后，选择大部分学生课程较少、学习压力较轻的时间段举行。此外，在举办跨文化演出活动时，组织方还应考虑到不同国家的风俗文化，避开西方圣诞节、穆斯林开斋节等重大节日。

3. 合理的分工

分工表是演出活动策划中必不可少的一部分。一般而言，校园演出活动的分工应包含以下内容：导演、宣传、舞美、灯光、音响、服装、道具、外联、后勤、多媒体制作、摄像、新闻报道、观众引导等。此外，跨文化演出活动的分工还应包括翻译、留学生联络等方面。做好分工，责任到人，是演出活动顺利进行的有力保障。

4. 融媒体资源

融媒体是一种新兴的传媒手段，深受年轻学生的喜爱。占领融媒体，让它为我们发声，是高校开展德育工作面临的新挑战。在策划校园演出活动时，组织方可多利用融媒体进行宣传报道，扩大活动的影响力。组织方在举办中外学生歌手大赛和中外学生旗袍大赛时，整合多方资源，在抖音、腾讯视频、微博等深受学生喜爱的网络平台上直播，受到校内外广泛的关注。此外，在宣传跨文化演出活动时，组织方应根据观众情况准备多语种的宣传材料。

第三节　演出活动实践

一、活动案例 13：中外学生歌手大赛

歌唱青春梧桐梦，奋进北语大舞台

——北京语言大学中外学生歌手大赛

（一）项目背景

北京语言大学致力于建设中国特色世界一流语言大学，培养文化交流互鉴的使者与具有国际视野和跨文化交际能力的高素质人才。共青团北京语言大学委员会结合校情，以丰富校园文化生活，为中外学子提供

展示自我机会为目的，以增强留学生对中国文化的理解和认识，通过中外学生交流互动实现各国文化的互鉴与共享为目标，每年举办中外学生歌手大赛。

（二）项目理念

北京语言大学中外学生歌手大赛横跨全校 21 个专业，是北语规模最大、影响力最大、学生参与度最高、最受关注的品牌学生活动之一，每年都吸引上千中外学子报名参与。歌手赛旨在激发广大中外学生热爱艺术、勤奋学习、努力成才、不断提高自身全面素质的热情与动力，以音乐为桥梁，搭建艺术舞台，促进中外学生沟通交流，推动校园精神文明建设。为了凸显“音乐无国界”的办赛理念，大赛报名不限国籍，参赛选手来自世界各地，例如日本、韩国、俄罗斯、土耳其和美国等。每年参赛的外国选手人数及国籍数位列北京高校第一，这样的优势远非一般的校园歌手比赛可比。由于选手风格和国籍的多样化，多种语言及风格的歌曲都可以在舞台上得以展现。中国学生发挥自身语言专业的优势，不再局限于中文歌曲；部分留学生则乐于展示家乡特色歌曲，有的甚至选择演唱中文歌曲表达他们对中华文化的热爱。

（三）项目运作

北京语言大学中外学生歌手大赛以全体在校生（包括研究生）为活动对象，在校团委的指导下开展活动，由校学生会负责组织活动，校学生会文艺部为主要牵头部门。大赛以自创短语“SING-A-HOLIC”为口号，至今已成功举办 14 届，每年的比赛都有鲜明的主题。从歌曲选择、舞台表现到观众参与方式，常办常新。北京语言大学学生会凭借丰富的工作经验和创造力，已经让该项赛事成长为一个成熟的校园品牌活动。

比赛通过海选、复赛和决赛三轮比赛，决出每年的冠亚季军。比赛期间，由学生会文艺部学生干部担当选手的经纪人，实现对选手的系统性联络与管理，不仅为选手提供各类参考意见，还为留学生参赛选手提供一定的语言帮助。决赛阶段还邀请业界著名音乐人、制作人等担任评委，邀请首都各兄弟院校和校内外嘉宾共赏音乐盛宴。决赛在知名网络播放平台进行线上全程直播。

1. 赛制安排

中外学生歌手大赛整体赛制分为海选、复赛和决赛。海选于每年10月下旬开始，不限年级、专业、国籍。海选在校内选拔出20组晋级选手，随后在11月中旬举办复赛，决出十组入围决赛的选手名单。决赛则于每年12月初在北语梧桐会堂举办，赛前将在会堂前举行红毯仪式。学生会为每位入围复赛和决赛的选手指派经纪人。比赛期间，经纪人不仅负责选手的联络，还将就选曲、改编、拍摄宣传照、彩排等一系列环节为选手出谋划策，帮助选手获得名次。此外，经纪人还负责为留学生参赛选手提供一定的语言帮助。复赛和决赛期间的评委均由学生会邀请业界知名音乐人担任，以确保每位选手的表现都能获得最专业的点评，在让选手自身得到提高的同时，也确保了比赛的公平公正性。另外，决赛期间，学生会还将邀请首都各兄弟院校学生会代表、校内外嘉宾来校观赛，届时全校共襄盛举，同赏中外学生同台竞技的音乐盛宴。

中外学生歌手大赛海选、复赛、决赛的具体赛制安排如下：海选以两分钟内清唱为主，评委由校学生会主席团成员、文艺部正副部长、前歌手赛优秀获奖选手担任。选手自行准备两首歌曲，评委由选手第一首歌曲的表现决定其是否演唱第二首。选手成绩由评委评分与选手参与度（是否服从比赛规则、是否配合工作人员调度等方面）两部分组成，根据成绩排名筛选出晋级选手。复赛分为两轮演唱，第一轮选手以规定的主题进行选曲，第二轮为自由选曲。第一轮得分高者进入第二轮，第二轮演唱后得分最高的十组选手进入决赛。评委在每位歌手演唱完毕后打分，每轮结束后公布得分并进行点评。决赛采取三轮演唱制，第一轮为排位战，十组选手依次根据规定主题自选相关曲目进行演唱并由评委打分，分数靠后的两组淘汰。第二轮为擂台战，共有四个回合，选手进行两两对决，按分数由高到低的顺序依次选择对战对象。组内第一轮分数高者作为守擂者，分数低者作为攻擂者。守擂者演唱完毕后，对应的攻擂者演唱。每一回合擂台战结束后，由现场五位评委举牌表决：若赞成票大于等于三票，则守擂成功，守擂者晋级第三轮；反之，则攻擂成功，攻擂者晋级第三轮。擂台战由评委举牌决出四组晋级，四组淘汰。第二轮比赛结束后，评委将从原淘汰的四组中商讨出一组复活。第三轮冠军战，五组选手依次演唱，角逐冠亚季军。

2. 宣传方案

海选宣传分为现场宣传和线上宣传两大部分。线下宣传主要通过五种方式进行。（1）海报宣传：将海报张贴在宣传栏、食堂、留学生宿舍等醒目位置；（2）常规宣传：学生会成员手持海报和扩音器，分别在教学楼前和校区主干道上进行口头宣传；（3）部员宣传：学生文艺部部员手持自制宣传板，进行线下一对一宣传并拍照；（4）班级内部宣传：联系各班班长或文艺委员，将相关信息发到各班的群里；（5）周边宣传：与赞助商家合作推出歌手比赛周边，如手环、明信片、气球等，现场宣传时可赠送。

线上宣传则主要通过学生会微信公众号、新浪微博等新媒体进行，同时也通过留学生常用的社交网络，如 Instagram 等进行。宣传内容以往届采访、回顾照片、祝福视频、录音征集、Ins 挑战、微博话题讨论等为主。报名方式结合线上宣传特点，不仅可以通过现场报名，还可通过线上报名渠道报名，以此达到比赛宣传目的。

首先，在复赛和决赛阶段，还将采取单独的宣传方式及内容增添活动热度，让更多中外学子关注比赛，为选手加油鼓劲，如复赛和决赛期间在学生会微信公众号上分期推出带有个人介绍的选手海报。其次，在新浪微博上发起话题，带动比赛热度宣传视频。另外，还会在微博和微信公众号上同时发布海选精彩片段和海报拍摄幕后花絮。决赛期间宣传模式与复赛期间宣传模式大体相同。还有五项特别宣传：第一，组织晋级选手在录音棚内录制歌曲，并在各大新媒体平台上发布；第二，制作巨型选手海报立于学校指定位置进行宣传；第三，拍摄决赛宣传视频

（记录指导老师指导选曲，选手去录音棚、摄影棚排练彩排等过程）；第四，线上开启最佳人气奖的投票通道，在决赛现场颁奖时公布名单；第五，从线上提前招募50位大众评审，在决赛当晚最后一轮冠军争夺战时进行投票。决赛在知名网络播放平台内进行线上全程直播。

（四）项目成效

北京语言大学中外学生歌手大赛作为北语学生会一年一度的重要品牌活动，不仅在众多校内学子的心中有着无比重要的地位和影响力，更是受到许多校外师生的广泛赞誉。此项活动凸显北语特色，极富人文关怀色彩，不仅丰富了校园文化，同时也为北语彰显“小联合国”特色提供了一个重要平台。中外选手通过比赛结下了深厚的友谊，他们或是并肩作战的队友，或是惺惺相惜的同台对手。许多留学生表示，通过学习和演唱中文歌曲，自己加深了对中国文化的认识和理解，在一定程度上促进了中外文化的沟通与交流。

近年来，随着新媒体和融媒体技术的不断发展，中外学生歌手大赛的宣传方式早已超出一般的宣传手段，除了一般的线下路宣、海报宣传等方式外，学生还会融入许多线上参与活动的方式。首先，大赛采取的线上报名的方式相较于传统的方式，更加环保、新颖、便捷，使师生们的体验感更好。其次，宣传多利用微信、微博甚至直播等方式进行，决赛直播可达到上万人次观看。这样的方式让更多人知道比赛、关注比赛，同时也让比赛不再拘泥于一小群人的盛宴，学生和老师可以在线上为自己喜欢的选手加油助威，也可以通过线上投票参与比赛。这一方式不仅扩大了比赛的影响范围，还增强了观众与选手的互动性，同时创造了让社会各界体会到“小联合国”魅力的渠道。

（五）项目特色

1. 组织水平高

北语中外学生歌手大赛已成功举办14届，积累了丰富的办赛经验。每年海选都会动员上千人参与报名，通过赛制设计，每一位参与选手都能得到公平对待，同时也能筛选出真正的好声音晋级复赛。赛事的组织水平体现在选手组织、观众组织、入场组织、赛事组织、评委组织五个方面。

选手组织方面，每年的活动都会吸引上千名中外学子参与，是校内活动中参与总人数最多的文艺竞技类活动。学生会通过会内部门留学生联络中心对留学生进行定向宣传，使留学生参与率达到总参与人数的40%左右，扩大了活动的国际化影响。

观众组织方面，每年的决赛都在可以容纳1000人左右的北语梧桐会堂内举办。观众席分为亲友席、嘉宾席以及根据距离舞台远近分成的S、A、B、C、D五块区域，每年会堂内都座无虚席。决赛前，学生会通过多种渠道、多种方式提前发放决赛门票，使观众尽可能领取到决赛门票。另外，每年复赛和决赛阶段都邀请到首都超过20所高校学生会代表和校内外嘉宾前往观赛，观众组成丰富。决赛当天，学生会还在会堂前举行红毯签名仪式，选手及校内外嘉宾签名合影留念。

入场组织方面，决赛当天会在会堂门口开放多条检票通道，大大缩短了观众入场的时间，提高了检票效率。其中，每位入场观众可领取到荧光棒，亲友团则会领取到为上场选手制作的专属灯牌，让观众在观看表演的同时能够与台上的选手互动。赛事中途，观众还能通过互动游戏参与现场抽奖活动，增强了互动性和娱乐性。每轮结束时，还可欣赏到评委老师及被淘汰选手带来的返场演出。

赛事组织方面，学生会为每位晋级复赛与决赛的选手指派一名由学生会成员担任的经纪人，为选手讲解赛制，与选手一起商讨演唱曲目，全程参与彩排，陪伴选手进行宣传照拍摄、宣传视频拍摄等活动，其间还会提出自己的建议和意见。如外籍选手的中文不是很好，学生会还会指派学习对应国家语言的成员担任经纪人。

评委组织方面，每届的评委阵容也十分强大，历史上曾邀请到“华语金曲奖”优秀唱作歌手奖获得者阿来、著名歌手阿云嘎、音乐制作人何佳乐、知名独立音乐人周品、电台主播麦麦、我国第一位儿童歌星孙佳星等业内人士担任复赛或决赛的评委，为选手们保驾护航。

2. “小联合国”的中外融合特色

每年海选期间，报名参与的人数众多，来源也十分广泛。从本科生到研究生，从亚洲到欧洲，从美洲到非洲，不仅中国学生踊跃报名，外国留学生也十分关注此项赛事。在第 13 届比赛复赛阶段，20 组选手分别来自 15 个国家和地区，“小联合国”的国际化特色显露无遗。大部分选手在演唱歌曲时都倾向于身着本国或本民族传统服饰，更有来自墨西哥和土耳其的选手选择在舞台上唱跳结合，唱歌之余还会献上本国传统舞蹈。中国选手也不再拘泥于演唱中文歌曲，会结合学校特色及自身的专业优势演唱外文歌曲。除此之外，近年来学生会还在赛事中加入了中华传统文化元素。例如，第 10 届比赛决赛第一轮排位战中，赛制规定十组选手分别以一首中华传统诗词作为主题进行选曲演唱。北京语言大学的中外学生歌手大赛不仅是一场听觉视觉盛宴，更是一个中外文化交融展现的舞台。

3. 宣传影响力大

北语中外学生歌手大赛宣传手段多样，除了采用传统的宣传品宣传外，还联合使用纸质媒体和网络媒体等新媒体手段进行宣传，并且在复赛和决赛当天利用活动现场进行宣传。

传统宣传包括制作平面海报和宣传品，自复赛起制作大幅 KT 板及大幅海报。决赛宣传开始后，便将 KT 板一直悬挂在校园主干道上的宣传区，为活动做总体性的宣传。大幅海报自宣传开始就贴于各宿舍楼入口处，两项合计共影响 1 万人次左右，前后持续 15 天。

纸质媒体宣传方面，校内以北语校报为主，依托学校现有的报刊《北京语言大学报》等对大赛进行全程报道，报道中将出现冠名大赛名称；并鼓励、配合报刊对大赛及选手进行报道和采访。对外宣传则利用北语与《中国青年报》《北京周报》《北京晨报》《中国音乐报》《中美新闻侨胞报》、中青网、中新网、腾讯网、未来网等逾十家媒体的紧密关系，以活动开始与结束时的整体报道为主，同时加入关于赛事进程的报道。

网络媒体方面，通过使用 Instagram 的歌手赛官方账号、新浪微博、微信公共平台北语学生会官方 ID 发布赛事预告、报名通知、放票通知、宣传海报、宣传视频等，使线上宣传达到上万次点击量，持续影响超过 50 天。晚会现场宣传除了播放歌手比赛官方视频以外，提供的物质礼品、奖品也将起到一定宣传作用。另外，由北语 209 慕课制作工作室负责的决赛直播也取得不少成效。第 14 届决赛通过腾讯视频进行了直播，共有近 2 万人通过直播观看了比赛，满足了许多没能前往现场观赛的同学、校友及国内外亲属的观看需求，深度扩大了活动的影响力。

（六）项目建议

回望来路，北京语言大学中外学生歌手大赛走过 14 年的风风雨雨，取得不少辉煌成就；展望未来，中外学生歌手大赛将一往无前，以创新为第一驱动力，开创中外学子文化交流更好、更广阔的局面。今后，大赛将从以下几个方面改进，提高办赛水平和大赛质量。

1. 人员调度方面

比赛现场，学生会各部门之间的配合度有待提高，活动调度会后个别岗位上的工作人员在比赛时不清楚自己的工作，遇到突发情况时未能及时处理。现场每个维稳点应该责任到人，通过调度会和培训让每位工作人员都清楚自己的工作内容，确保现场发生状况时可迅速有效地解决。

2. 宣传改进方面

虽然已通过很多手段对大赛进行了多方宣传，但仍有不少细节需要改善。如海报的风格可以更加多样化、国际化，使用不同的语言吸引不同国家和不同人群参与或关注比赛。在推送和微博宣传方面，需要以内容为导向，主题明确，旗帜鲜明，让人们点开浏览时能够迅速掌握所需信息，如在每次推送里可加入往届选手参赛音频，丰富推送内容，凸显大赛特色。

3. 组织及后续方面

首先，除了为晋级复赛的选手量身定制宣传照以外，今后可邀请校内艺术学院声乐老师为选手进行声乐培训，不仅可帮助他们在舞台上更好地展现自己，同时也为观众创造更高水平的比赛。其次，在复赛和决

图7—1　中外学生歌手大赛比赛现场

资料来源：共青团北京语言大学委员会。

图7—2　中外学生歌手大赛合影

资料来源：共青团北京语言大学委员会。

赛中，当公布选手无缘晋级时，应派遣工作人员为选手送上鲜花等以示安慰，增强人文关怀。每一年比赛结束后，应组织决赛选手录音制作决赛歌曲光盘，制作完成的光盘可留作纪念。

图7—3　中外学生歌手大赛选手一展风采

资料来源：共青团北京语言大学委员会。

附：第十四届北京语言大学中外学生歌手大赛策划书

一、活动主题

“SING—A—HOLIC”中外学生歌手大赛。

二、活动背景

北京语言大学是中国唯一一所以对来华留学生进行汉语、中华文化教育为主要任务的国际型大学，素有“小联合国”之称，拥有丰富的留学生资源。歌手赛面向全校所有学生，不限年级、国籍，它不仅是艺术的汇聚，更是各国文化的交流。北京语言大学中外学生歌手大赛至今已成功举办13届，每年的比赛都有着鲜明的主题，从歌曲选择、舞台表现到观众参与方式，常办常新，广受校内校外师生的好评。

三、活动目的

本次活动以“音乐无国界”为核心理念，在培养北语学生的艺术素养的同时，为有才艺的同学提供展示自我的机会，为中外学生创建沟通学习的契机，为中外文化搭建交流展示的平台。

四、承办单位

北京语言大学学生会。

五、活动时间

初赛：10月下旬
复赛：11月中旬
决赛：12月上旬

六、活动地点

初赛：主楼401、601
复赛：主楼209
决赛：梧桐会堂

七、参与对象

北语全体全日制在校生。

八、活动形式

（一）比赛形式

以个人或组合为参赛主体均可，伴奏、演唱、歌曲选择等方面基于选手高度的自主性，主办方会对选手提出相关建议和帮助。

（二）比赛阶段

本次比赛分为初赛、复赛和决赛。初赛由主席团、文艺部正副部长、前歌手赛优秀获奖选手作为评委，选拔出优秀选手晋级复赛。复赛由两个环节组成，选手轮流演唱，专业评委点评打分，分数最高的前十组选手晋级决赛。决赛分为排位战、擂台战和冠军战，最终由专业评委点评打分决出冠亚季军。

（三）比赛内容

以演唱为基础，不局限于中国歌曲和传统的演唱形式，根据主办方设置的比赛环节演唱。评委将根据嗓音、技巧、情感、舞台表现等方面对参赛选手进行点评和打分。

九、活动要求

1. 集专业性、思想性、公平性于一体；复赛和决赛均邀请专业人士作为评委，对选手的表现进行点评和打分。

2. 全校学生自愿参加，不限年级和国籍。

3. 参赛选手需听从活动主办方的要求，积极配合。

4. 可自创歌曲，不限风格、语种，但歌曲不应带有攻击色彩，应用语文明。

5. 活动在歌手赛的基础上应注重各国文化的传播、中外学生的沟通、各大高校之间的交流等。

6. 比赛过程中学生会需对活动进行调查，活动后反馈问题，反思不足。

十、工作要求

1. 牵头部门文艺部在主席团的带领下确定具体实施方案，并按时开展每个阶段的比赛。学生会各部门要高度重视本次活动，务必保证活动的顺利开展，应广泛宣传、认真执行、积极配合。

2. 本次活动的复赛和决赛评委应由专业人士担任，保证活动的水准和评选结果的公正。

3. 复赛和决赛结束之后，各部门需按要求将活动资料交给办公室，由办公室进行最后的活动归档并上交团委。归档材料包含活动策划、总结、预算、决算、新闻、照片、视频、宣传品等。

4. 活动期间各部门要彼此监督、认真总结，活动后要整体反馈以便于日后活动的开展。

十一、准备阶段/前期宣传

（一）现场宣传

1. 海报宣传：将海报张贴在宣传栏、食堂、留学生宿舍等醒目位置。

2. 常规宣传：部员手持海报和扩音器，分别在梧桐大道和宿舍区及主楼宣传。

3. 部员宣传：文艺部部员拿着自己做的宣传板，线下一对一宣传并拍照。

4. 往届选手祝福视频：比赛画面+Sing A Holic is back 或号召大家积极参加的话语。

5. 班级内部宣传：联系各班班长或文艺委员（着重大一及大二），把信息发到各班的群里。

6. 周边宣传：与赞助商家合作推出 SAH 周边，如手环、明信片、气球等，现场宣传时可赠送。

7. 网络宣传：(1) 传统网媒：微信+微博；(2) 拓展外媒：Instagram；(3) 宣传内容：往届采访、回顾照片、祝福视频、录音征集、Ins挑战、微博话题讨论等。

（二）活动物资准备

由校团委及学生会办公室对活动物资进行统计、购买，并将所筹集的物资进行统一规划与分配。

（三）人员安排准备

1. 初赛：主席团、文艺部正副部长、前歌手赛优秀获奖选手作为评委。

2. 复赛及决赛：具体分工如下（各部门为北京语言大学学生会）：

部门	工作安排
办公室	1. 场地申请 2. 物资购买 3. 物资的借取和清点偿还 4. 场地布置 5. 嘉宾邀请与现场迎接

续表

部门	工作安排
新闻中心	1. 撰写宣传稿、新闻稿，新闻推送报道 2. 摄影，筛选活动照片 3. 撰写相关文章 4. 现场 PPT 展示
技术中心	1. 宣传品制作 2. 现场视频拍摄
外联部	活动外联
礼仪文化中心	活动礼仪
名师讲坛组委会	1. 评委邀请及接待 2. 引导表演嘉宾
学术部	现场算分
其他部门	维护现场秩序

十二、活动阶段/进程安排

（一）初赛

1. 时间：2018 年 10 月 20、21、22 日

2. 地点：主楼 601、401

3. 评委：主席团、文艺部正副部长、上一届歌手赛优秀获奖选手。

4. 初赛赛制：2 分钟内清唱，每位选手需准备 2 首歌曲，评委随机决定是否唱第二首，最后选出 20 组左右选手晋级复赛，在 Instagram、微博、微信平台上公示名单。

（二）复赛

1. 时间：2018 年 11 月 11 日晚 6：30

2. 地点：主楼 209

3. 评委：专业音乐评委共 4 人

4. 赛制：22 组选手

选手准备2分钟以内和4分钟以内的歌曲。

第一轮（主题选曲）：22组选手提前抽取自己的第一轮歌唱主题。22组选手依次演唱2分钟以内歌曲，评委打分后，分数最高的前4组直接晋级决赛，后6组淘汰，其他12组进入第二轮。

第二轮（自由选曲）：12组选手依次演唱4分钟以内歌曲，评委打分后，分数最高的6组晋级，其余6组淘汰，共晋级10组选手。

第一轮供抽取的四个主题：

Hometown Memories/故乡记忆（6人）

Exotic Style/异域风情（5人）

Everything Is Love/万物皆爱（6人）

I See My Beauty/我有我的美（5人）

（三）决赛（约3个小时）

1. 决赛时间：2018年12月7日晚7：00

2. 决赛地点：梧桐会堂

3. 赛制：

（1）第一轮（10组选手）排位战

10组选手依次演唱，由评委打分，分数靠后的2组淘汰。

（2）第二轮（8组选手）擂台战

共有4个回合，两两对决，选手按分数由高到低的顺序依次选择对战对象。组内第一轮分数高者作为守擂者，分数低者作为攻擂者。守擂者演唱完毕后，对应的攻擂者演唱。每一回合擂台战结束后，由现场5位评委举牌表决：若赞成票大于等于3票，则守擂成功，守擂者晋级第三轮；反之，则攻擂成功，攻擂者晋级第三轮。由评委举牌决出4人晋级。四个回合结束后，评委从被淘汰的4人中选出1人复活。本轮一共晋级5组选手。

（3）第三轮（5组选手）冠军战

五组选手依次演唱，角逐冠亚季军。

二、活动案例14：中外学生旗袍风采大赛

霓裳丽影，你最优雅
——北京语言大学中外学生旗袍风采大赛

（一）项目背景

“霓裳丽影，你最优雅”北京语言大学中外学生旗袍风采大赛是共青团北京语言大学委员会的一个经典项目，自2014年启动以来，至2018年已成功举办了5届。该项目紧紧围绕社会主义核心价值观和中华优秀传统文化，将中外文化有机融合，弘扬中华优秀传统文化，丰富实践育人环节。

作为近现代以来中国女装的代表，旗袍是一种历史悠久、气质优雅的典型民族服装，也是中国国际交际场合和外交活动中女性的首选礼服，一定程度上代表了中华文化中女性的高雅形象，也在众多场合为外国友人所青睐。素有“小联合国”之称的北京语言大学，一向致力于弘扬优秀民族文化并促进中外文化交融。比赛过程中，中外学生将身着旗袍同台表演，在相互交融和对比中充分表现中国传统古典美及现代时尚元素，不仅能加强中外师生对旗袍以至中华民族文化的认识与了解，更能体现北语对文化育人的重视，以及对文化传承、创新及发扬光大的责任意识。中外学生交流协会在校内为广大中外师生所熟知，有广阔的国际交流平台，有助于扩大活动的影响力。社团理事会作为校级组织，在人力、物力和宣传等方面都将为这一活动的成功举办助力。同时，主办方借助校际平台将旗袍大赛发展为本校特色品牌活动，提高北语的影响力，推动整个北京高校的中外文化融合，营造良好的中外文化发展环境。

“霓裳丽影，你最优雅”中外学生旗袍风采大赛旨在弘扬中华文化，展现当代大学生良好的精神面貌，为旗袍文化的宣传和促进中外学

生友好交流提供绝佳的国际舞台。中外学生旗袍风采大赛不仅带领着学生们从独特的视角领略旗袍之美，更吸引着无数向往中华文化的国际学生走向这个舞台，与中国学生携手书写彰显世界文化魅力的华彩乐章。

（二）项目理念

1. 与时俱进，凸显特色

该项目在具体实施过程中，紧紧围绕中华优秀传统文化及中外文化融合的现状，而有“小联合国”之称的北京语言大学更应承担起弘扬中华传统文化的重任。此外，该项目还充分利用北京语言大学广阔的国际舞台、浓厚的学习氛围、深厚的人文底蕴和丰富的语言资源等优势，为旗袍的展示和传统文化的学习提供专业的指导。

2. 强调实践育人，鼓励走出课堂

旗袍风采大赛鼓励学生在学习传统文化知识的同时，跳出书本的限制，在课堂外进行旗袍知识的学习、体验。在排练、沟通学习及最后的呈现环节，均为学生课外实践活动提供了提升综合素质的绝佳机会。同时，该活动由团委学生干部及社团成员具体操作，也锻炼了学生干部的综合能力。因此，该项目能够有力提升高校学子对传统中华文化的重视，鼓励学生在实践中不断提高自身综合素质。

3. 弘扬传统文化，文化走出中国

北京语言大学有十分广阔的国际舞台，因此也有责任传播中华传统文化，将中外文化进行有机融合。北语中外学生交流协会同样承担着融合中外文化的任务，既要“引进来”又要“走出去”。同时，在比赛中，主办方邀请研究传统文化的学者以及一些知名形体老师对学生进行培训，中外学生一起穿着旗袍体验中华文化，中外文化也能在相互欣赏、相互借鉴中得到更加深入的发展和融合。

（三）项目实施方法与过程

“霓裳丽影，你最优雅”北京语言大学中外学生旗袍风采大赛是北语弘扬中华传统文化的一个重要活动，一般是每年6月开展，由校团委主办，社团理事会和中外学生交流协会承办，具体执行过程如下：

1. 结合学校特点，制定策划方案

每年3月开始启动旗袍风采大赛，在校团委的带领下，社团理事会和中外学生交流协会的同学开始制定活动方案，同时通过学院向全校中外学生进行宣传，吸引同学们参赛，每年初赛都有将近300名学生报名，是学校规模较大的学生活动之一。旗袍大赛有完整的活动流程、评分标准和奖项设置，除了一、二、三等奖以外，还有最佳人气奖、最佳男伴奖、最佳形象奖、最佳才艺奖等奖项，充分鼓励学生参加比赛。中外学生在参加活动的过程中，可以积累深厚的友谊，感受中华传统文化的魅力。

2. 开展初赛选拔，培训晋级选手

在初赛选拔中，每个人都有2—3分钟的时间进行旗袍走秀，主办方邀请中华传统文化的学者及形体老师担任评委，从对音乐节奏的把握、对舞台的控制感、对旗袍的了解等方面进行评分并给出相应改进意见，初赛、复赛之后会选拔出12名选手进行决赛。复赛前，主办方会邀请相关专业老师为学生进行培训，然后进行复赛和决赛。

3. 紧扣项目主题，进行决赛比拼

在决赛中，有中国风单品展示、才艺表演以及搭档走秀三个环节。此外，主办方还会邀请其他兄弟高校进行才艺表演，评委也由相关专业人士和资深教授担任，同时邀请界内名人、学校领导作为嘉宾出席。决赛总成绩由三个环节的分数进行加权求和，然后由评委进行商议，最终角逐出名次和优胜奖。

（四）主要成效及经验

“霓裳丽影，你最优雅”北京语言大学中外学生旗袍风采大赛已经举办5年，成为北京高校具有影响力和示范性的校园活动，是中外文化交流和创新的平台，是弘扬中华优秀传统文化的有效途径，主要成效包括以下几点：

1. 为进一步实现全员育人理念打造了新模式

旗袍风采大赛作为学校弘扬中华传统文化的重要活动，深受关注与重视，团委老师带领团委学生干部和社团共同制定活动方案及应急预案，确保整个活动顺利进行；艺术学院和人文社会科学学部专业教师结合课堂教学，帮助学生调整姿态、指导学生才艺表演，以确保传统文化的传承与纯正；留学生班主任帮助在班级进行宣传，鼓励学生参与到中华文化传承中来。从方案的策划到比赛的顺利进行，全校师生积极参与，各行政部门老师有力保障，在提升大学生文化底蕴和知识素养的同时，增进了师生间的知识传递和专业交流。这样的活动不再是枯燥的宣传与说教，更加贴合当代大学生的思想实际和生活实际，让学生们理解旗袍不只是一种外在美，更是一种内在美、文化美。

2. 为进一步推进学生跨校交流搭建了新平台

旗袍风采大赛在各首都高校间已经形成十分稳定的合作模式，吸引了一批长期合作的兄弟院校，这为各高校社团管理组织之间进行学生活动交流、活动经验交流提供了较为可行的借鉴经验。在活动的基础上，各高校团委及各高校社团管理部门之间的交流进一步增强。

3. 为进一步培育优秀学生干部提供了较大平台

旗袍风采大赛一般在学校礼堂举行，规模较大，观众有近千人，这对组织活动的学生干部来说是一个很大的挑战和很好的锻炼机会。学生干部通过此次大型活动，学会了如何解决突发问题，如何融入一个大的集体，如何很好地和他人配合。在带领参赛学生了解中华传统文化的同时，学生干部也对传统文化有了更深的认识和更新的理解，因此此次大型活动对学生干部自身能力的提升有很大帮助。

（五）项目特色

旗袍风采大赛创办五年以来，共有超过千名学生报名参赛，学生干部有近百名，观众有近万人。与此同时，旗袍风采大赛已经成为学校弘扬中华传统文化方面一个极具影响力的活动，在许多方面发挥着重要作用。总结起来，本项目有以下几个特色：

第一，围绕学生兴趣策划，在活动策划前，主办方会调查学生对旗袍感兴趣的焦点，然后围绕这些焦点进行精细策划。同时，由于策划者几乎都是同龄学生，所以比较了解学生的喜好，会通过一些有意思的方式吸引大家关注旗袍，展示中华文化的魅力。

第二，加深中外学生友谊。从活动策划到活动结束，中外学生共同参与。学生们一起工作、排练、培训，收获了深厚友谊，也让中华文化融入了留学生的日常生活。

第三，发挥了学生主体作用，从策划开始，除了重大事宜外，都由学生设计安排。在参赛中，主办方还邀请专家为学生进行培训，用心打造从内到外的独特美。

（六）项目建议

为使旗袍风采大赛这个品牌活动推陈出新，不断提升中华传统文化的吸引力，提出如下改进建议：

1. 积极挖掘内部潜力，提高实践育人效果。该项目将发挥北语“小联合国”拥有广阔国际平台的优势，丰富旗袍文化的传播方式，突出活动主题的引导性，提高活动实施的有效性。

2. 积极谋划对外合作，推动文化交流创新。该项目在实施中还应与国内传统文化研究所合作，邀请专业教授为学生进行更深层次的指导。同时，可以与其他高校一同比赛，继续扩大学生展示平台，推进中外文化交融。

（七）项目成果

旗袍风采大赛决赛由中国风单品展示、才艺表演以及搭档走秀三个环节组成。佳人华丽登台，各展风姿——在灯光的映照下，显得如此多娇、分外妖娆；在一颦一笑间，展现着妩媚，张扬着自信，给这个夏日的夜晚增添了一道亮丽的风景。

第一，在中国风单品展示环节，参赛选手完美演绎了旗袍与中国传统文化的融合。“盈盈仙步霓虹慕，款款深情蒲扇摇”，佳人手摇团扇，清风徐来，款款着羽衣，纤纤作细步；“织为云外秋雁行，染作江南春水色”，纤纤淑女，丝巾饰之，娴静时如娇花照水，行动处似弱柳扶风；“锦袍华贵淑女娇，玲珑曲折现苗条”，温婉丽人，含羞脉脉，反身撑伞隐娇媚，飘然漫步似飞燕；“兰裙素雅古香留，若花若酒醉人眸”，清水芙蓉，朱唇皓齿，笛声婉转悠扬，佳人顾盼流芳。

第二，在才艺表演环节，参赛选手各展风采。1 号选手一曲《茉莉花》，民乐灵韵，引人入胜；3 号选手带来舞蹈《祭铜雀》，唯见美人兮，挥袖踱步之间，满是诉不尽的风情；7 号选手带来活力四射的唱跳表演《撑腰》，气场全开，自信从容；10 号选手倾情演绎尼泊尔特色舞蹈《山乡》，裙摆随着音乐的节拍旋转、流动，舞出心灵的律动，观众的欢呼声与掌声持续不断。

第三，搭档走秀环节更是精彩绝伦。灯火灿烂，美人如云，12 位选手依次携搭档上场，尽显 T 台风采：在闪光灯下，佳丽们或温婉或大方，男伴或绅士或优雅，举手回眸间，气质宛若天成。

“一袭旗袍藏古韵，时尚伊人浮暗香；东方魅力耀四方，丽影霓裳邀共赏。”“霓裳丽影，你最优雅”中外学生旗袍风采大赛不仅体现了北语中外学子的个人魅力与旗袍的风雅，还为弘扬中国旗袍文化及促进中外学生的友好交流提供了绝佳的国际舞台，展现了北语独特的校园文化氛围。

附：中外学生旗袍风采大赛任务分工

一、社团理事会

1. 主席团：配合团委老师统筹管理整个活动，控制整场流程，终审所有重大决策。

2. 公关部：联系外校嘉宾，邀请明星参与视频录制，邀请比赛评委，联系兄弟高校并确定表演节目。

3. 社团部：联系中外学生交流协会及学校相关部门，完成相关手续的办理，做好各位选手的后勤保障工作。

4. 活动策划部：活动的协调策划，主持人对接，现场引导及整体控制（中外学生交流协会协助）。

5. 宣传部：活动所需海报、传单、易拉宝、宣传视频的制作，现场音响控制。

6. 新闻中心：活动前中后期微信宣传，以及现场照片、视频的拍摄。

7. 办公室：道具准备，选手对接。

8. 外联部：寻找赞助商为活动提供资金、奖品保障，以及现场灯光控制。

二、中外学生交流协会

1. 初赛的选拔主要由中外学生交流协会负责，社团理事会协助。

2. 会长助理：负责与社团理事会确定策划、与社团理事会及时沟通。

3. 外联部：寻找提供旗袍的商家，寻找合适的嘉宾、评委，并提供请嘉宾、评委的赞助；活动当天接待嘉宾。

4. 宣传部：前期在校团委、社团理事会、中外学生交流协会等各线上线下平台进行预热，宣传活动中的精彩舞蹈间进行拍摄，以及活动结束后拟写新闻稿。

5. 财务部：维持活动现场秩序，活动后整理现场，配合其他部门工作。

图 7—4 中外学生旗袍风采大赛选手亮相

资料来源：共青团北京语言大学委员会。

图 7—5 中外学生旗袍风采大赛选手展示

资料来源：共青团北京语言大学委员会。

图 7—6　中外学生旗袍风采大赛选手才艺展示

资料来源：共青团北京语言大学委员会。

第八章 启　示

第一节　基于跨文化交际的校园文化建设经验

一、确立组织体系、策划方案和制度规范

（一）建立完善的组织体系和工作机制

基于跨文化交际的校园文化建设是高校国际化人才培养不可或缺的一部分，所以高校要有专门的国际化人才培养的组织机构来负责此项工作，定期商讨或在大型活动前商定方案。在教学课程方面，开设跨文化交际的课程；在学生活动管理层面，对工作人员和学生干部进行针对性的跨文化交际培训，组织跨文化交流的线上线下系列活动；尤其是在规模较大的跨文化交流活动中，要建立现场临时的处理突发事件的工作机构，及时处理和指导活动进程中的事宜。

（二）要有完善的策划方案和制度规范

高校中外学生年龄大多在18—23岁之间，除经历从中学到大学的转变外，留学生还要经历国家之间的转变，因此跨文化交流活动首先要考虑到学生身心的健康成长、道德和法律等基本规范的教育以及人生

观、价值观的培育。对我国学生来讲，还要考虑国家总体安全观的教育与引导。因此，从学校层面来讲，要制定《中外学生对外交往的相关规定》《跨文化交流活动组织规范》等制度；从具体的跨文化交流活动策划来讲，要做好相关防范预案和教育培训，必要的时候要让参与者签订承诺书、保证书或协议书等。

二、搭建适合中外学生跨文化交际的活动场域

跨文化交际需要在一个场域中完成，这种场域可以是自然形成的，但在多数情况特别是我国的高校中，更多地需要人为创设。也就是说，高校要提升学生的跨文化交际能力，必须搭建广泛的跨文化交际的平台，给予中外学生文化交流、文化模仿、相互影响、文化澄清和行为调整的时空场所，这是跨文化交际成为可能的客观环境和先决条件。

创设中外学生跨文化交际的场域，就是为中外学生搭建一个生活、学习、社会交往的适宜空间或外部环境，既可以是日常生活起居的自然场域，也可以是课堂教学和日常学习的教学场域，还可以是有计划、有组织的大型的中外学生交流交际的第二课堂活动，比如中外学生歌手大赛、中外学生志愿服务活动、世界文化节、中外学生语伴大赛、中外学生旗袍风采大赛等。这些活动都是中外学生共同感兴趣的、符合青年学生特点的平台，其更重要的价值还在于活动的前期和过程中对中外学生跨文化交际和交流能力的锻炼与培养。

三、加强跨文化交际过程中的教育和指导

（一）加强跨文化交际的教育和引导的必要性

在中外学生跨文化交际过程中，建立良好和谐关系是双方期待的心理需求，同时也是跨文化交际能力提升的基础和前提条件。美国耶鲁大

学心理学教授奥尔德弗（C. P. Alderfer）于1969年在《人类需要新理论的经验测试》一文中修正了马斯洛的论点，认为人的需要不是分为五种而是三种：（1）生存的需要（Existence），包括生理与安全的需要；（2）相互关系和谐的需要（Relatedness），包括有意义的社会人际关系；（3）成长的需要（Growth），包括人类潜能的发展、自尊和自我实现。奥尔德弗需要论简称为EGR需要理论。[①] 因此，对于中外青年学生，需要帮助他们在跨文化交际的初期，了解更多的跨文化交际的知识与技能，增强跨文化交际的自觉性和对文化差异的敏感性，教他们掌握一些处理跨文化交际过程中冲突的技能，如此有利于满足双方的心理需求，从而提升跨文化交际的成效。

（二）影响中外学生跨文化交际的主要因素

1. 中外学生交流所用的语言及其表达能力

对多数留学生来讲，他们在入学前学习过汉语，并且通过了一定级别的汉语水平考试。但是当他们与中国人交流时，会发现自己的汉语中国人听不明白，中国人的汉语自己也不明白，因此会出现暂时性失语。后来通过不断的接触和实践，他们发现有以下几个方面的语言问题：

一是口音问题。来华留学生曾在不同的国家或中国的不同省份接受不同老师教授的汉语，就像一些留学生所说的，在山东学习的普通话有山东味，在东北学习的普通话有东北味，在江浙学习的普通话有江浙味，在广东学习的普通话有广东味，当他们从一个环境来到另一个环境时，就会遇到此类问题。

二是音调和语序问题。来华留学生在学习汉语时，会自觉不自觉地带有自己本民族语言的发声和组织语言的惯性，这会影响到音调的准确性和语序的合法性，也会影响到他们对汉语的学习和与他人的交流沟通。

---

① 李巍、王玉芹："对'需要层次论'的深入理解与借鉴"，《长春理工大学学报（社会科学版）》2003年第3期，第84页。

三是口语表达书面化。有的来华留学生在本国学习的汉语大多是书面标准用语，来到中国后发现中国人在日常交流时说得很简单。他们常常担心自己说得不地道，所以不敢开口。在交流时，由于缺少相同的文化语境，中外学生很难深入地交流和沟通。

对中国学生来讲，如果用汉语交流肯定没有问题，可如果用其他国家的语言交流，同样存在语言表达能力影响跨文化交际的问题。

2. 各国文化价值观差异

20 世纪 70 年代末，荷兰心理学家霍夫斯泰德（Hofstede）在对分布在 40 个国家和地区的 11.6 万名 IBM 员工进行文化价值观调查和分析的基础上，归纳出描述文化差异的五个维度：个体主义和集体主义维度、权力差距维度、不确定性维度、阳刚气质/阴柔气质维度、长期导向/短期导向维度。

霍夫斯泰德的文化维度理论是通过对各国人最深层的文化价值观的研究得出的，并且通过隐性的方式，比如时间观念、交流的喜好方式、朋友间交往的方式和态度、消费观念、信仰等影响着人的思想观念和行为方式。在中外学生跨文化交际的过程中，文化价值观起着举足轻重的作用，决定着他们跨文化交际的冲突程度和深度，是影响跨文化交际是否融洽的关键指标。

因此，中外学生跨文化交际的过程中不可避免地会遇到中外文化冲突。通过中国文化价值观和其他各国文化价值观的比较可以看出：对于来自与我国文化价值观（尤其是集体主义和个体主义这一维度）差异特别大的国家的留学生，遇到的文化冲突越大，跨文化交际的困难越大；对于来自与我国文化价值观相近国家的留学生，跨文化交际的困难越小。在解决跨文化交际过程中的问题时，首先，就如何防范和解决进行协商，而不是强化双方的文化冲突；其次，冲突平息以后，再进行文化差异和文化冲突的解释与说明工作，这样既解决了问题，又增进了双方对文化差异的理解。这就需要我们对常见文化冲突和矛盾进行文化价值观的比较研究，构建一套解释话语体系，增进中外学生的相互理解。

（三）加强跨文化教育和引导的任务、目标与主要内容

1. 跨文化教育的任务和目标就是要增进不同文化间的交流、理解和鉴赏

1992 年，联合国教科文组织的国际教育大会发布了《教育对文化发展的贡献》的大会文件，这一国际文件第 7 款指出："跨文化教育或多元文化教育要能促进对文化多样性的尊重、相互理解和丰富，促进尊重文化的多样性及增强理解可以确认的不同团体的文化，增进国际理解，并使同各种排斥现象做斗争成为可能，其目的应是从理解自己人民的文化发展到鉴赏邻国人民的文化，并最终鉴赏世界性文化。"①

2. 跨文化教育的主要内容和方法

第一，设计跨文化教育的课程和教材。《教育对文化发展的贡献》文件中指出，设计跨文化教育的课程"应在文化和教育专家以及人类学家、社会学家、心理学家和其他学者的参与下予以编制"，"选择一种或若干种语言（母语、民族语言或外语）作为单独的科目或作为学习其他科目的媒介"，"应该包括世界文化、思想和创造性发展的要素，应避免专用权利冲突和对抗的词语来展示历史"，"应避免过分强调那些导致人类社会发生冲突的主题"，"鼓励学生思考各种文化互惠的益处、相互影响和补充以及各国对世界文明的贡献"。教育要培养学生的"伦理与公民价值观"，"如尊重人的尊严、宽容、对话、团结和互助"，还要向学生"介绍当代世界重大问题"，引导他们"对世界的共同问题形成一种团结和共同负责的精神"。② 通过课程的学习，中外学生增强了对各国文化知识的了解，包括了解中外学生国家的表层文化和深层文化。表

---

① 赵中建：《全球教育发展的历史轨迹：国际教育大会 60 年建议书》，教育科学出版社 1999 年版，第 498—507 页。

② 赵中建：《全球教育发展的历史轨迹：国际教育大会 60 年建议书》，教育科学出版社 1999 年版，第 498—507 页。

层文化包括艺术、音乐、习俗、语言、节日、时尚、戏剧、文学、建筑、传统；深层文化包括自我概念、宗教、信念、行为方式、规则、价值观（好和坏）、抵触、思维方式。此外，还要让中外学生习得对待世界各国文化的态度和行为方式。

第二，进行文化价值观的澄清解释工作。要帮助中外学生区分普遍的文化和具体的文化分类，要辨析文化相对主义，进行文化比较的专题学习，或通过角色扮演等寻求跨文化的感知。比如日常消费、请客吃饭、对待父母、娱乐活动、文化禁忌、朋友关系、时间概念等都会存在差异。在价值观澄清的过程中，我们可以按照外显的行动——行为方式——价值观三个步骤来进行。比如，中国学生见到教授非常有礼貌，有事会请假，这与中国传统的尊师重教的行为方式有关。

第三，进行跨文化敏感性训练和其他相关内容的跨文化培训。通过搭建中外学生跨文化交流活动的平台，中外学生在实际交往中有意识地感受和培养识别文化差异的能力，增强跨文化交际过程中对文化差异的敏感性，并做出合乎双方意愿的行为反应。

第四，要互相尊重各国文化禁忌。由于文化习俗和文化传统的差异，中外学生在语言表达和肢体语言上要注意各国文化禁忌，以避免不必要的冲突。

3. 加强跨文化交际教育和管理者的培训

随着国家对来华留学生趋同化管理政策的实施，中外学生的管理趋向统一的教育、发展和服务。但是，来华留学生教育管理仍有其特殊的政策制度要求，所以在实际趋同化过程中也会面临很多“特殊”的地方，给高校的中外学生管理者带来很大困惑。这就需要培养一支既有过硬的日常教育管理能力，又有很强的科研创新能力的研究队伍，必要时安排到国外进行跨文化体验和学习，创造机会让中外学生教育和管理人员到国外亲身体验跨文化适应的过程，学习国外高校国际学生跨文化教育和管理方面的经验。

第二节 基于跨文化交际的校园文化建设前景

一、跨文化交际视角下高校校园文化建设的现状

（一）高校校园跨文化活动的组织方式

目前，各高校中外学生跨文化交际的校园文化活动形式大致可以分为自发的和有组织的两种。自发的跨文化交际主要是由中外学生个人发起的中外学生个体之间的交际，比较松散，有以兴趣爱好为载体的交际，有以语言学习为载体的交际（语伴文化），有以日常学习生活的咨询为目的的交际等，持续时间不定。自发的跨文化交际属于个体行为，交际的产生和双方的需求与个体的个性特点有很大关系，学校要加强学生自律、自爱、自护方面的教育和引导。

有组织的跨文化交际主要是指由学校官方组织，并依托学生社团组织开展的跨文化交流活动，比如世界文化节、“最强语伴”大赛等，也有以学业交流为主的志愿帮扶活动等。学生社团作为跨文化交际的平台，为有意愿进行跨文化交际的中外学生创造了条件。同时，官方组织中外学生跨文化交流活动面临较大的风险，比如活动中的国土争端冲突引起的调解问题、宗教象征物的禁忌问题等；除了风险，有组织的跨文化交流活动中的留学生具有很大的不确定性，需要多次沟通与交流。正是因为这样，对于中外学生来讲，这个过程本身就是感知和了解双方文化价值观、处理事情方式、做人做事特点等的最佳机会，高校跨文化交际的教育和引导作用不言而喻。

（二）高校校园跨文化活动的内容

高校中外学生通过参加学生组织的活动、社团活动、社会实践和公

益活动等，提升自身的跨文化交际能力和水平。

目前，校园跨文化活动分为三类：第一类是世界各国文化或几个国家文化为主题的交流活动，比如以世界文化节、东院文化节等。第二类是以中国传统文化、中国国情、中外艺体娱乐文化交流为主题的活动，这类活动既有助于留学生学习、了解中国的语言文化，也有利于中国学生在共同学习和交流中增强文化自信、民族自信，要鼓励他们积极主动参与跨文化交际的校园文化活动，在互动中实现中外学生的相互融合。第三类是社会实践、志愿公益服务等形式的跨文化活动。这类活动深入社会，是高校校园跨文化活动的外展性活动，其对于留学生来讲意义更大。

（三）高校基于跨文化交际的校园文化建设仍处于自发阶段

高校跨文化交际的相关活动目前仍处于自发阶段，中外学生的交流缺乏指导，由自发到自觉阶段还需要教育和管理工作者科学设计、精心谋划、模拟训练等。

二、跨文化交际视角下高校校园文化建设的不足

（一）对跨文化交际重视的整体社会氛围不足

目前，社会上对于跨文化交际能力的重视才刚刚开始。从当前相关的比赛来讲，跨文化交际能力大赛（Intercultural Comunicative Competence Test，简称 ICCT）是由国家外国专家局国外人才信息研究中心指导，《国际人才交流》杂志和中北明德测评技术研究院联合主办的跨文化交际领域权威赛事，通过多层选拔环节和多种测评方式考察参赛选手多维度的跨文化交际能力，致力于为参赛选手搭建激励英语学习、培养思辨能力、展现综合素养的平台，为用人单位招聘熟练运用外语、理解国际差异、具有全球视野的青年才俊提供参考，为社会培养具有中国情怀和国际视野的创新型跨文化交际人才。目前它已举办了三届，主要是

为了培养英语方面的跨文化交际人才。此活动还需要加大推广力度。

（二）基于跨文化交际的校园文化建设的师资培训不足

目前，我国高校负责校园文化建设的工作人员缺乏跨文化交际的国外体验，加上培训没有到位，所以在指导跨文化交流活动中显得能力不足。在国外发达国家，负责留学生的管理人员大多是外国人或在国外长期生活过的本国人。他们能够熟练使用留学生语言交流，懂得国外的文化，具有较强的跨文化交际的技能，能够组织各国学生的跨文化活动并给予高质量的直接指导。比如加拿大阿尔伯塔大学有 5800 名留学生，来自 211 个国家和地区，其中中国学生占一半以上。本科生（按人数多少排序）主要来自中国、韩国、印度、马来西亚和巴基斯坦，研究生（按人数多少排序）主要来自中国、伊朗、印度、美国、巴基斯坦。中国学生中本科生约 2400 人，研究生 500 多人。国际学生中心编制 5 人，其中 1 人懂中文，1 人懂阿拉伯语，1 人懂西班牙语和法语。韩国启明大学的中国学生中心的工作人员也有很多，是移民的华裔。根据中国国情，在目前我国高校中外学生教育和管理队伍以本国教师和管理者为主的情况下，加强教师和管理人员跨文化交际的知识和技能的培养显得尤为重要。同时，今后可以尝试采取在留学生教育、管理和服务的岗位引进留学归国人员，聘用长期在国外生活的归国华裔人员，聘请来华留学生担任助管等措施。

（三）跨文化交流活动组织的动力不足

虽然中外学生趋同化的教育和管理在不断推进，高校在管理体制上也做过中外学生统一管理的尝试，但是中外学生教育和管理的上级管理部门仍然是各自独立的，在管理制度上仍有很大差别，因此他们在各自的评奖评优体系内很难得到认可。由此可见，高校组织中外学生跨文化交流活动的动力不足。

三、跨文化交际视角下校园文化建设的发展前景

费孝通先生于1997年在北京大学社会学人类学研究所开办的第二届社会文化人类学高级研讨班上首次提出“文化自觉”概念，并指出“文化自觉是一个艰巨的过程，只有在认识自己的文化，理解并接触到多种文化的基础上，才有条件在这个正在形成的多元文化的世界里确立自己的位置，然后经过自主的适应，和其他文化一起，取长补短，共同建立一个有共同认可的基本秩序和一套多种文化都能和平共处、各抒所长、联手发展的共处原则”。根据这一定义，文化自觉的内容包括对中华优秀传统文化、现代先进文化和世界各国文化的认识与自主选择能力。文化自觉和文化自信在一个国家民族文化与现代文化的博弈中起着重要作用。从国家和社会层面来说，我们要对自己的文化怀有自信心和自豪感，同时自觉地吸收其他文化中的精华，自觉实现文化创新，并相信自身文化对未来文化发展具有特殊重要的意义。

因此，中外学生跨文化场域的创设给多元文化的交流提供了平台，存在一定的文化冲突的风险，但是全球化的发展已经成为现实，这种风险不可避免。这就要求在中外学生交往的场域中，加强对中国学生的国情教育，以及文化安全和文化自信的教育。

参考文献

一、译著

［德］爱克曼，朱光潜译：《歌德谈话录》，人民文学出版社 1979 年版。

［西］奥尔特加·加塞特著，徐小洲、陈军译：《大学的使命》，浙江教育出版社 2001 年版。

［美］布鲁纳著，邵瑞珍译：《教育过程》，文化教育出版社 1982 年版。

［美］克拉克·科尔著，陈学飞等译：《大学的功用》，江西教育出版社 1993 年版。

［法］雨果著，柳鸣九译：《论文学》，上海译文出版社 1980 年版。

［英］约翰·亨利·纽曼著，徐辉等译：《大学的理想》，浙江教育出版社 2001 年版。

二、专著

胡文仲：《跨文化交际学概论》，上海外语教学与研究出版社 1999 年版。

［荷］吉尔特·霍夫斯泰德：《跨文化之重：价值、行为、体制和

组织的跨国比较》，上海外语教育出版社 2008 年版。

贾玉新:《跨文化研究》，北京高等教育出版社 2009 年版。

史文生:《职业教育技能竞赛研究》，河南大学出版社 2010 年版。

孙庆珠:《高校校园文化概论》，山东大学出版社 2008 年版。

王邦虎:《校园文化论》，人民教育出版社 2000 年版。

王一川:《艺术学原理》，北京师范大学出版社 2012 年版。

文秋芳:《应用语言学研究方法与论文写作》，外语教学与研究出版社 2004 年版。

文秋芳:《英语口语测试与教学》，上海外语教育出版社 1999 年版。

吴为善、严慧仙:《跨文化交际概论》，商务印书馆 2009 年版。

赵中建:《全球教育发展的历史轨迹——国际教育大会 60 年建议书》，教育科学出版社 1999 年版。

Asante, M. K. and Gudykunst W. B., *Handbook of International and Intercultural Communication*, Newbury Park: Sage, 1989.

Bennett, M. J., Towards ethnorelativism: A developmental model of intercultural sensitivity, in R. M. Paige (Ed.), *Education for Intercultural Experience.* (2*nd*). Yarmouth, ME: Intercultural Press, 1993.

Byram, M., *Teaching and Assessing Intercultural Communicative Competence*, Clevedon: Multilingual Matters, 1997.

Byram, M. and C. Morgan, *Teaching-and-Learning Language-and-Culture*, Clevedon: Multilingual Matters, 1994.

Carley H. D., *Dynamics of Intercultural Communication*, Shanghai: Shanghai Foreign Language Education Press, 2006.

Chen, G. M. and W. J. Starosta, *Foundations of Intercultural Communication*, Shanghai: Shanghai Foreign Language Education Press, 2007.

Collier, M. J., Theorizing cultural identifications: Critical updates and continuing evolution, in W. B. Gudykunst (ed.). *Theorizing About Intercultural Communication*, Thousands Oaks, CA: SAGE, 2005.

Cupach, W. R. and T. T. Imahori, Identity management theory: Communication competence in intercultural episodes and relationships, in R. L. Wiseman and J. Koester (eds.). *Intercultural Communication Competence*, Newbury Park, CA: SAGE, 1993.

Dörnyei, Z. and E. Ushioda, *Teaching and Researching: Motivation*, Routledge, 2013.

Hall, E. T., *The Silent Language*, New York: Anchor Books, 1959.

Hymes, D., On communicative competence, in J. Pride and J. Holmes (eds.). *Sociolinguistics*, Harmondsworth: Penguin Books, 1972.

Holec, H., *Autonomy in Foreign Language Learning*, Oxford: Pergamon Press, 1981.

Kennedy, F. and A. Furlong, Face-to-Face Tandem Language Learning: Evidence of Intercultural Learning in a Zone of Proximal Development for Intercultural Competence, in B. Geraghty and J. E. Conacher, *Intercultural Contact, Language Learning and Migration*, London: Bloomsbury, 2014.

Kim, Y. Y., *Becoming Intercultural*, London: SAGE, 2001.

Kramsch, C., *Context and Culture in Language Teaching*, Oxford: Oxford University Press, 1993.

Little, D., *Learner Autonomy 1: Definitions, Issues and Problems*, Dublin: Authentik, 1991.

O'Rourke, B., Models of Telecollaboration: e-tandem, in R. O'Dowd (ed). *Online Intercultural Exchange: An Introduction for Foreign Language Teachers*, Clevedon: Multilingual Matters, 2007.

Paige, R. M., The intercultural in teaching and learning: A developmental perspective, in J. Crichton, M. Paige, L. Papademetre and A. Scarino (eds.). *Integrated Resources for Intercultural Teaching and Learning in the Context of Internationalisation in Higher Education*, Research Centre for Languages and Culture Education in the School of International Studies at the

University of South Australia, 2004.

Philipsen, G. , *Speaking Culturally: Explorations in Social Communication*, Albany: State University of New York Press, 1992.

Samovar, L. A. and R. E. Porter, *Intercultural Communication: A Reader* (7th Ed.), Belmont: Wadsworth Publishing, 1995.

Spitzberg, B. H. and W. R. Cupach, *Interpersonal Communication Competence*, Beverly Hills, CA: Sage, 1984.

Ting-Toomey, S. , Communication resourcefulness: An identity negotiation perspective, in R. L. Wiseman and J. Koester (eds.). *Intercultural Communication Competence*, Newbury Park, CA: SAGE, 1993.

Ting-Toomey, S. , *Communicating Across Cultures*, New York: The Guilford Press, 1998.

Tylor, E. B. , *Primitive Culture*, New York: John Murray, 1871.

Ushioda, E. , *Learner Autonomy 5: The Role of Motivation.* Dublin: Authentik, 1996.

Waller, W. , *The Sociology of Teaching*, Glasgow: Russell & Russell, 1965.

Wiseman, R. , Intercultural communication competence, in W. Gudykunst and B. Mody (eds.). *Handbook of International and Intercultural Communication*, Thousand Oaks: SAGE, 2002.

三、期刊等

陈慧:“留学生中国社会文化适应性的社会心理研究”,《北京师范大学学报(社会科学版)》2003 年第 6 期。

陈亮、余冲:“高校大型庆典的文化传播研究——以南昌航空大学为例”,《企业导报》2012 年第 4 期。

陈靓、顾伟:“大学生社会实践存在问题及其改进措施”,《才智》

2011 年第 27 期。

陈舒洁："高校校园文化建设的思考与研究"，《科技展望》2016 年第 11 期。

陈晓蝶："'一带一路'文化交流中大学生文化自信的培育"，《厦门城市职业学院学报》2018 年第 1 期。

曹司琪："高校新媒体平台研究现状及发展优势"，《长春教育学院学报》2018 年第 1 期。

崔小青："中国跨文化外语教学的重要性分析"，《中国教育学刊》2016 年第 4 期。

杜钢："美国多元化文化教育五十年：回顾与前瞻"，《北京科技大学学报（社会科学版）》2007 年第 2 期。

共青团中央：《关于推进青年志愿服务工作改革发展的意见》，2018 年 3 月 16 日印发。

侯长林："高校校园文化的理论研究"，《中国高等教育》2013 年第 23 期。

胡国晖、于颖："外国留学生的培养与高校教学环境的优化"，《黑龙江高教研究》2007 年第 10 期。

胡娜："张火丁北美演出对中国戏曲跨文化传播的启示"，《艺术评论》2016 年第 3 期。

胡舒敏："论大学生的社会实践活动"，《求实》2006 年第 S2 期。

胡文仲："不同文化之间的交际与外语教学"，《外语教学与研究》1985 年第 4 期。

胡文仲："论跨文化交际的实证研究"，《外语教学与研究》2005 年第 5 期。

黄婉梅、陈大顺："'国际语伴'教学实践的初步调查与追踪"，《汉字文化》2019 年第 5 期。

康卉："近十年我国高职院校校园文化研究状况及展望——基于 CNKI（2008—2017 年）数据的统计分析"，《职业教育研究》2018 年第

8 期。

贾九斌："高校校园文化的功能与识别"，《黑龙江教育（高教研究与评估）》2009 年第 11 期。

李宝贵、尚笑可："'一带一路'背景下来华留学教育新使命"，《现代教育管理》2017 年第 11 期。

李天一："国际生的社交活动与跨文化融入——基于牛津大学的调查分析"，《教育理论与实践》2015 年第 34 期。

李巍、王玉芹："对'需要层次论'的深入理解与借鉴"，《长春理工大学学报（社会科学版）》2003 年第 3 期。

李悦："浅析高校校园文化建设"，《佳木斯职业学院学报》2019 年第 7 期。

凌宏彬、沈昕："论高校校园文化的功能"，《高校理论战线》2003 年第 5 期。

刘宝存、张继桥："改革开放四十年教育对外开放政策变迁的历史考察"，《高校教育管理》2018 年第 6 期。

刘涵、胡金蝉："跨文化交际能力概念及理论模型文献综述"，《文化研究》2013 年第 8 期。

龙佳："社会主义核心价值观下的大学校园文化建设现状探究"，《教育教学论坛》2018 年第 37 期。

罗嘉文、简晓明、王月芳："学习动机、外语学习策略与学习成绩之间的关系研究"，《教学研究》2004 年第 2 期。

马梦真："汉语国际教育语伴合作模式创新及意义研究"，《现代语文（学术综合版）》2017 年第 9 期。

庞国明："大学生两类网络行为的心理分析及引导策略"，《中国科教创新导刊》2010 年第 20 期。

裴文英："高校发展视野中国际化人才培养研究"，《江苏高教》2007 年第 6 期。

邱萍："国际化背景下'语伴交流'及意义"，《现代交际》2012 年第 9 期。

孙亚鹏："梅兰芳赴日美演出中的跨文化传播策略研究"，《戏剧（中央戏剧学院学报）》2018 年第 4 期。

山述兰："以社会主义核心价值观引领高校校园文化建设的策略研究"，《思想理论教育》2015 年第 1 期。

王爱华："社会实践活动的概念、特征与内容探析"，《常熟高专学报》2004 年第 3 期。

王德斌："当前高校校园文化建设存在的问题及对策探析"，《思想理论教育导刊》2009 年第 6 期。

王根顺、王辉："研究型大学人才培养国际化的探索与实践"，《国家教育行政学院学报》2009 年第 4 期。

王伟国、余东、毕存箭："新疆高校和谐校园文化建设现状及问题探究"，《中国电力教育》2013 年第 13 期。

王文婷："独立学院校园文化建设现状调查与分析——以苏南片区独立学院为例"，《科教文汇（上旬刊）》2019 年第 9 期。

王震中："坚定文化自信 加强文明交流互鉴"，《人民政协报》2019 年 9 月 19 日。

吴卫平、樊藏藏、彭仁忠："中国大学生跨文化能力维度及评价量表分析"，《外语教学与研究》2013 年第 4 期。

习近平："在文艺工作座谈会上的讲话"，《人民日报》2015 年 10 月 15 日。

许力生："跨文化的交际能力问题探讨"，《外语与外语教学》2000 年第 7 期。

杨越明："中国文化国际传播：从动能转化到势能提升"，《对外传播》2019 年第 9 期。

赵云梅："解析美国大学校园文化的多样性——以佛罗里达大学为例"，《长春理工大学学报》2012 年第 10 期。

曾志宏："融入型学习动机和内在学习动机与英语学习策略的关系

研究”，《学术界》2013 年第 S1 期。

张安：“对国家文化安全基本问题的思考”，《南华大学学报（社会科学版）》2014 年第 6 期。

张陈红、吴金庭、陈慧娟、赵丽、耿晶晶：“不同类型高校大学生网络行为特点分析”，《包头医学院学报》2015 年第 8 期。

张静、路佳、丁泽国：“国内外关于校园文化建设的研究综述及评价”，《学校管理》2015 年第 8 期。

张策、王霞娟、冯海伦：“山西高校校园文化建设现状调查及改进对策”，《山西大同大学学报（社会科学版）》2019 年第 4 期。

张卫东、杨莉：“跨文化交际能力体系的构建——基于外语教育视角和实证研究方法”，《外语界》2012 年第 2 期。

张占一：“试议交际文化和知识文化”，《外语教学与研究》1990 年第 3 期。

郑日金、徐刚：“大学生社会实践活动初探”，《上饶师专学报（社会科学版）》1984 年第 2 期。

钟华、樊葳葳：“中国大学生跨文化交际能力量具构建的理论框架”，《中国外语教育》2013 年第 6 期。

朱善璐、王恩哥：“序”，《十年拾忆——北京大学国际文化节十周年纪念文集》，北京大学国际合作部 2013 年。

邹长虹：“学习动机是外语学习成功的关键”，《广西师范大学学报（哲学社会科学版）》2002 年第 S3 期。

Appel, M. C., “Tandem language learning by e-mail: Some basic principles and a case study”, *CLCS Occasional Paper*, 1999 (54).

Bravo J. C. et al., “Motivation and Autonomy in Learning English as Foreign Language: A Case Study of Ecuadorian College Students”, *English Language Teaching*, 2017, 10 (2).

Canale, M. and M. Swain, “Theoretical bases of communicative approaches to second language teaching and testing”, *Applied Linguistics*, 1980, 1

(1).

Chen, G. M., "A Test of Intercultural Communication Competence", *Intercultural Communication Studies*, 1992, 2 (2).

Deardorff, D. K., "Identification and assessment of intercultural competence as a student outcome of internationalization", *Journal of Studies in International Education*, 2006, 10 (3).

Fantini, A. E., Developing Intercultural Competencies: An Educational Imperative for the 21st Century, *Studies in Language and Literature*, 2009, 28 (2).

Fantini, A. E., "A Central Concern: Developing Intercultural Competence", *SIT Occasional Papers Series*, 2000 (1).

Fantini, A. E., "Exploring intercultural competence: A construct proposal", paper presented at the 4th annual conference of NCOLCTL Fourth Annual Conference, Las Vegas, USA, 2001.

Fantini, A. and A. Tirmizi, "Exploring and Assessing Intercultural Competence", *World Learning Publications*, 2006, 1 (1).

Gardner, R. C. and W. E. Lambert, "Motivational variables in second-language acquisition", *Canadian Journal of Psychology*, 1959, 13 (4).

Hiller, G. G., "Innovative methods for promoting and assessing intercultural competence in higher education", paper presented at the Proceedings of Intercultural Competence Conference, 2010.

Liu, H., "Learner Autonomy: The Role of Motivation in Foreign Language Learning", *Journal of Language Teaching and Research*, 2015, 6 (6).

Jakob, L., "Intercultural Organizational Communication: The Social Organizing of Interaction in International Encounters", *Journal of Business and Communication*, 2011, 11 (3).

Little, D. and E. Ushioda, "Designing, Implementing and Evaluating a

Project in Tandem Language Learning Via E-mail", *ReCALL*, 1998, 10 (1).

Little, D. and H. Brammerts (eds), "A guide to language learning in tandem via the Internet", *CLCS Occasional Paper*, 1996 (46).

Little, D., Ushioda E., Appel, C. M., Moran, J., O'Rourke, B. and K. Schwienhorst, "Evaluating Tandem Language Learning by e-mail: Report on a Bilateral Project", *CLCS Occasional Paper*, 1999 (55).

O'Dowd, R., "Understanding the 'Other Side': Intercultural Learning in a Spanish-English E-mail Exchange", *Language Learning & Technology*, 2003, 7 (2).

Ryan, R. M. and E. L. Deci, "Intrinsic and extrinsic motivations: Classic definitions and new directions", *Contemporary educational psychology*, 2000, 25 (1).

Schwienhorst, K., "Learner autonomy and tandem learning: Putting principles into practice in synchronous and asynchronous telecommunications environments", *Computer Assisted Language Learning*, 2003, 16 (5).

Swann, W. B. Jr., "Identity negotiation: Where two roads meet", *Journal of Personality and Social Psychology*, 1987, 53 (6).

四、硕博论文

陈步云:"高校实践育人机制研究",东北师范大学博士学位论文,2017 年。

陈卓:"中国大学生科技竞赛活动的发展历程及其人才培养作用分析",中国科学技术大学博士学位论文,2014 年。

李宁:"科技竞赛培养大学生创新能力研究",湖南科技大学硕士学位论文,2013 年。

林琳:"基于社团文化节的高中学生社团建设研究",四川师范大学硕士学位论文,2017 年。

任贺军："留学生与中国学生对语伴活动的需求调查研究"，上海外国语大学硕士学位论文，2017 年。

孙姗姗："文化自觉与中国文化安全"，齐齐哈尔大学硕士学位论文，2014 年。

张驰："体育院校校史教育与学风建设研究——以北京体育大学为例"，北京体育大学硕士学位论文，2017 年。

张敏："中华优秀传统文化融入大学生思想政治教育的路径选择"，兰州交通大学硕士学位论文，2017 年。

朱一平："关于中国人日语学习者自主学习的研究——以学习行为和学习观念为中心"，北京外国语大学硕士学位论文，2017 年。

庄瑜："我国高等师范院校课外活动研究"，华东师范大学博士学位论文，2013 年。

五、参考网站

中国期刊全文数据库，https：//www. cnki. net/index. htm。

"北京语言大学中国本科生培养方案"，北京语言大学官网，http：//jwc. blcu. edu. cn/art/2020/10/5/art_14635_1156796. html。

"王珊珊：办好思想政治理论课 培养社会主义接班人"，光明网理论频道，http：//theory. gmw. cn/2019 -03/23/content_32671133. htm。

"国民经济和社会发展第十三个五年规划纲要"，国务院官网，http：//www. gov. cn/xinwen/2016 -03/17/content_5054992. htm。

"健康中国 2030" 规划纲要"，国务院官网，http：//www. gov. cn/xinwen/2016 -10/25/content_5124174. htm。

"高等学校学生心理健康教育指导纲要"，教育部官网，http：//www. moe. gov. cn/srcsite/A12/moe _1407/s3020/201807/t20180713 _342992. html。

"北京语言大学东京学院揭牌 首个国内重点高校日本分院开学"，人民网，http：//world. people. com. cn/n/2015/0402/c157278－267898 50. html。

“习近平：决胜全面建成小康社会 夺取新时代中国特色社会主义伟大胜利——在中国共产党第十九次全国代表大会上的报告”，新华网，http：//www. xinhuanet. com//politics/19cpcnc/2017－10/27/c_1121867529. htm。

“2018 年度我国出国留学人员情况统计”，教育部官网，2019 年 3 月 27 日，http：//www. moe. gov. cn/jyb_xwfb/gzdt_gzdt/s5987/201903/t20190327_375704. html。

“2018 年来华留学统计”，教育部官网，2019 年 4 月 12 日，http：//www. moe. gov. cn/jyb_xwfb/gzdt_gzdt/s5987/201904/t20190412_377692. html。

“教育部关于印发《留学中国计划》的通知”，教育部官网，2010 年 9 月 21 日，http：//www. moe. gov. cn/srcsite/A20/moe_850/201009/t20100921_108815. html。

“陈宝生：中国已成为世界第三、亚洲最大的留学目的地国”，新华网，2017 年 10 月 22 日，http：//www. xinhuanet. com//politics/19 cpcnc/2017－10/22/c_129724590. htm。

“习近平：把思想政治工作贯穿教育教学全过程 开创我国高等教育事业发展新局面”，人民网，http：//cpc. people. com. cn/n1/2016/1209/c64094－28936173. html。

《国家中长期教育改革和发展规划纲要（2010—2020 年）》，中华人民共和国中央人民政府网，http：//www. gov. cn/jrzg/2010－07/29/content_1667143. htm。

“习近平：在纪念五四运动 100 周年大会上的讲话”，新华网，http：//www. xinhuanet. com/politics/leaders/2019－04/30/c_1124436427. htm。

“习近平：在纪念孔子诞辰 2565 周年国际学术研讨会上的讲话”，新华网，http：//www. xinhuanet. com/politics/2014－09/24/c_1112612018. htm。

图书在版编目（CIP）数据

跨文化交际视角下高校校园文化建设理论与实践/梁清等著．—北京：时事出版社，2021.1

ISBN 978-7-5195-0404-5

Ⅰ.①跨…　Ⅱ.①梁…　Ⅲ.①高等学校—校园文化—建设—研究　Ⅳ.①G647

中国版本图书馆 CIP 数据核字（2020）第 261899 号

出 版 发 行：时事出版社
地　　　址：北京市海淀区万寿寺甲 2 号
邮　　　编：100081
发 行 热 线：（010）88547590　88547591
读者服务部：（010）88547595
传　　　真：（010）88547592
电 子 邮 箱：shishichubanshe@sina.com
网　　　址：www.shishishe.com
印　　　刷：北京朝阳印刷厂有限责任公司

开本：787×1092　1/16　印张：20　字数：282 千字

2021 年 1 月第 1 版　2021 年 1 月第 1 次印刷

定价：98.00 元